PINTURAS Y DIBUJOS - FLASHES - BOCETOS

# NEOTRADICIONAL

VOL. II

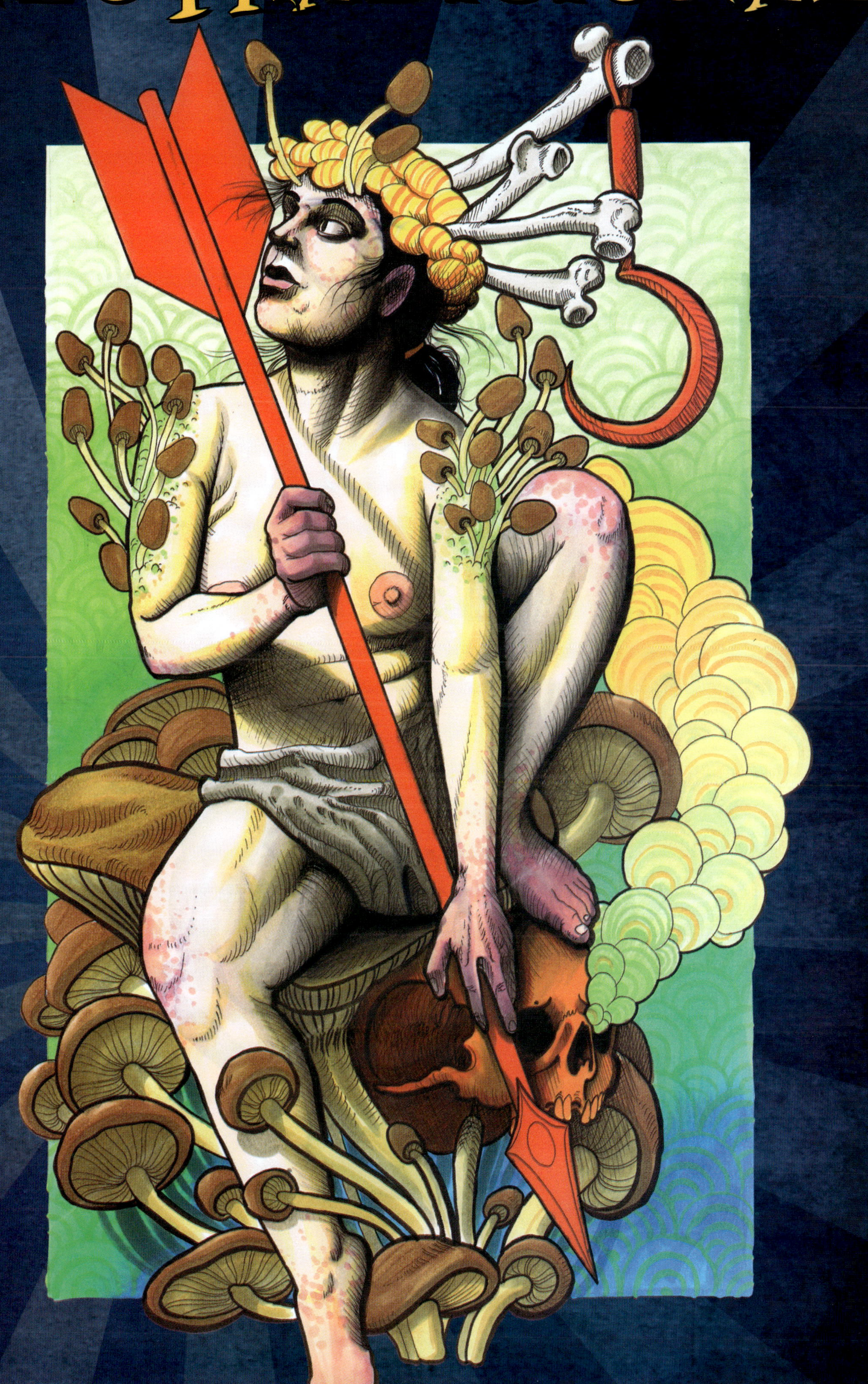

# PRÓLOGO | PRÓLOGUE

Tenemos el agrado de presentarles el segundo volumen de pinturas, dibujos, flashes y bocetos neotradicionales, con la participación de más 50 reconocidos artistas de todo el mundo.

El libro se encuentra dividido en 3 secciones: Pinturas y Dibujos, Flashes y Bocetos.

En la sección Pinturas y Dibujos encontraremos una serie de obras, realizadas con diversas técnicas y soportes, tanto en color como en Black & Grey. En Flashes, presentamos láminas, que pertenecen a distintos sets, con varios diseños en cada una de ellas. En Bocetos, publicamos una serie de bosquejos a lápiz o tinta con diferente grado de desarrollo.

Las obras, en cada sección, están divididas por artistas y pueden ser rápidamente ubicadas mediante el índice de la página número 7.

Todos los trabajos se encuentran impresos en alta resolución, sobre un papel de gran calidad, intentando lograr una impresión que sea lo más fiel posible a los originales.

Agradecemos a todos los artistas que nos enviaron sus obras, haciendo posible este libro, y a todos nuestros lectores, por apoyarnos en cada uno de nuestros proyectos.

***Daniel Martino***

We are pleased to present the first volume of neotraditional paintings, drawings, flashes and sketches, with the participation of more than 50 well-known artists from around the world.

The book is divided into 3 sections: Paintings and Drawings, Flashes and Sketches.

In the Paintings and Drawings section you will find a series of works made with different techniques and media, both in color and black & grey. In Flashes, we present prints, which belong to different sets, with several designs in each of them. In Sketches, we present a series of pencil or ink sketches with different levels of development.

The works in each section are divided by artists and can be quickly located using the index on page number 7.

All works are printed in high resolution on a high quality paper, trying to make printing as faithful as possible to the originals.

We thank all the artists who send us their works, making this book possible, and all our readers, for your support in each one of our projects.

***Daniel Martino***

# ARTISTAS

**Addee Sixx**
**Clothing and tattoo Parlour**
Kuta, Bali, Indonesia.
6282146743344
addeesixx@gmail.com

**Alina Bushman**
**Black Swan Tattoo**
Bottrop, Alemania.
+49 2041 263252
alinabushman@gmail.com
IG: alinabushman
FB: she.ra.773

**Andrew Mirfin**
**End Times Tattoo**
Leeds, Inglaterra.
a.mirfin@sky.com
IG: andrewmirfin

**Barbara Munster**
**"On Edge Tattoo"**
The Hague, Holanda.
070 362 60 60
tattoobasia@gmail.com
www.onedge.nl
FB e IG: Barbara Munster

**Caio Leme**
**Mission Tattoo Parlour**
Calgary, AB, Canadá.
leme.pz@gmail.com

**Chelsea Shoneck**
**Unkindness Art Tattoo**
Richmond, VA, USA.
804-780-2769
chelseashonecktattoos@gmail.com
IG: @chelseashoneck

**Christophe Bonardi**
**Area Industriale Tattoo**
Brescia, Italy.
inkstophe@gmail.com
+39 3286937170
FB: christophe.bonardi
IG: christophe_bonardi

**Cody Eich**
**Time Will Tell Tattoo**
Burlington, Ontario, Canada.
905 634 4646
codyeichtattoo@gmail.com
www.codyeichtattoo.com
IG: @codyeichtattoo
FB: www.facebook.com/codyeichtattoo
Art for sale: codyeich.bigcartel.com

**Daryl Watson**
**Rock n roll Tattoo and Piercing**
Dundee, Escocia.
dundee@tattoo-scotland.
Big cartel: DWT.bigcartel.com
FB - daryl watson tattoo
IG: darylwatsontattoo

**Dennis Bernhardt**
**Noïa Kollektiv**
Berlin, Alemania.
DennisBernhardtTattoo@gmx.de
FB: DennisBernhardtTattoo
IG: DennisBernhardtTattoo

**Diexxx Tattooer**
**Traditional Ink Tattoo**
Río Gallegos, Sta. Cruz, Argentina.
2966 635574
FB: tradi.ink
IG: @diexxxtattooer

**Eilo Martin**
**MTL Tattoo**
Montréal, Quebec, Canada.
+1 (514) 288 9767
ultra_orange3@hotmail.com
www.mtltattoo.com
IG: eilotattoo

**El Nigro**
**One By One Tattoo**
Londres, Inglaterra.
02074399206
elnigrotattoo@gmail.com
FB: elnigro
IG:elnigrotat2
OneByOneTattoo
OneByOneStore

**Ela Pour**
**Pechschwarz Tattoo**
Berlín, Alemania.
030 22509264
tattoo@elapour.com
www.pechschwarz-tattoo.com
FB: pechschwarztattoo
IG: elapour

**Erin Chance**
**Thunderhorse Tattoo**
Richmond, Virginia, USA
www.erinchancetattoo.com
FB: Erin Chance

**Fabian Langes**
**Clockwork Tattoos Private Shop**
Meran, Bz, Italia.
(0039) 338 94 99 155
fabianlanges@gmail.com
fabianlanges.blogspot.com
FB: fabian.langesclockworktattoos
IG: fabianlanges

**Freulein Fux**
**Wald und Wiese**
Arnstadt, Thüringen, Alemania.
freuleinfux@yahoo.de
FB: dasfreuleinfux

**Fulvio Vaccarone**
**Darkink Tattoo Studio**
Garlasco (Pavia), Italia.
339 8438838
fulvio.vaccarone@gmail.com
FB: fulvio.tattooer
IG: fulviovaccaronetattooer

**Heath Clifford**
**Fat Ink Tattoo**
Newcastle West, NSW, Australia.
49294669
Heath_sellars@hotmail.com
Kik: Heathclifford
FB: Heath Clifford
IG: Heathclifford

**Isnard Barbosa**
**Dublin Ink Tattoo**
Dublin, Irlanda.
FB: Isnard Barbosa

**Jack 'GOKS' Pearce**
**Cloak and Dagger Tattoo**
Londres, Inglaterra.
Goksisdead@gmail.com
IG: @goksisdead

**Jacob Wiman**
**Black Magic Tattoo**
Karlshamn in Blekinge, Suecia.
(046) 454-17165
www.blackmagictattoo.com
Jacobwiman@hotmail.com

**Jake Danielson**
**Private Studio - Empire Collective**
Melbourne, Australia.
jakedanielsontattooer@hotmail.com
IG: @jaketattoos

**Jan Criacuervos**
**Cria Cuervos Casa de Tatuajes**
CABA, Bs. As., Argentina
criacuervos.casadetatuaje@gmail.com
Fanpage: CriaCuervosCasadetatuaje
IG: jan.criacuervos

**Jasmin Austin**
**Adorned Empire**
Fremantle - Australia,
jasmin.austin@hotmail.com
FB: jasmin.austin
IG: jasminaustintattoos

**Juan Solo**
**Juan Solo Tattoo**
Palermo, CABA, Argentina.
FB: juan solo
IG : juansolotattoo
Mail: juansolotattooskull@hotmail.com

**Justin Acca**
**Devils Ink Tattoo**
Melbourne, Australia.
www.devilsinktattoo.com
FB: Justin Acca

**Justin Hartman**
**The Grand Reaper**
San Diego, CA, USA
justinhartmanart.bigcartel.com
IG: @justinhartmanart

**Kid Kros**
**Casa Occulta**
Split, Croacia.
(038) 5955131770
kidkros@yahoo.com
FB: kidkros
casaocculta

**Kode**
**Edshead Tattoo**
Chelmsford, Essex, Inglaterra.
kodeart@hotmail.co.uk
www.kodeart.bigcartel.com
FB: kodeart
IG: @kodeart

**Kuba Kujawa**
**Bright Side Tattoo**
Copenhagen, Dinamarca.
+45 35 13 64 24
Kujawart@gmail.com
FB: Kujawaart

**Lucy O'Connell**
**Red Tattoo & Piercing**
Balcony, Leeds. Inglaterra.
0113 2420413
Lucyoconnelltattoo@gmail.com
IG: @lucylucyhorsehead

**Ludamal**
**Salon Nueva Alianza Tattoo**
Microcentro, CABA., Argentina.
(0054) 11 1553458417
ludamal_440@hotmail.com
FB: damian.albertini

**Manu Cruz**
**Manu Raccoon Tattoo**
Birmingham, Inglaterra, UK.
+44 07517038298
manuraccoontattoo@gmail.com
IG: @manu_raccoon

**Ma Reeni**
**Pech&schwefel Tätowierungen**
Berlín, Kreuzberg, Alemania.
tattoo@ma-reeni.com
FB: mareenitattoo
pechschwefel

**Mikael de Poissy**
**Mikael de Poissy Tattoo**
Poissy, Francia.
FB: Mikael de Poissy

**Manny**
**Maniac Tattoo**
Barrio Norte, BA, Argentina.
0054 11 48217969
maniac.tattoo@hotmail.com
FB: maniac.tattoo.studio
Manny Averbuj

**Nick Reed**
**Handsome Devil Tattoo**
Kingston, Londres, Inglaterra.
02085415411
handsomedeviltattoo@outlook.com
FB: Nick Reed Tattoo
IG: @nickreedtattoo

**Nick Stegall**
**Redletter 1 Tattoo**
Tampa, FL, USA
Nickstegalltattoo@gmail.com
www.nickstegalltattoo.com
www.redletter1.com
IG: nstegall

**Oliver Vog**
**Pretty Ink Tattoos**
Köln, Cologne, Alemania.
FB: Oliver Vog

**Onnie O'Leary**
**Stone Heart**
Sydney, Australia.
tattoosbyonnie@gmail.com
IG: @onnieolearytattoo
FB: Onnie O'Leary Tattoo

**Pawel Jankowzki**
**Jankowzki Custom Tattoos**
Deventer, Holanda.
@ KYNST
(031) 0 570 615734
jankowzki@gmail.com
www.jankowzki.blogspot.com

**Roger Axelsson**
**Evil Eye Tattoo**
Estocolmo, Suecia.
www.evileyetattoo.se
raxtattoo@gmail.com
IG: roger_axelsson

**Sam Clark**
**Sam Clark Tattoo**
Sydney, Australia.
samclark84@hotmail.com
samclarktattoos.wordpress.com
FB: Sam Clark

**Seba Forace**
**Good Times Tattoo Parlour**
Belgrano, BA, Argentina.
54 11 61555696
FB: Seba Forace

**Sebastiaan Hess (Seboos)**
**Bunker Tattoo**
Breda, Holanda.
+31 (76) 51 41 890
Info@bunkertattoo.nl
FB: Sebastiaan Hess (Seboos)
IG: Seboos

**Stanley Storm**
**Vagabond Kings Tattoo**
Avesta, Suecia.
+4622658767
vkt-stanley@hotmail.com
FB: Stanley Storm
IG: stanley_storm

**Teniele Sadd**
**Korpus Tattoo**
Brunswick, Melbourne, Vic, Australia.
03 93870006
saddtattoo@gmail.com
FB: Teniele Sadd
IG: @teniele

**Thea Schultheiss**
**Windigo Heart**
Northampton, UK
www.windigoheart.com
IG: @theaschultheiss

**Tim Beijsens**
**The Blue Blood Studios**
Amsterdam, Holanda.
0031 203586083
tim@thebluebloodstudios.com
www.thebluebloodstudios.com
FB: tim.beijsens
IG: timbeijsens

**Toni Boetigger**
**Sakura Tattoo**
Barrio Bellavista, Santiago, Chile.
(0056) 27373199

**Toni Donaire**
**Toni Donaire Tattoo**
Barcelona, Cataluña, España.
tattoodonaire@gmail.com
IG: @tdonaire

**Wally Velázquez**
**Maniac Tattoo**
Barrio Norte, BA, Argentina.
(0054) 11 48217969
maniac.tattooa@hotmail.com
FB: maniacc tatuajes

# ÍNDICE

## PINTURAS Y DIBUJOS



## FLASHES



## BOCETOS



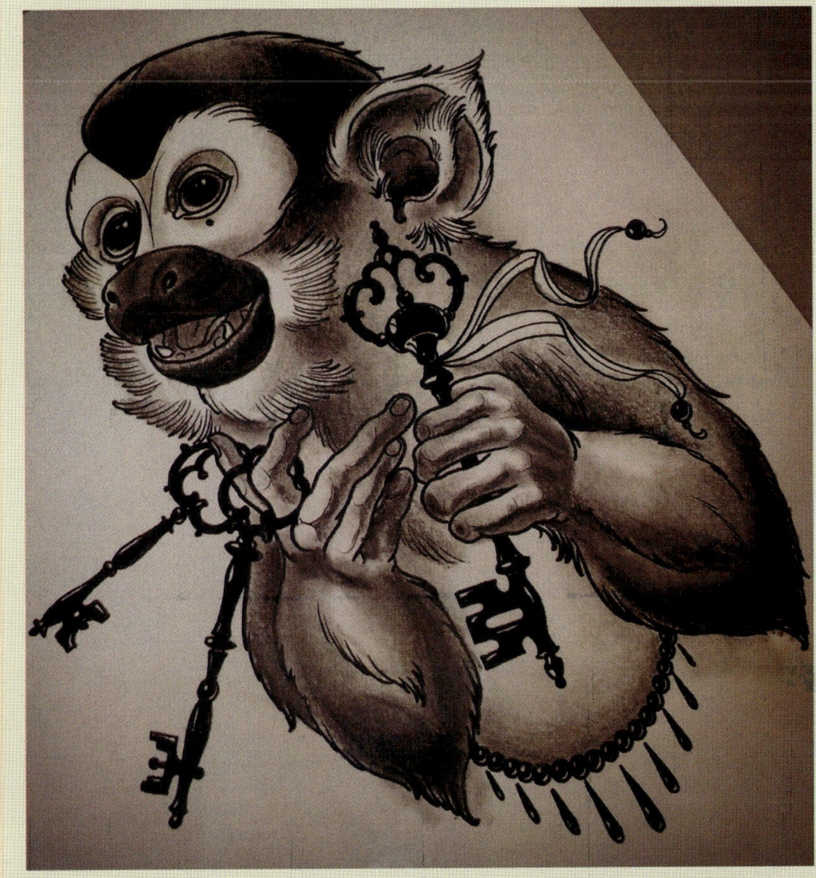

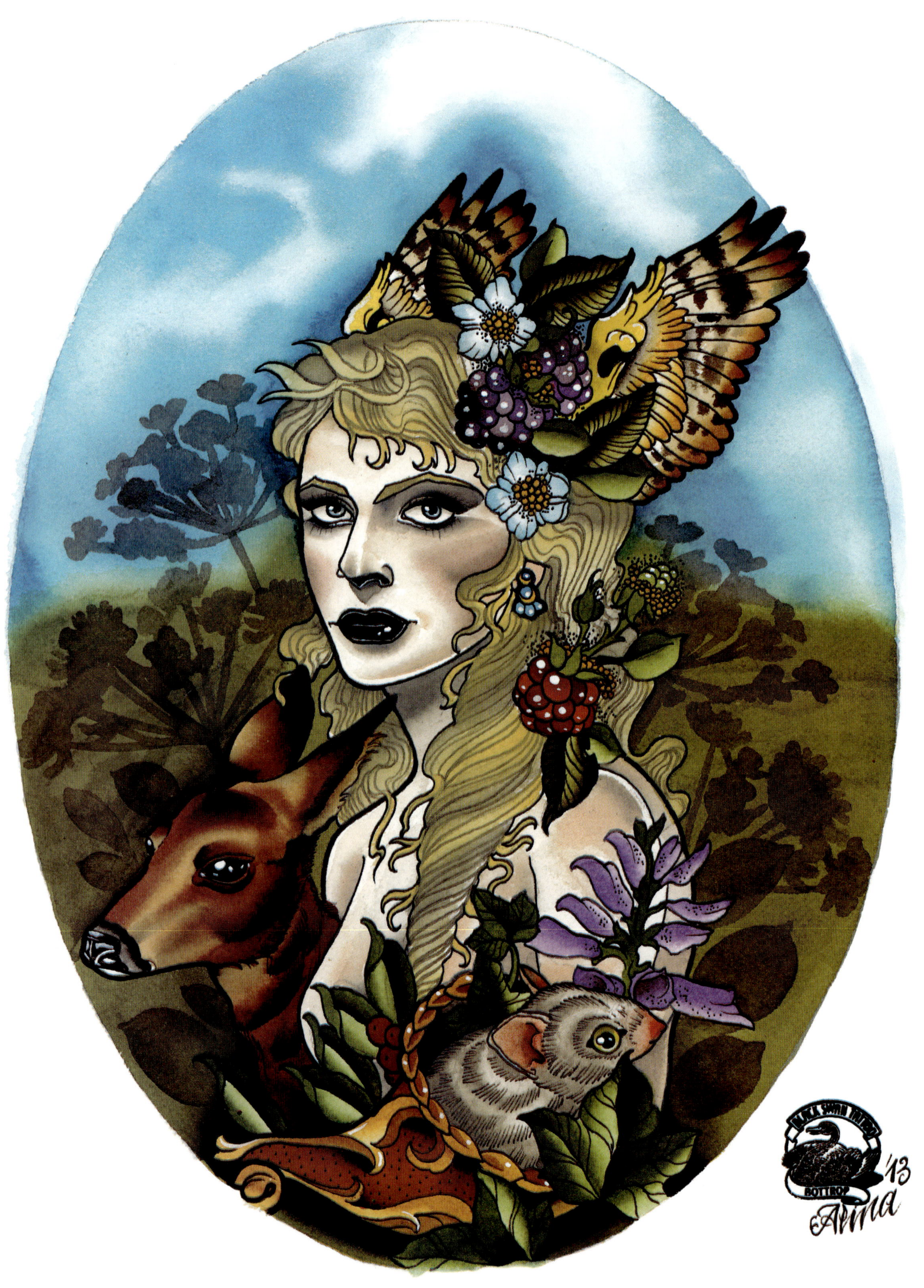




Alina Bushman

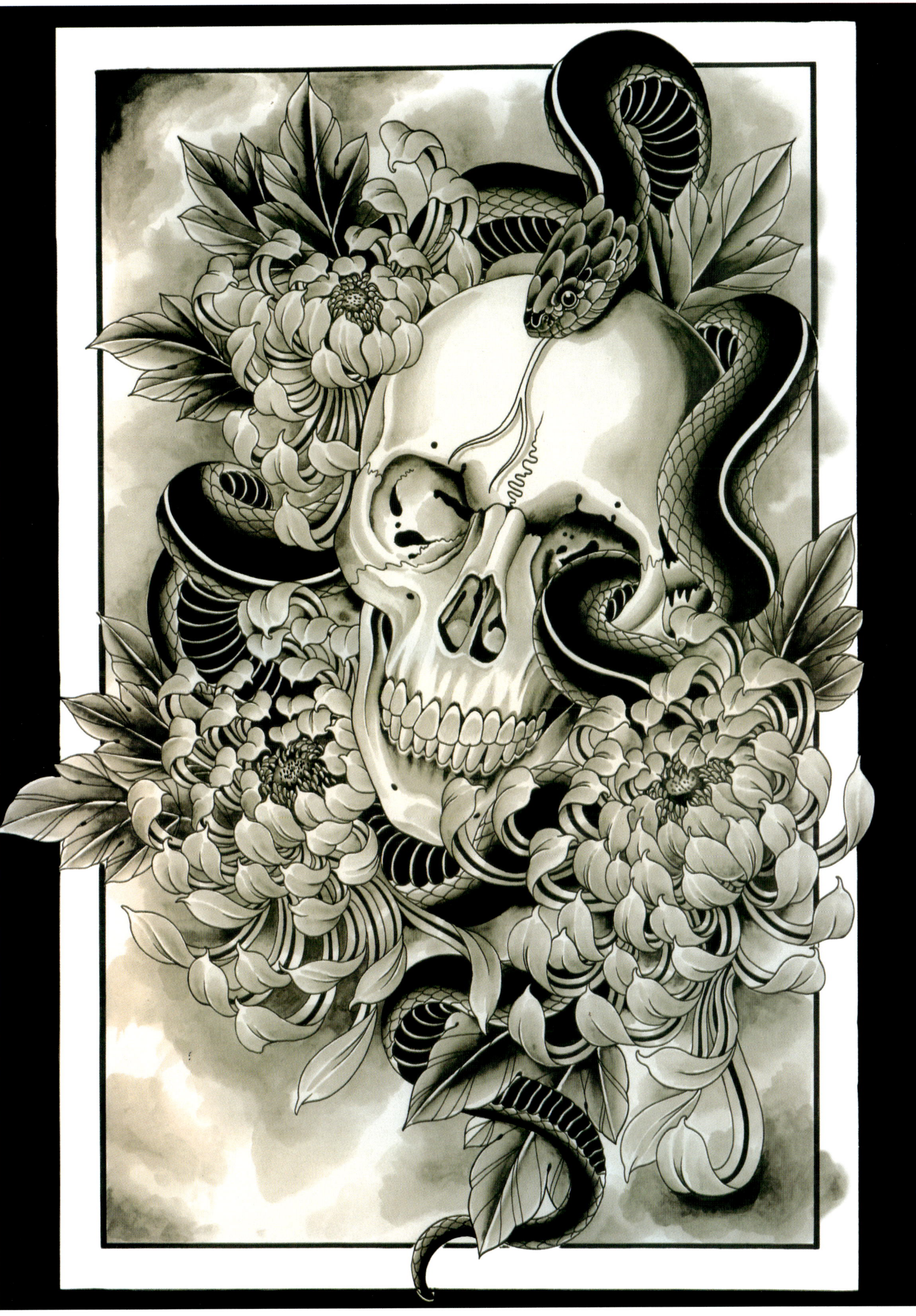

Andrew Mirfin

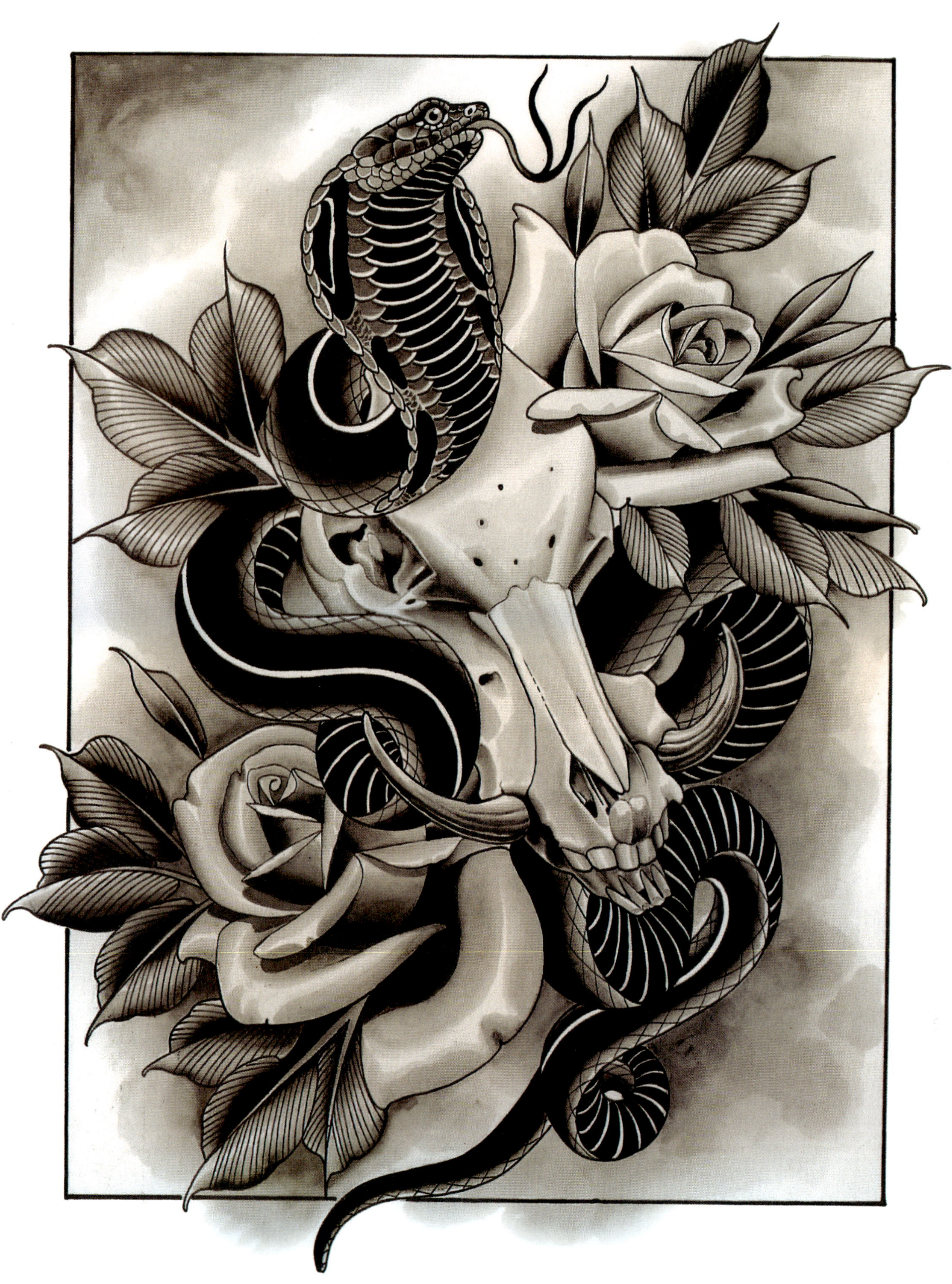



Andrew Mirfin

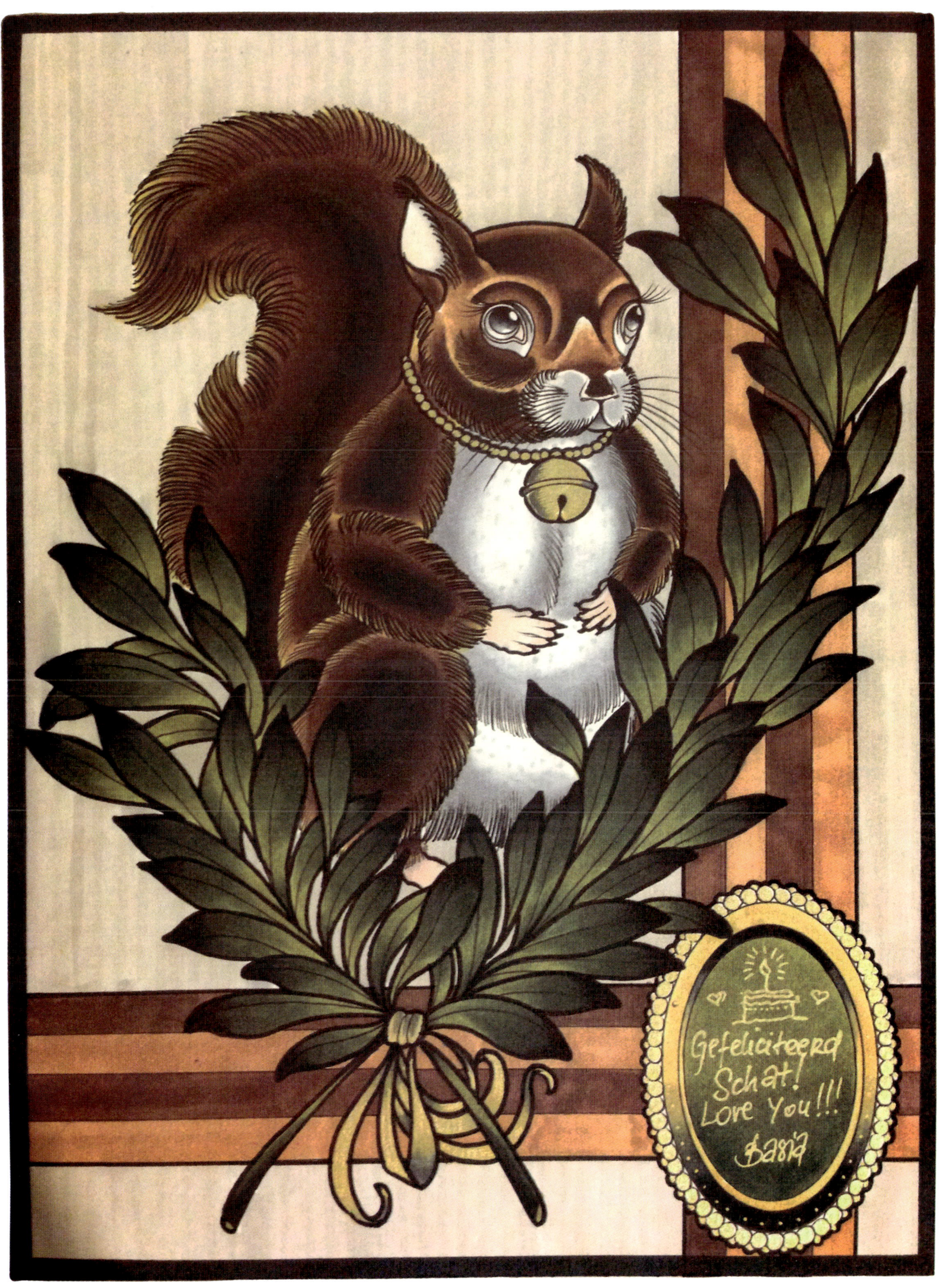
Gefeliciteerd
Schat!
Love You!!!
Basia

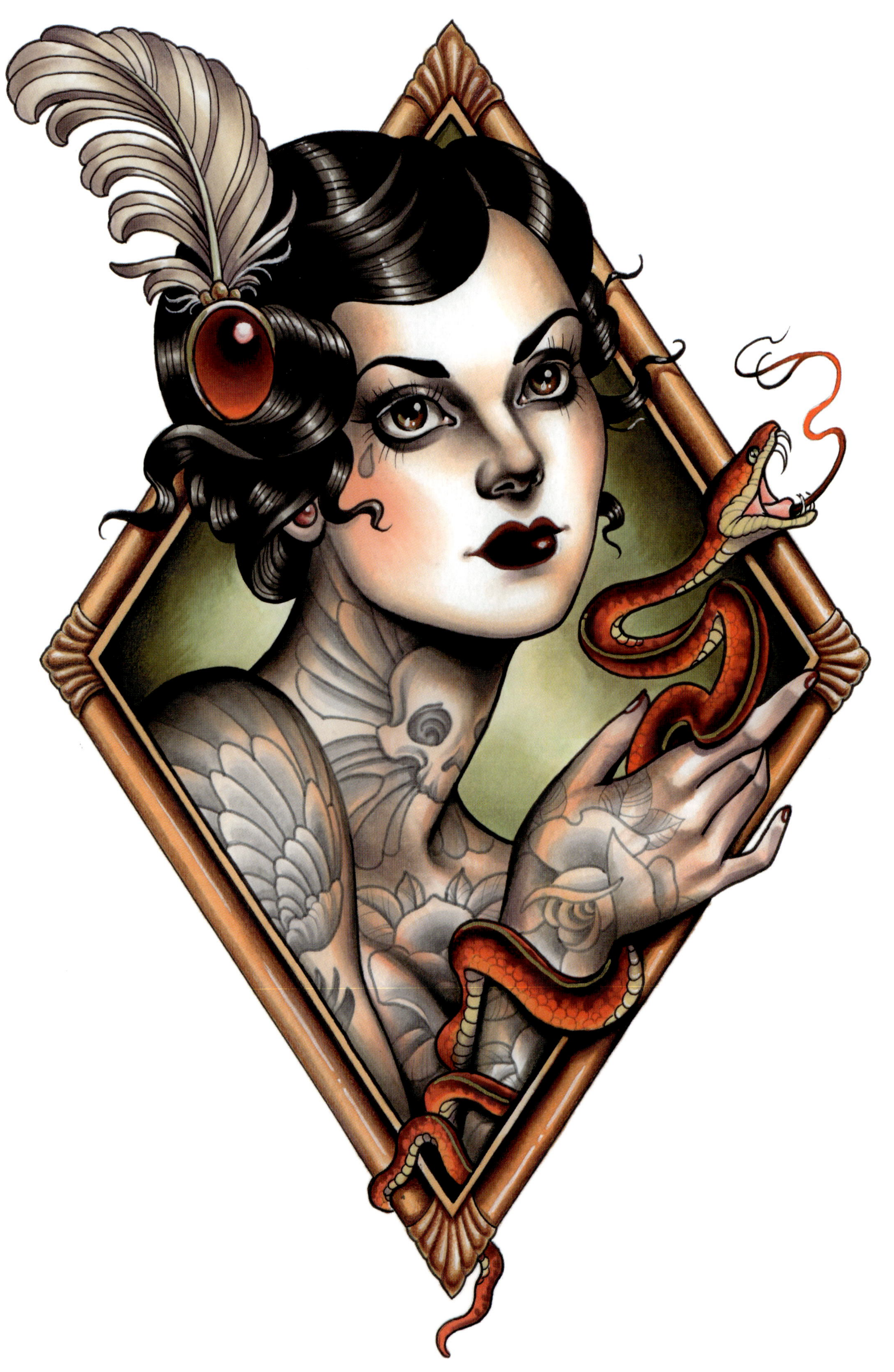



Chelsea Shoneck

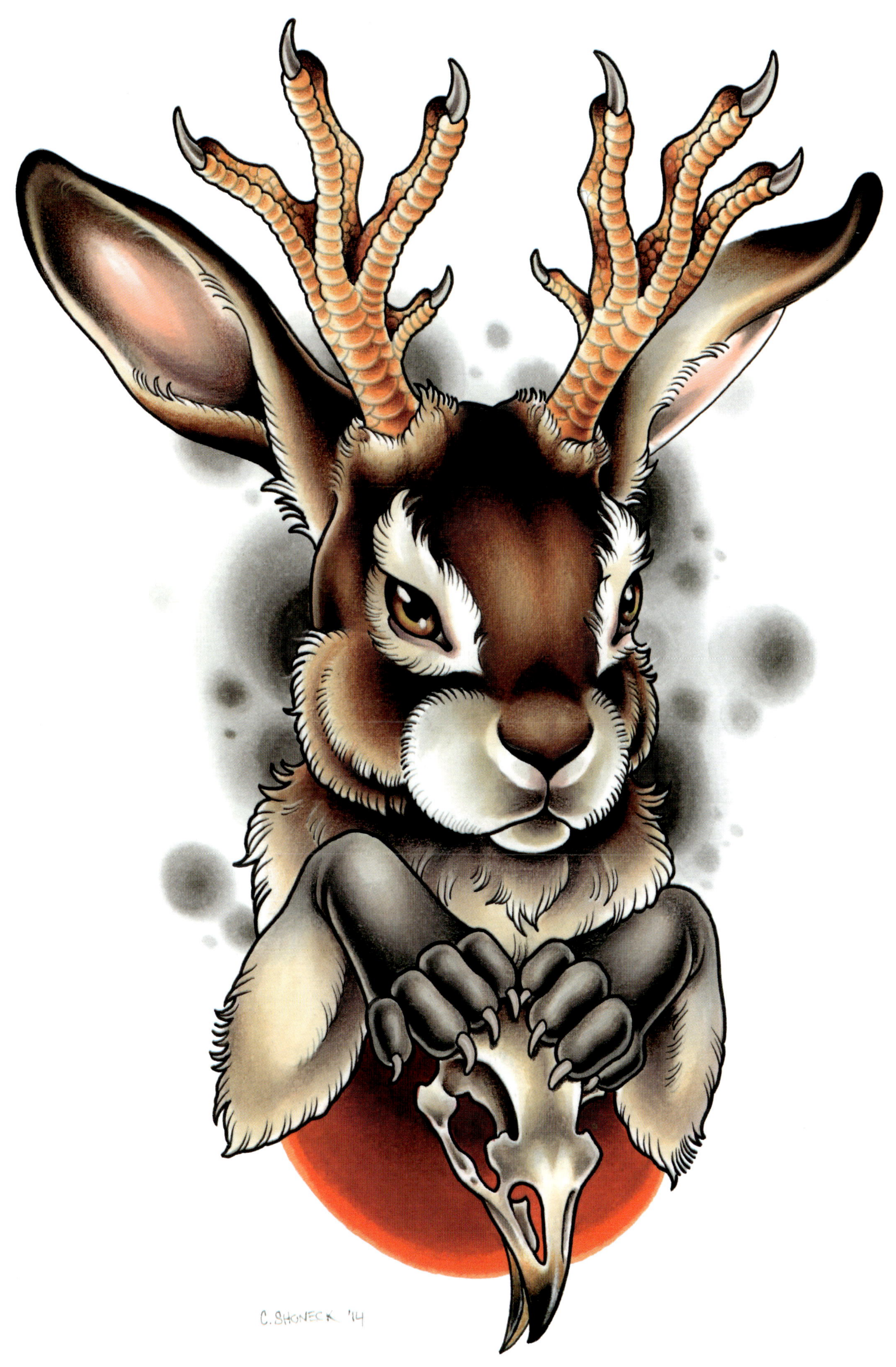
C. SHONECK '14

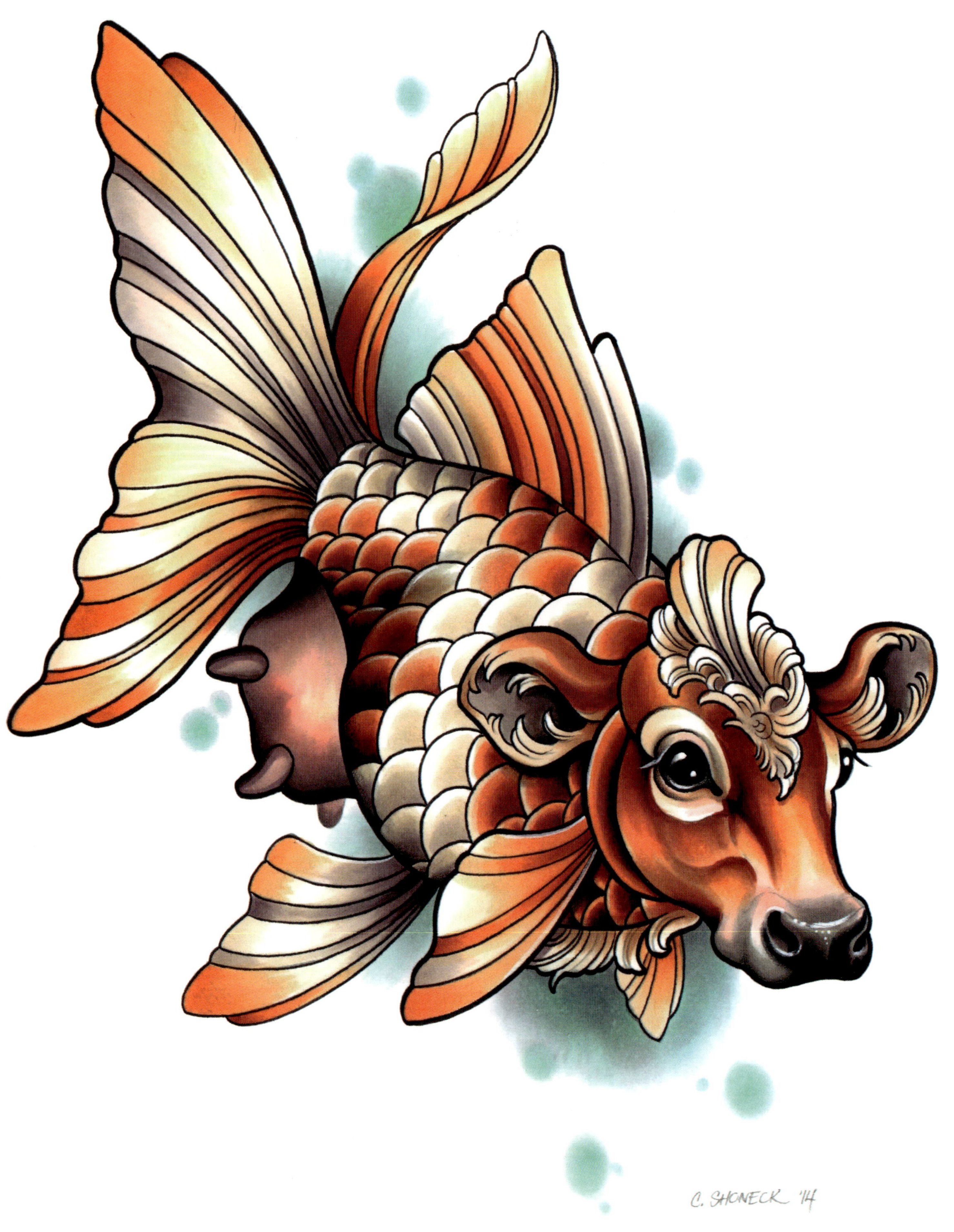




Chelsea Shoneck

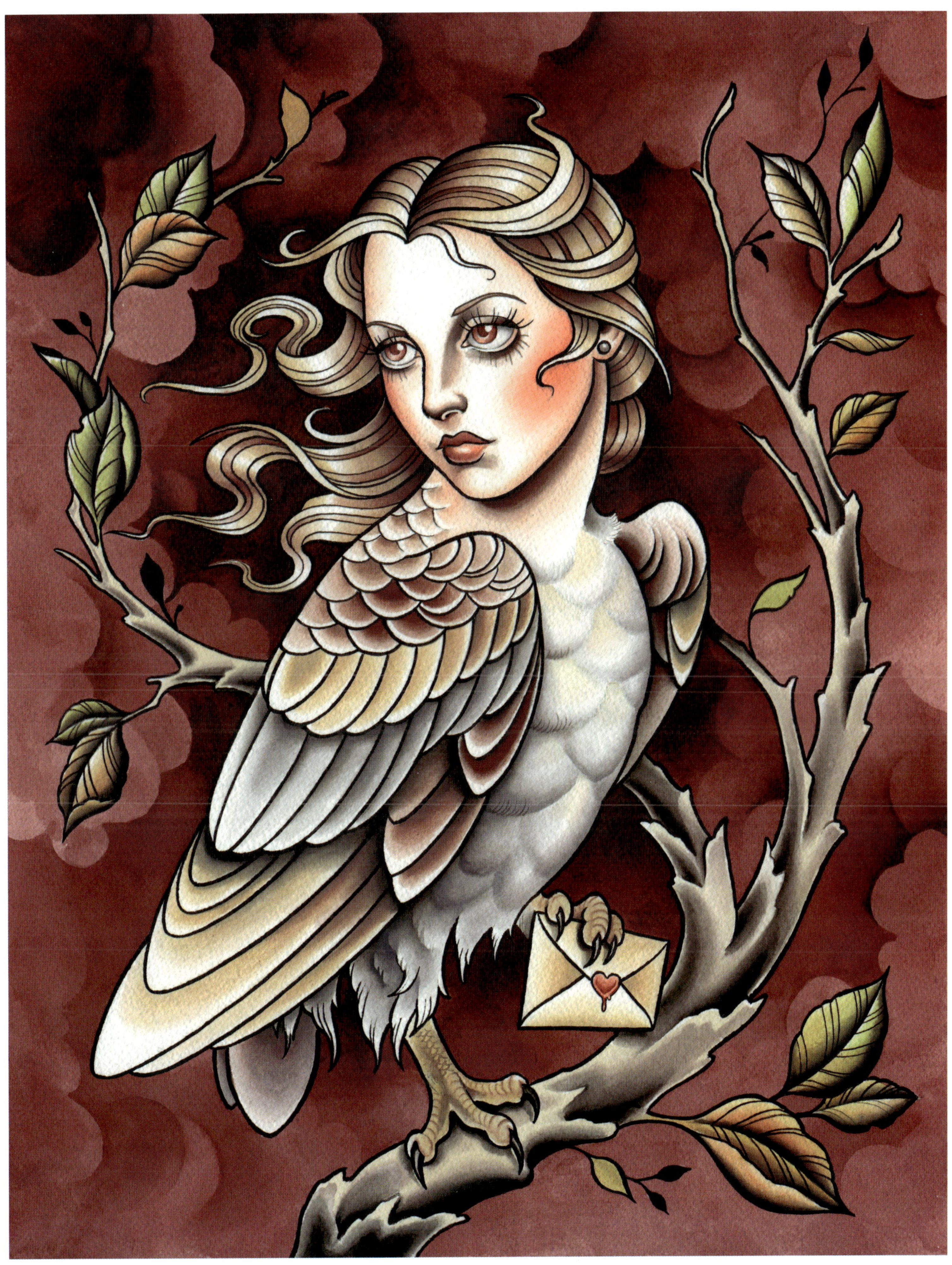

Chelsea Shoneck

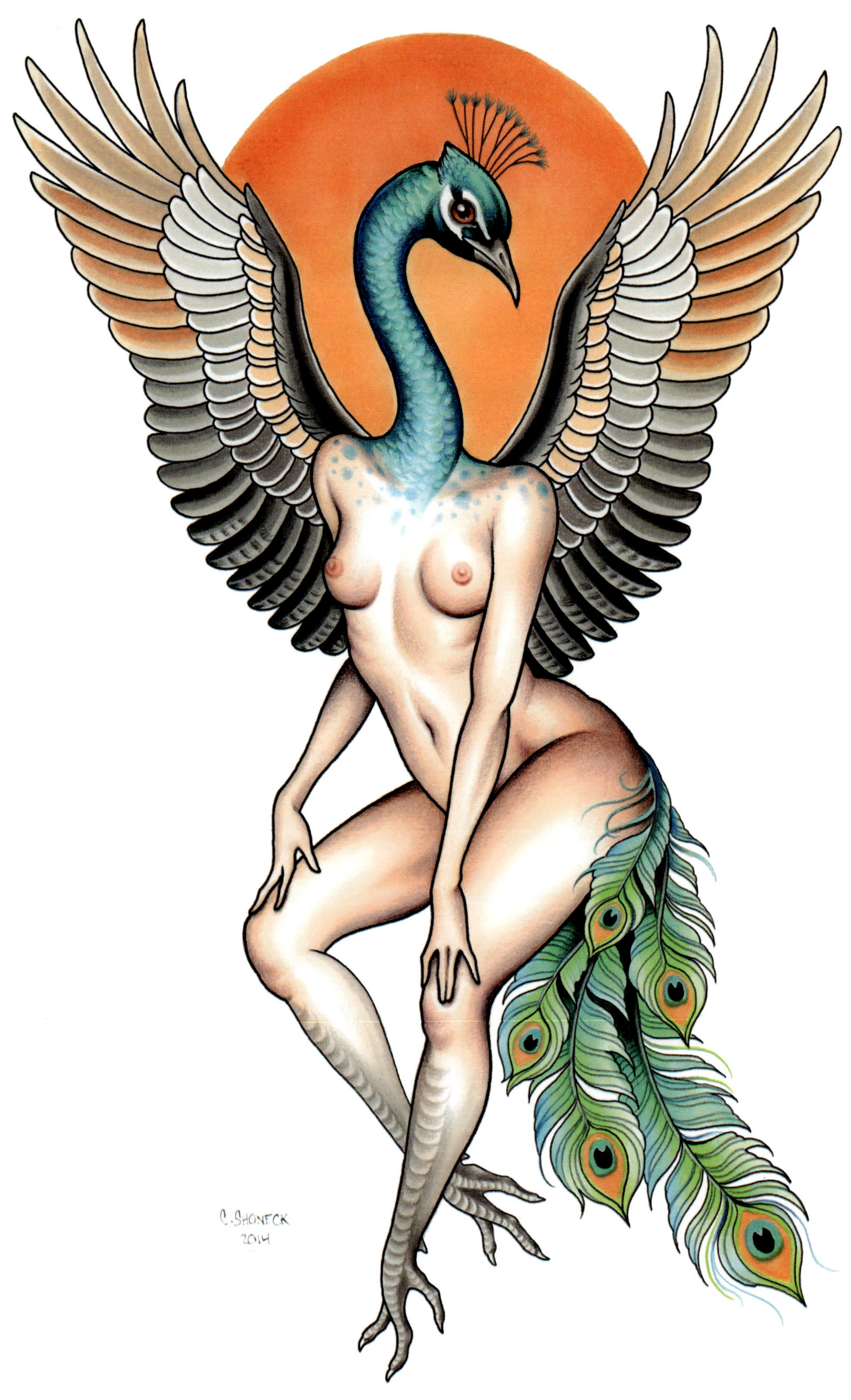
C. SHONECK
2014

 

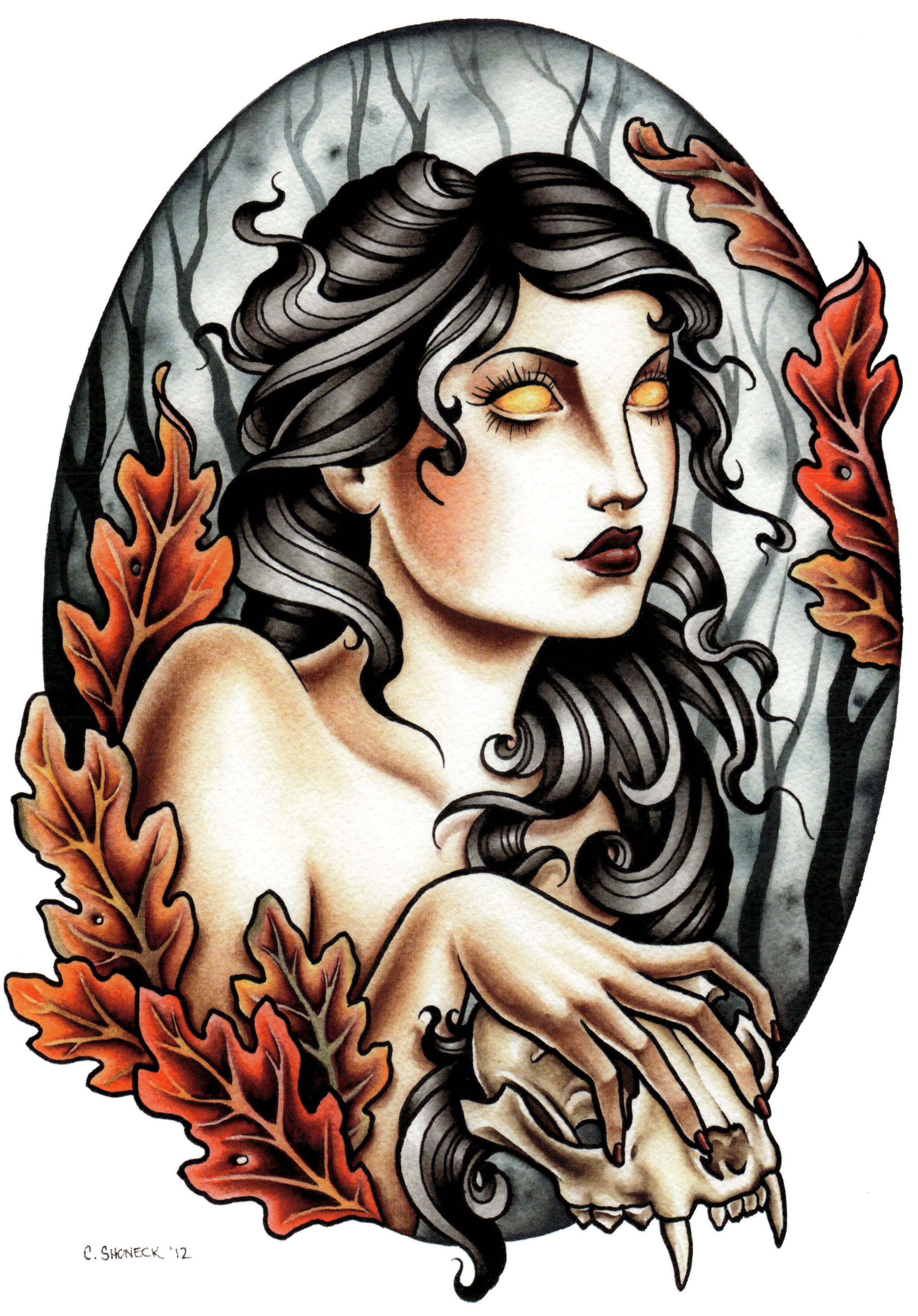
C. SHONECK '12

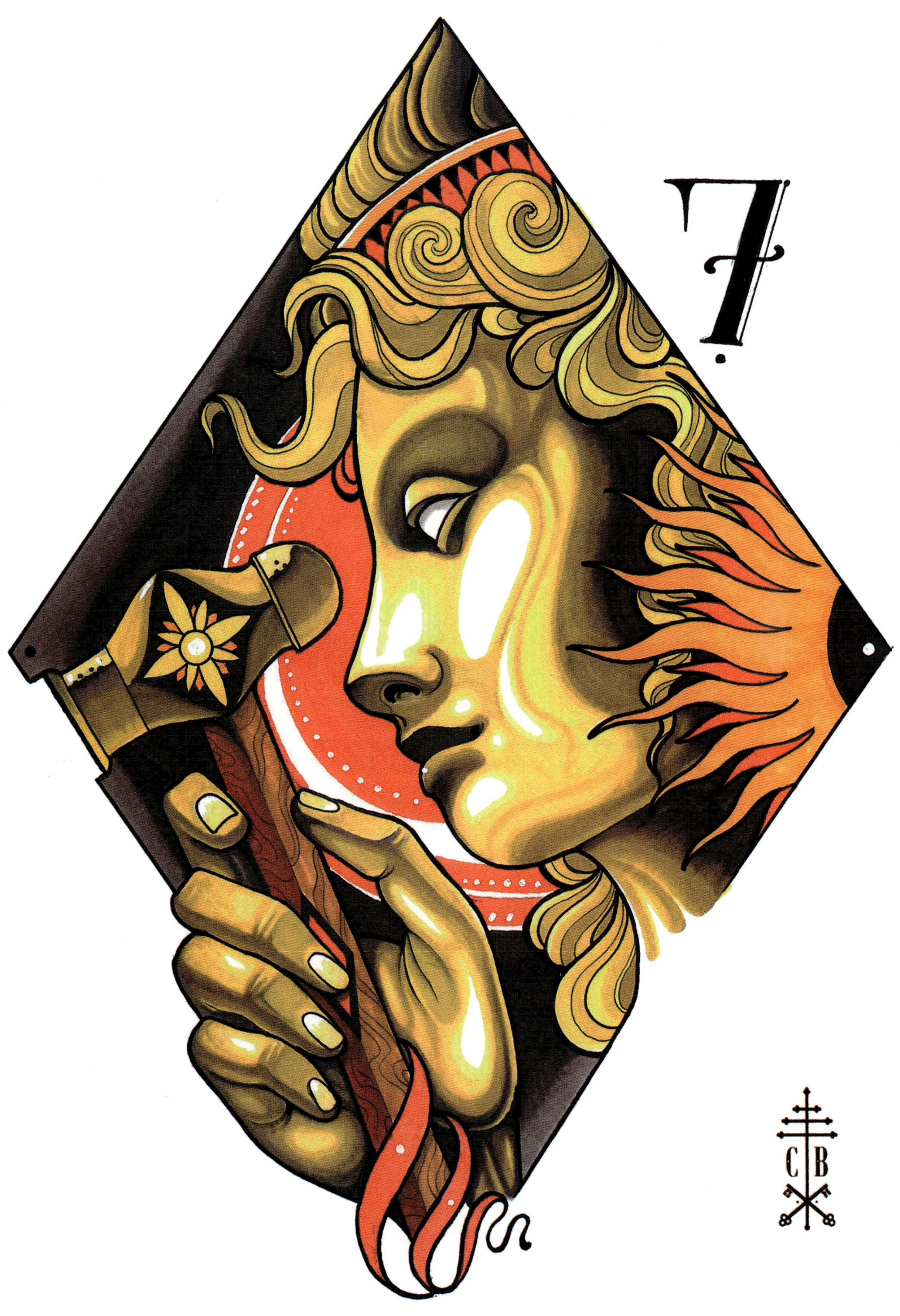


 Christophe Bonardi

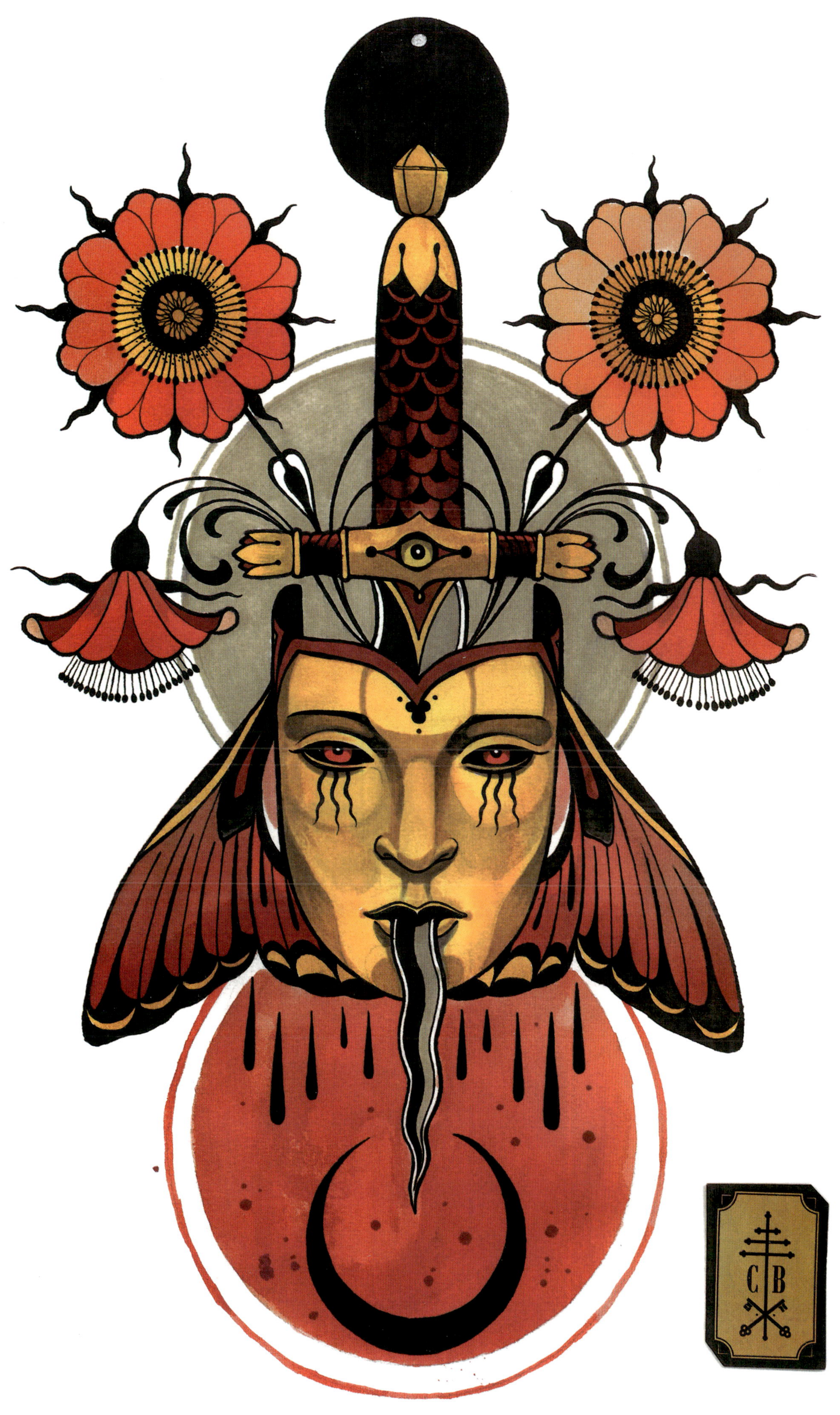
C B

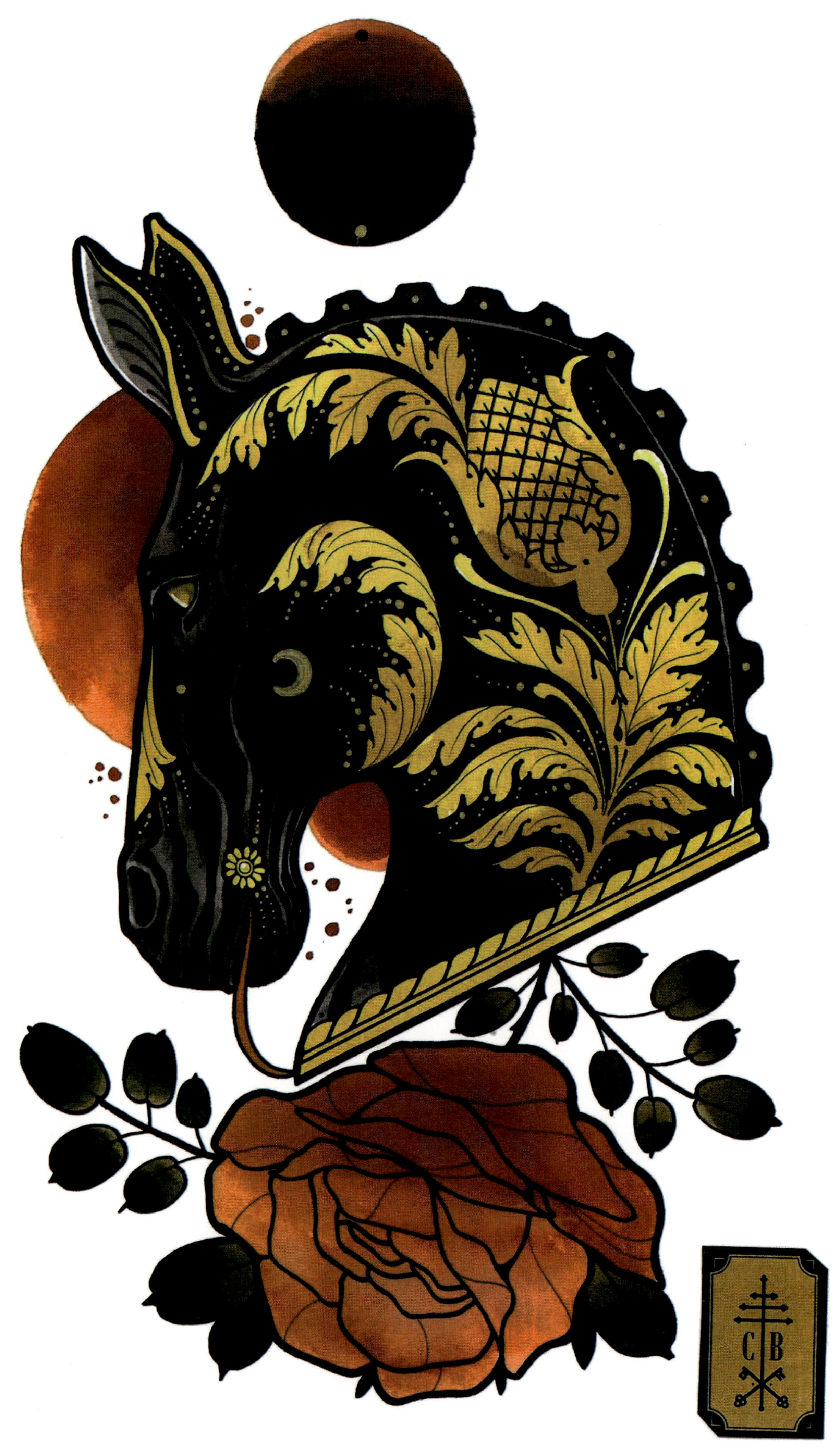




Christophe Bonardi

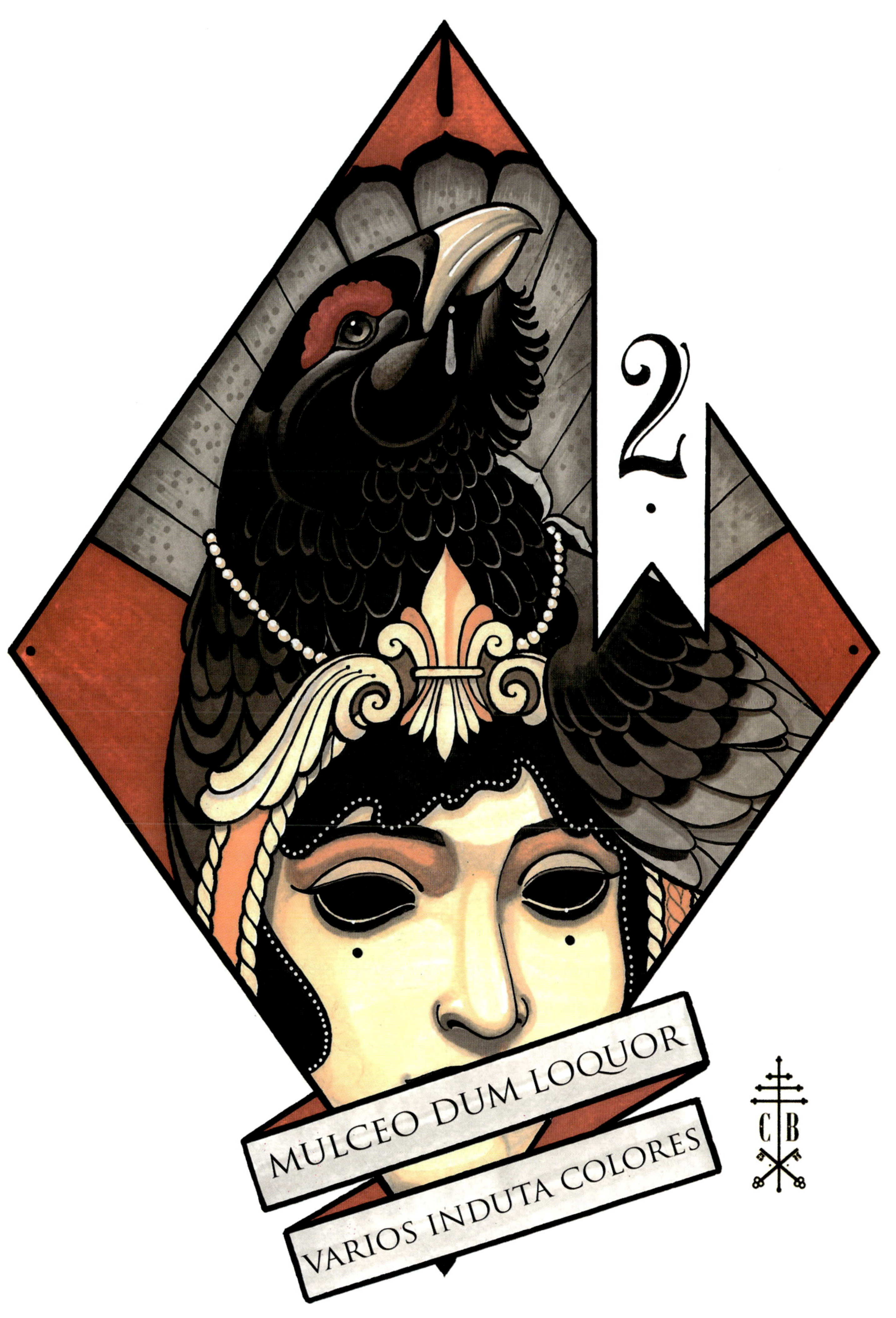
2.
MULCEO DUM LOQUOR
VARIOS INDUTA COLORES
C B

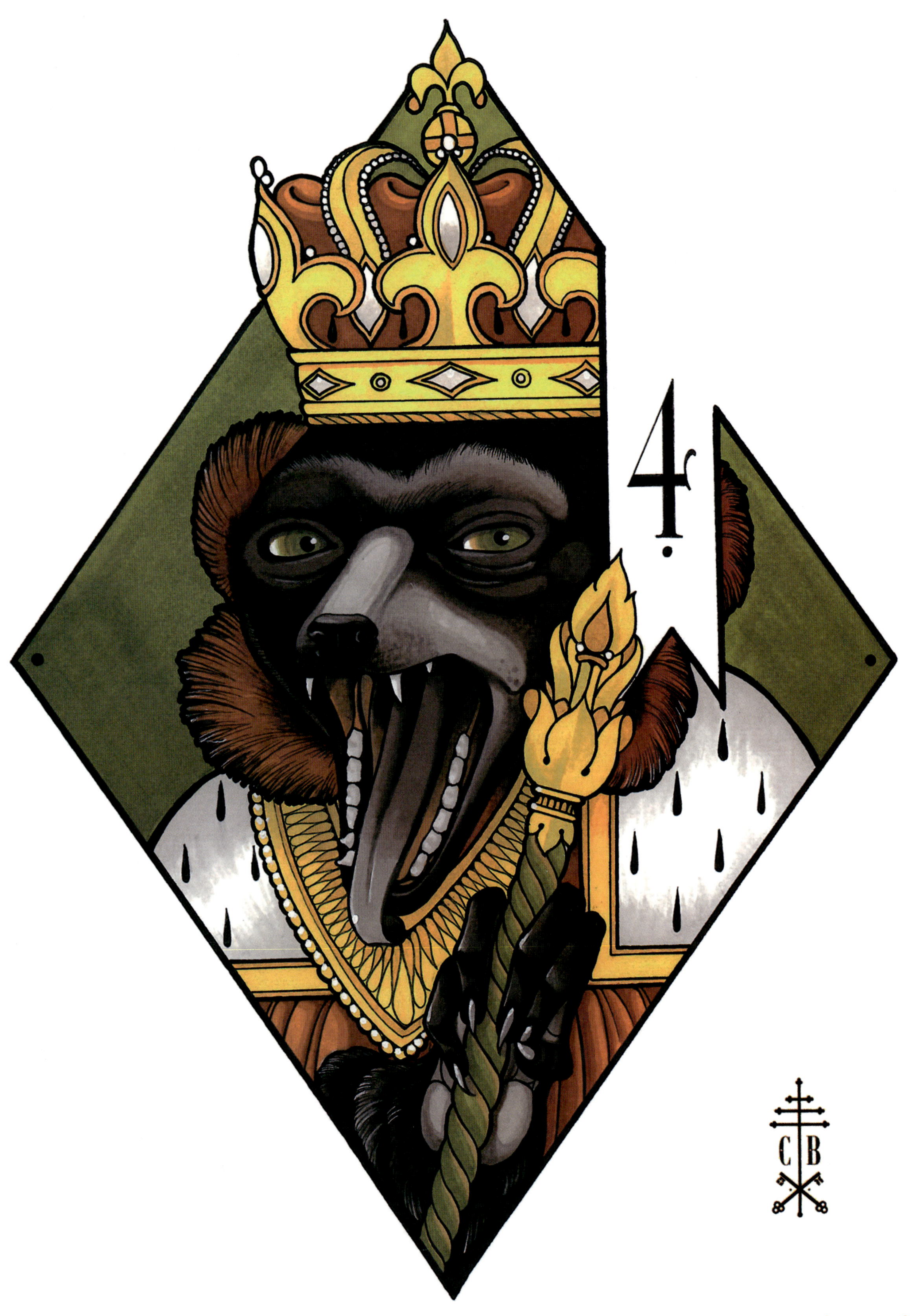




Christophe Bonardi

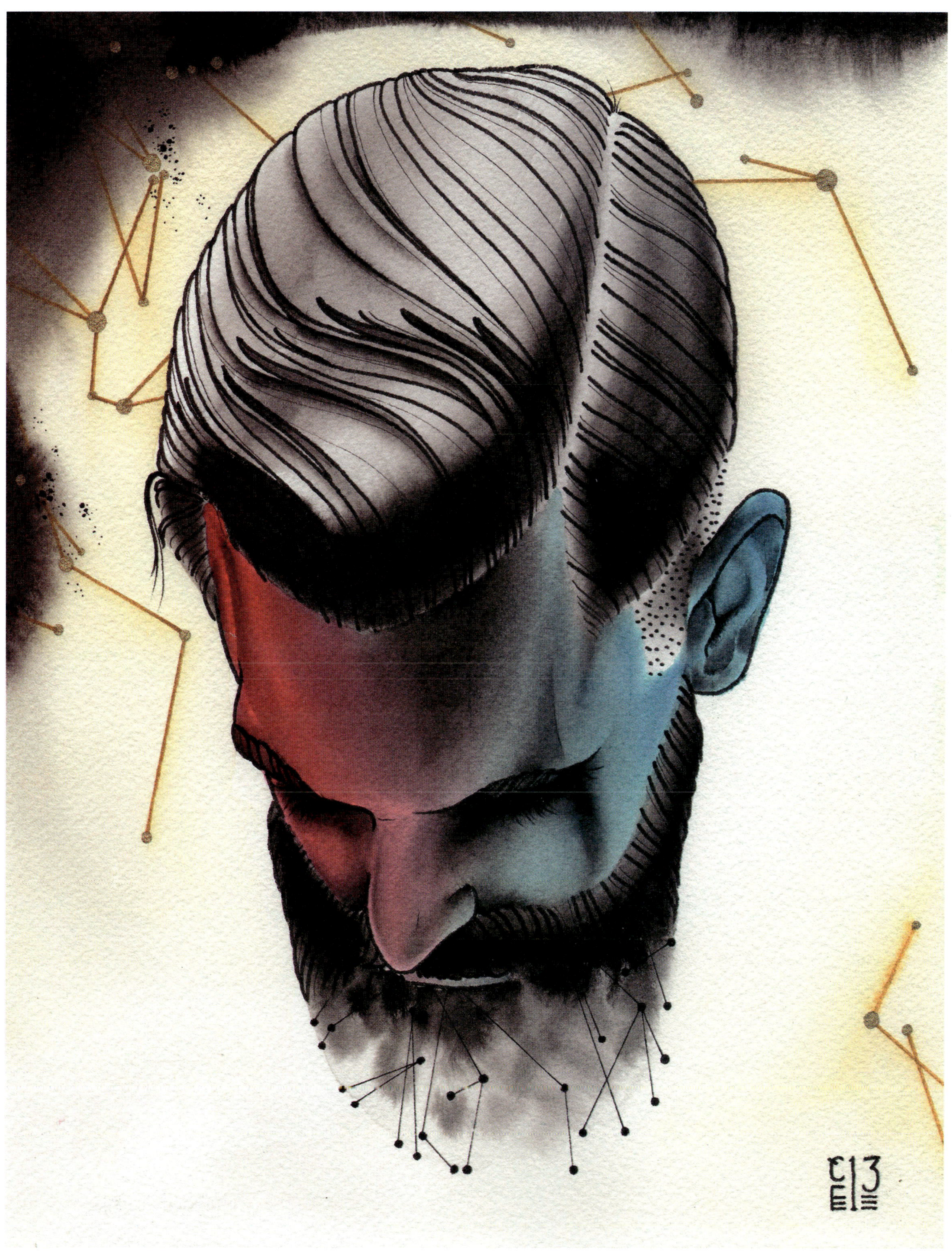

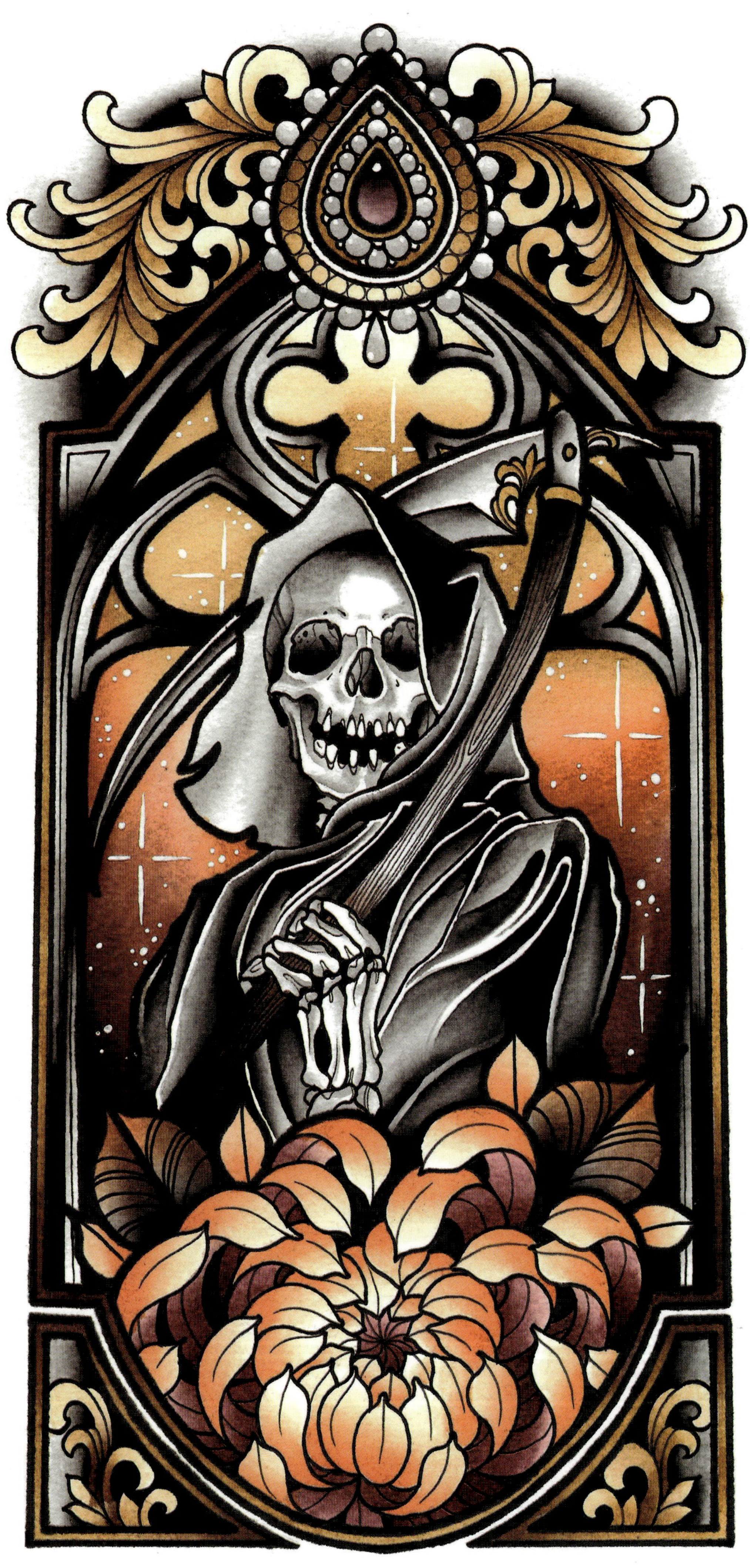



Daryl Watson

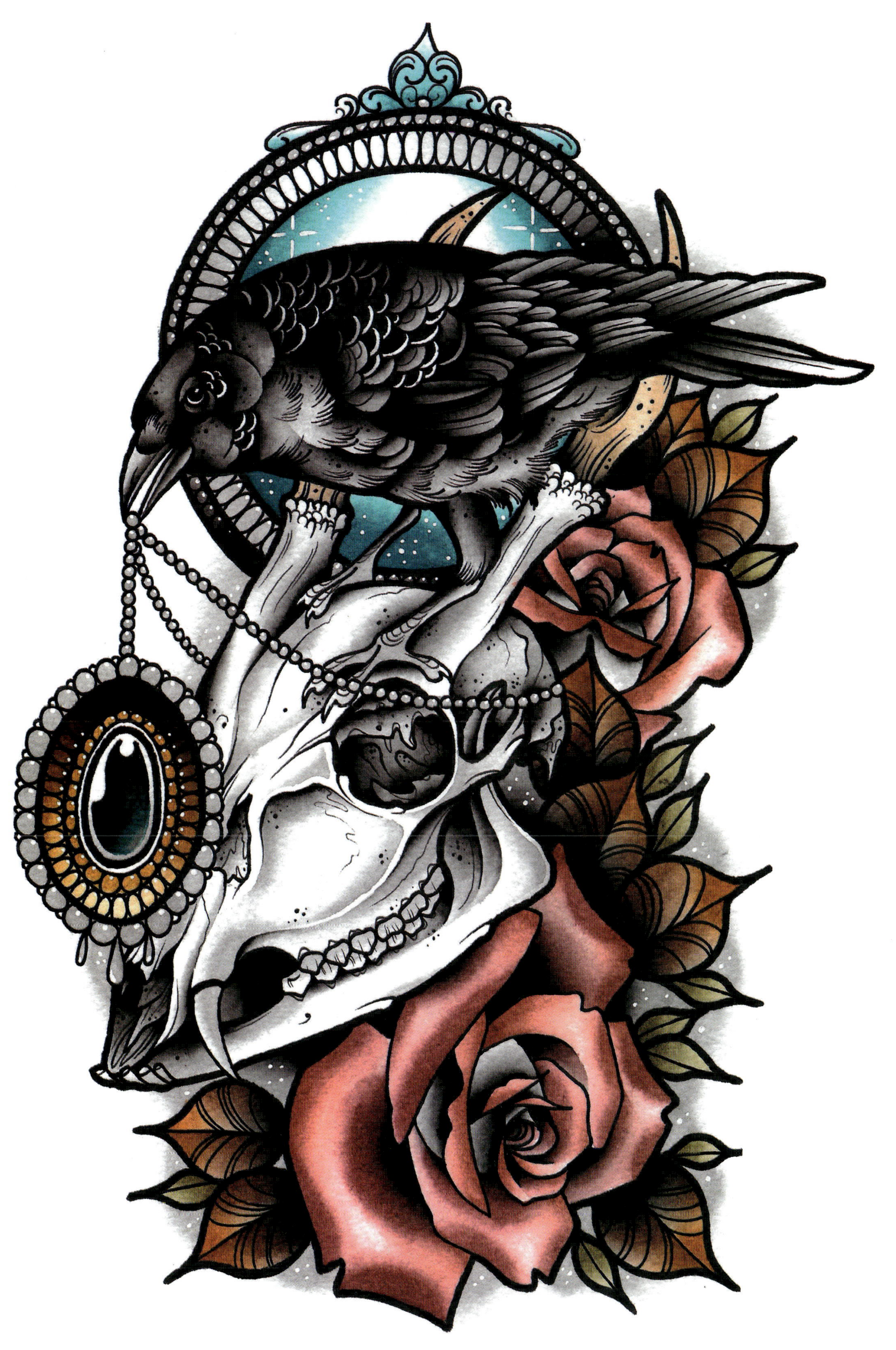

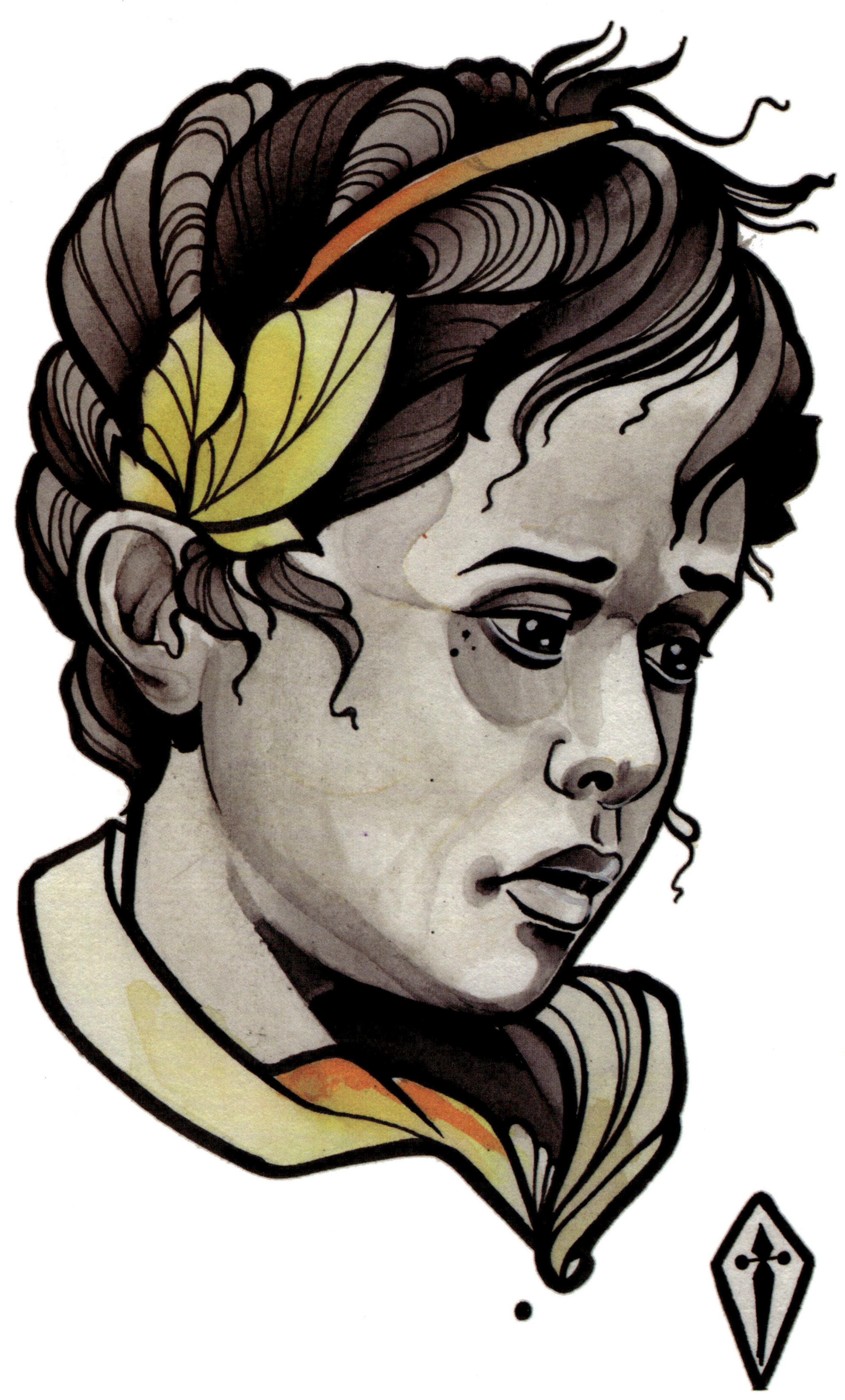



Dennis Bernhardt

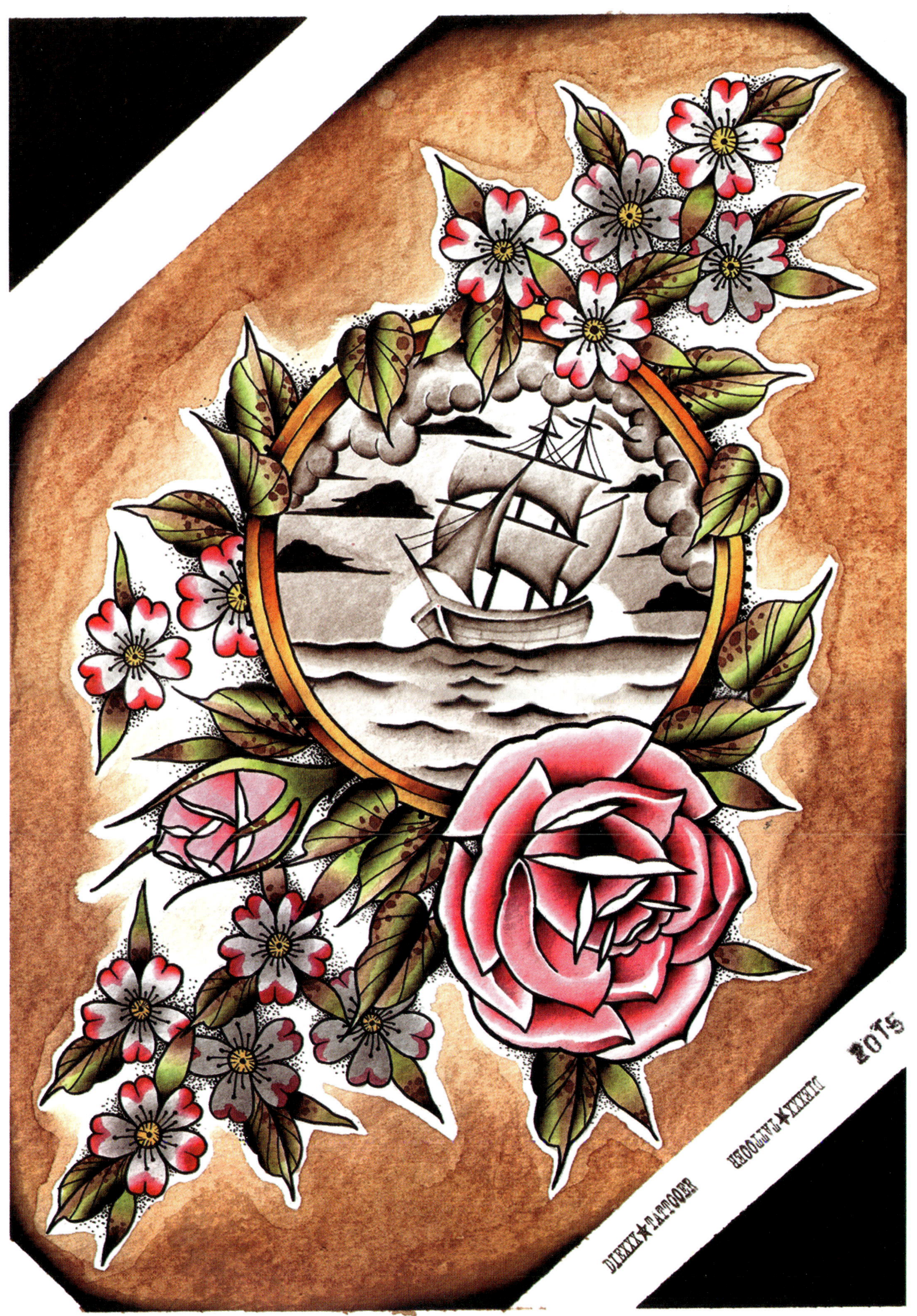
DIEXXX★TATTOOER
2015

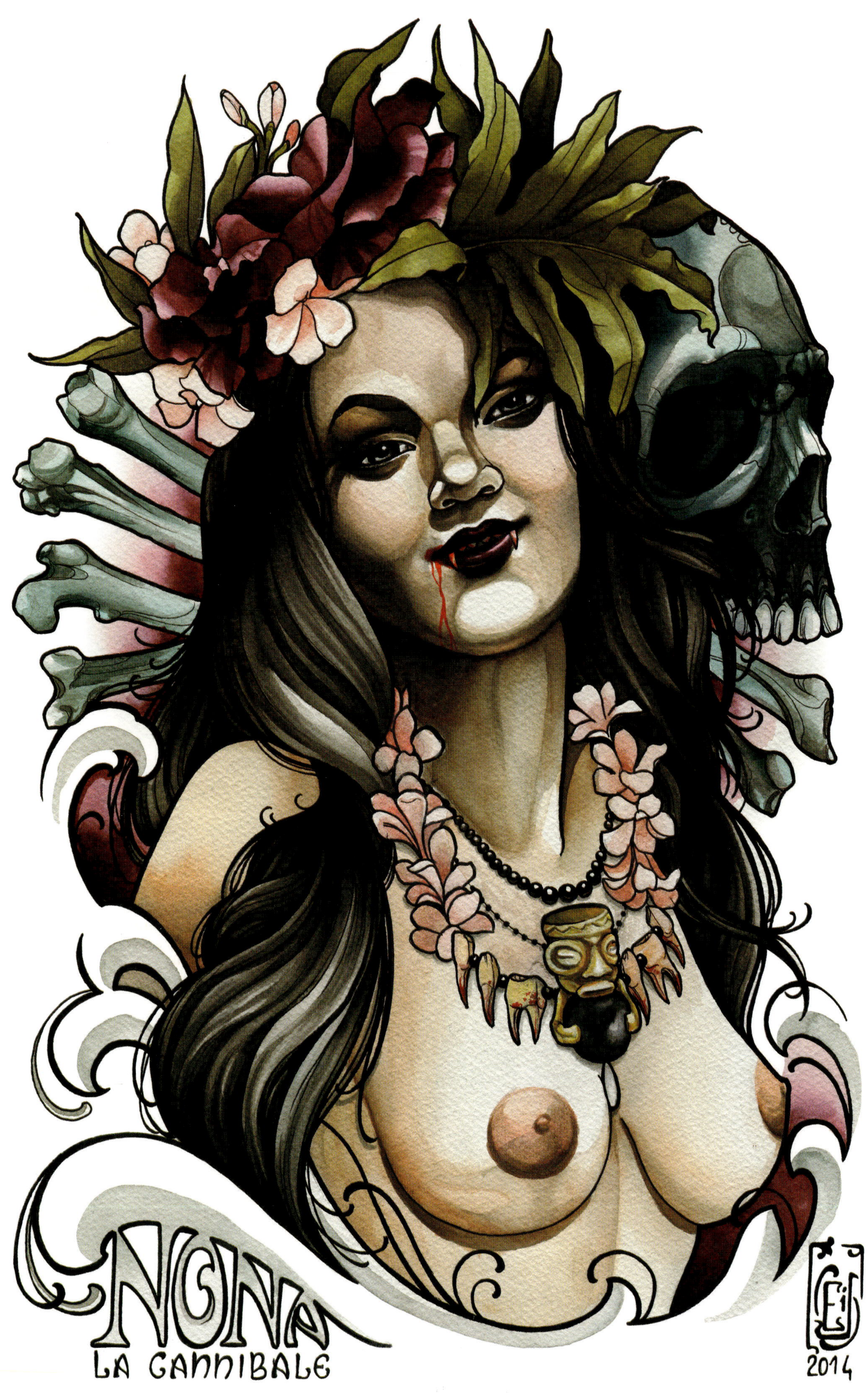




Eilo Martin

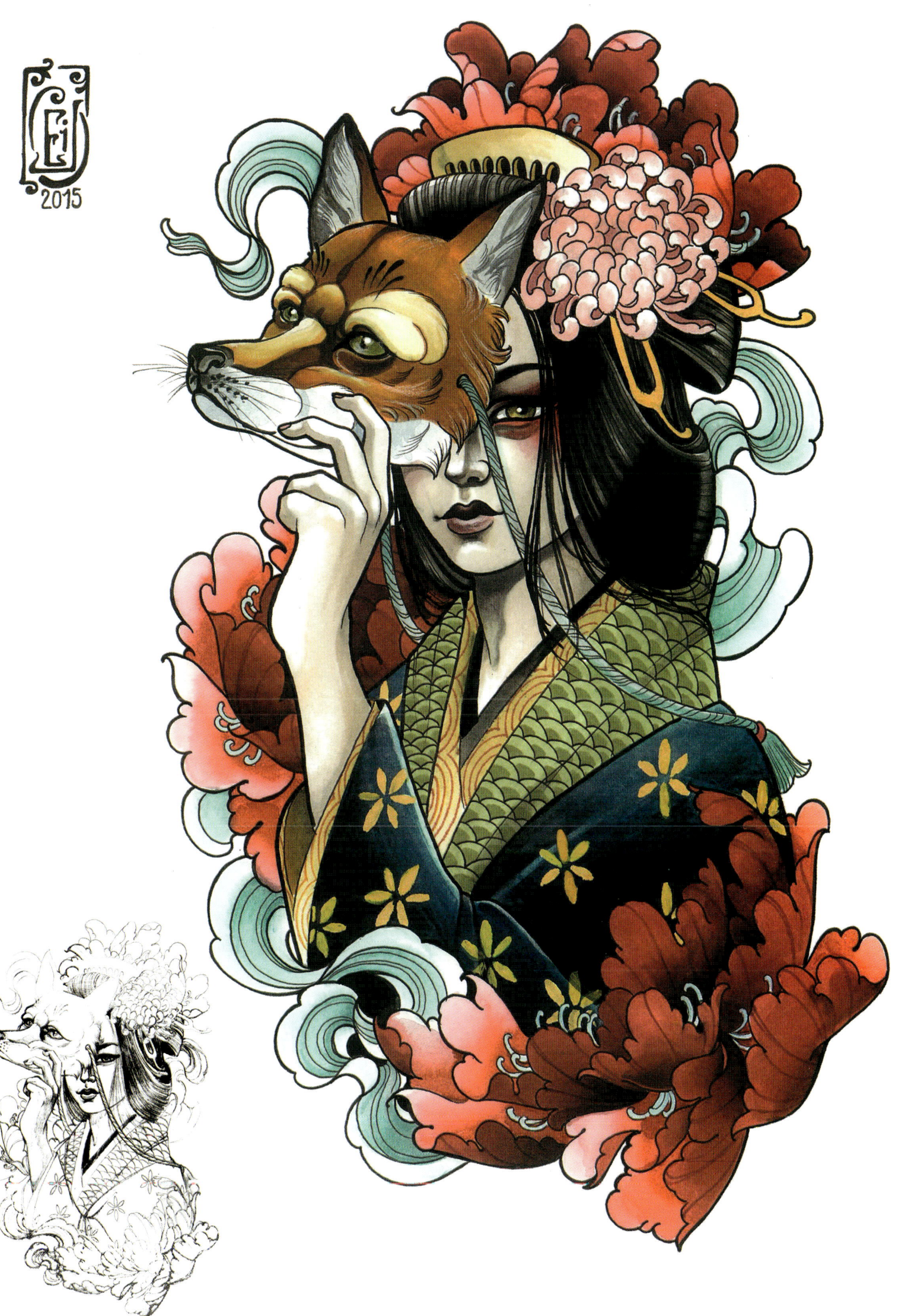
2015

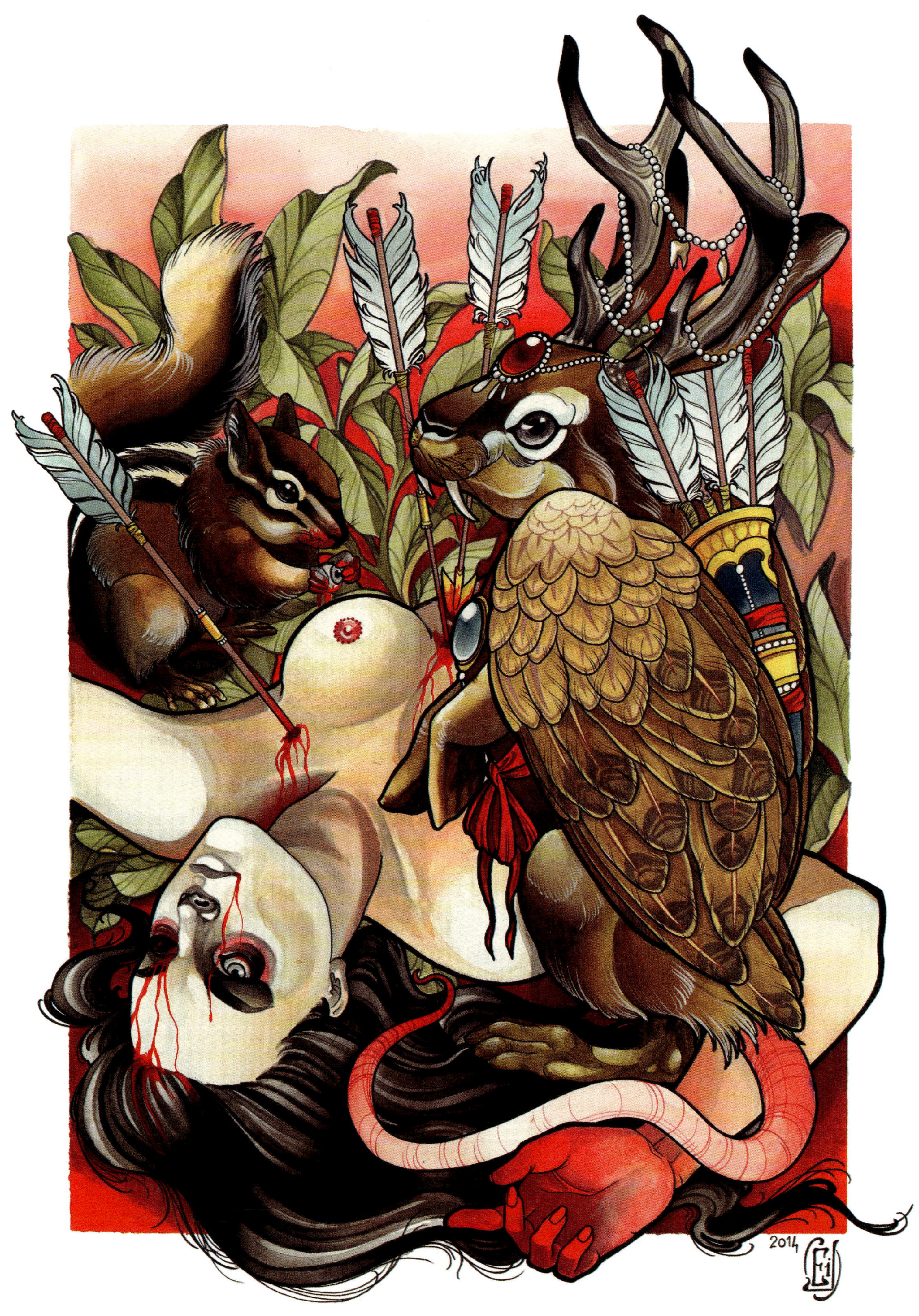




**Eilo Martin**

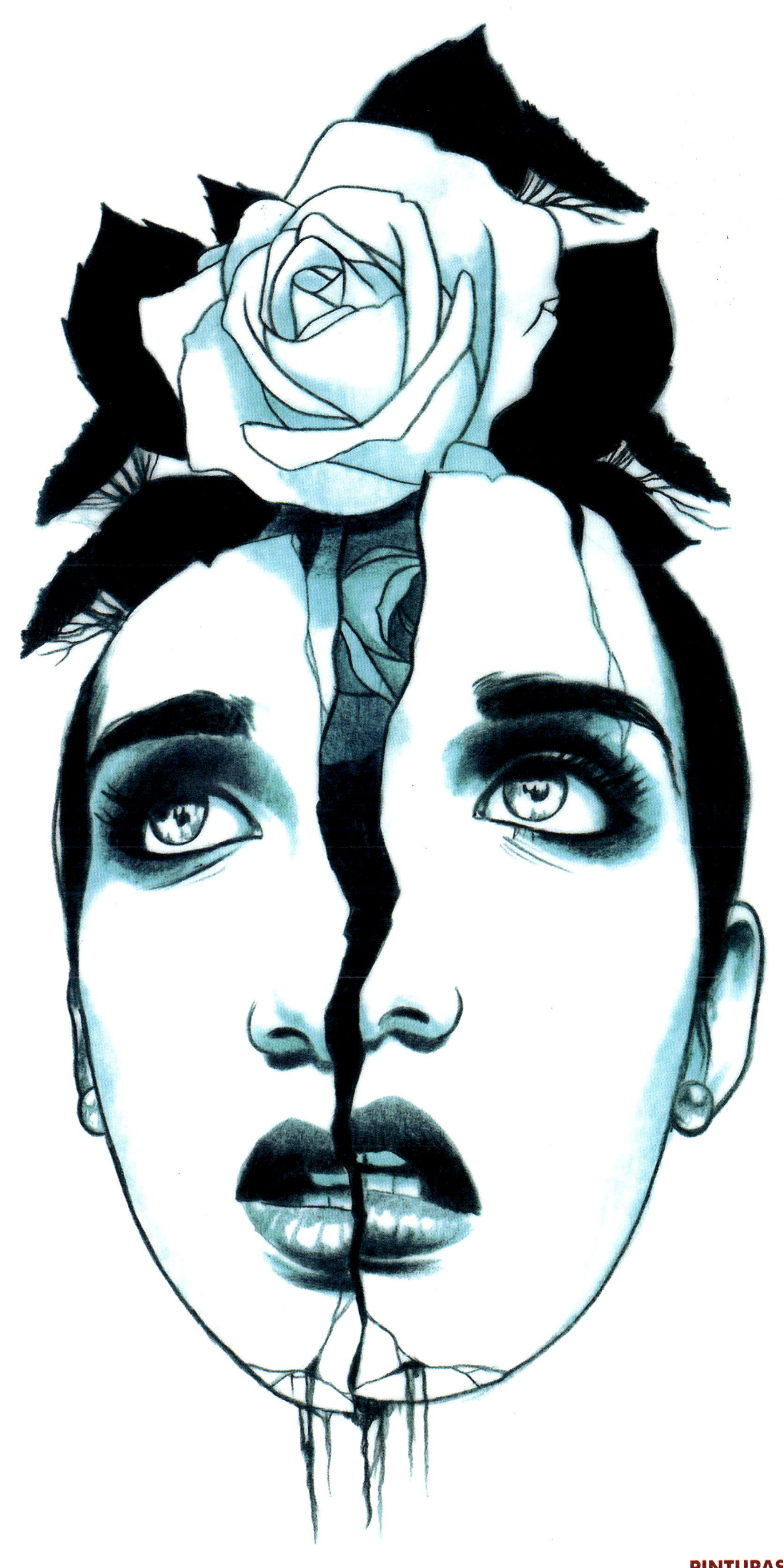

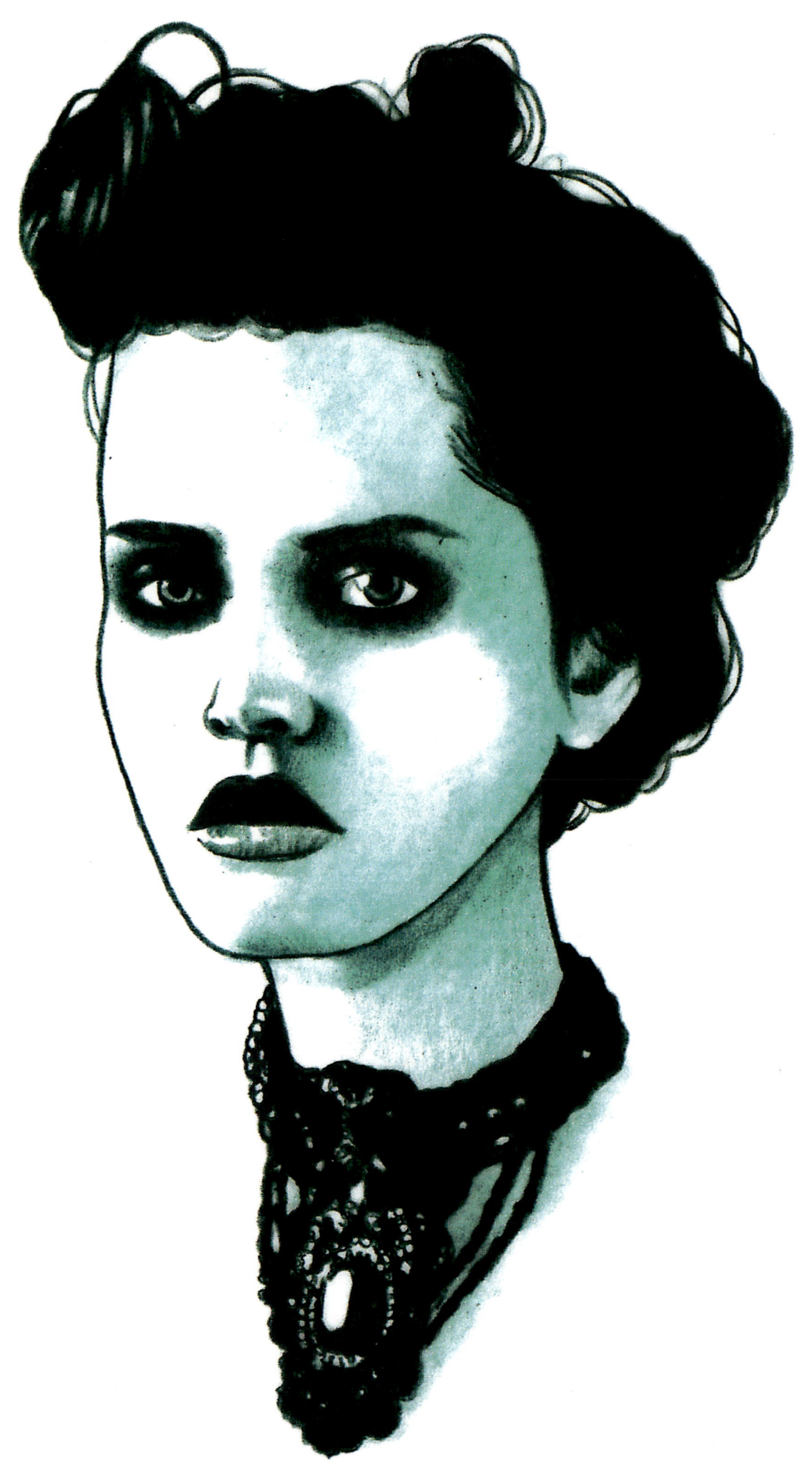



El Nigro

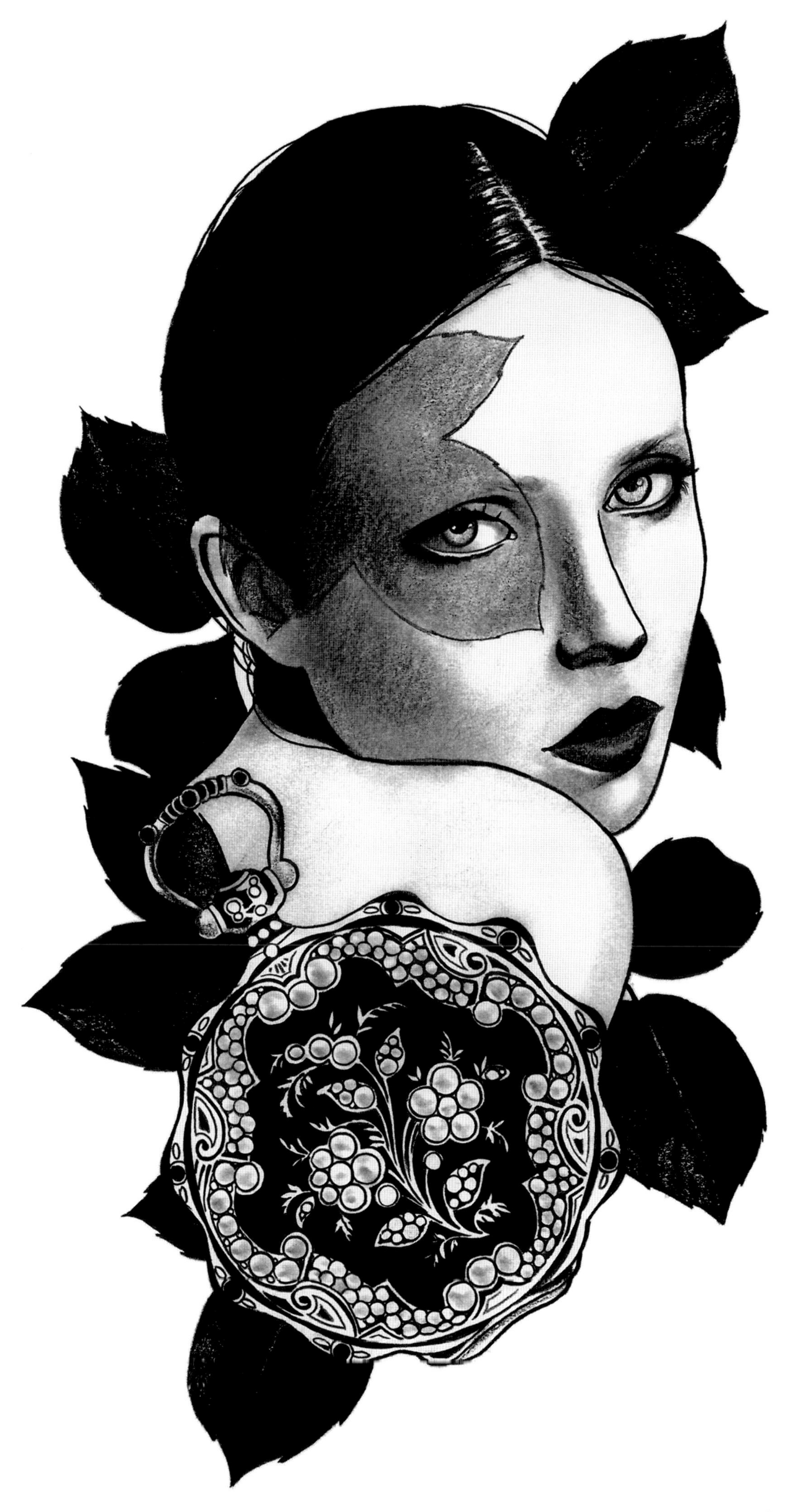

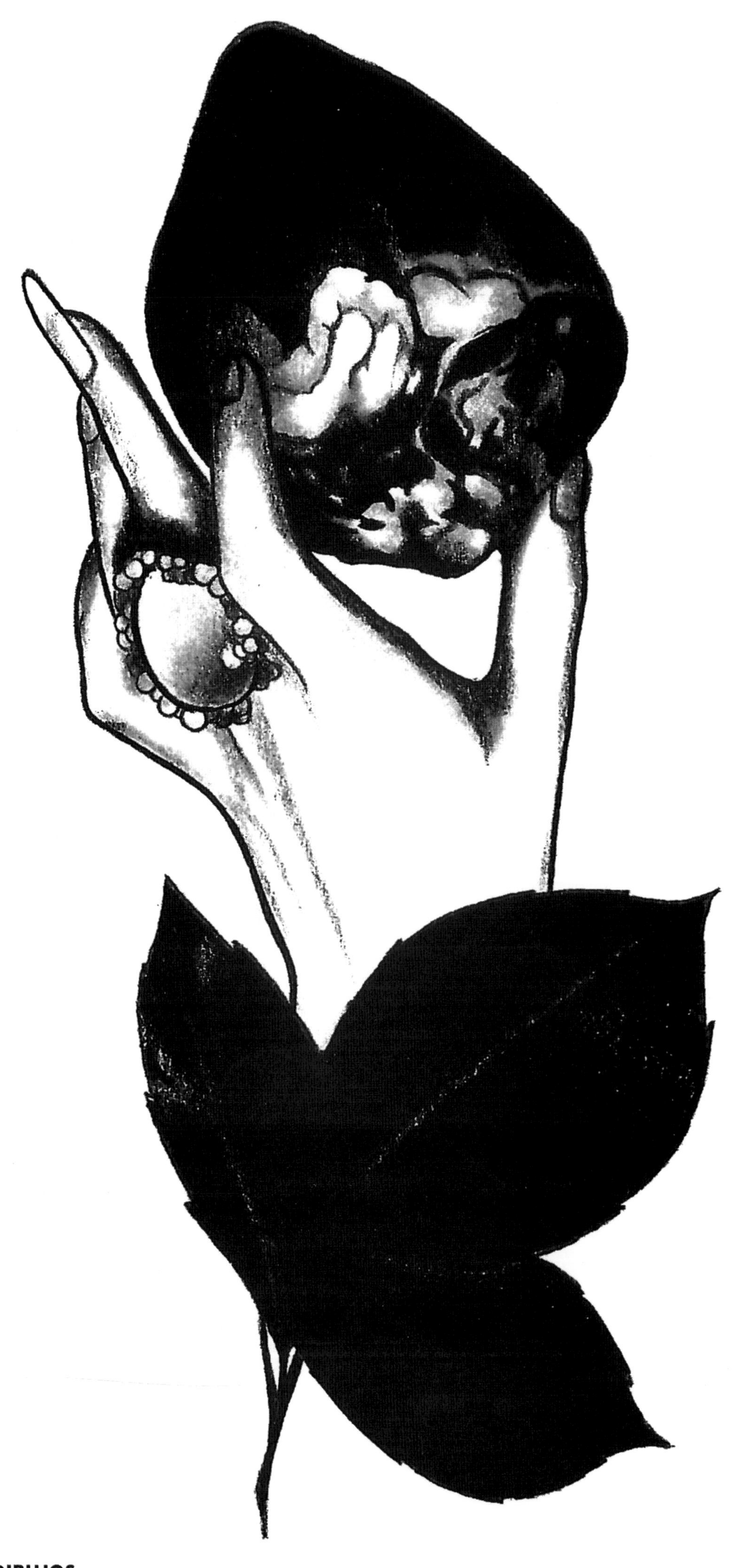



El Nigro

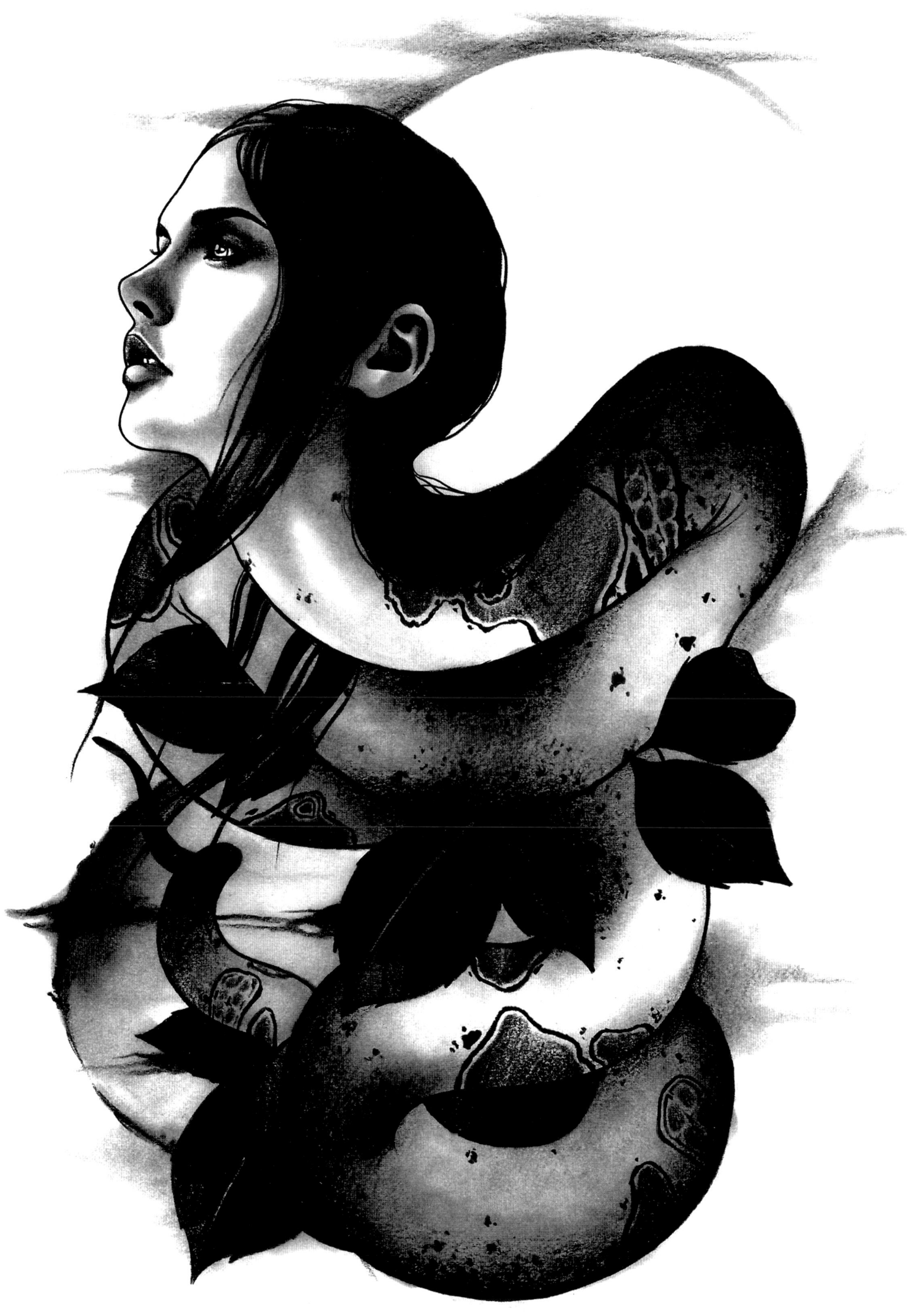

El Nigro

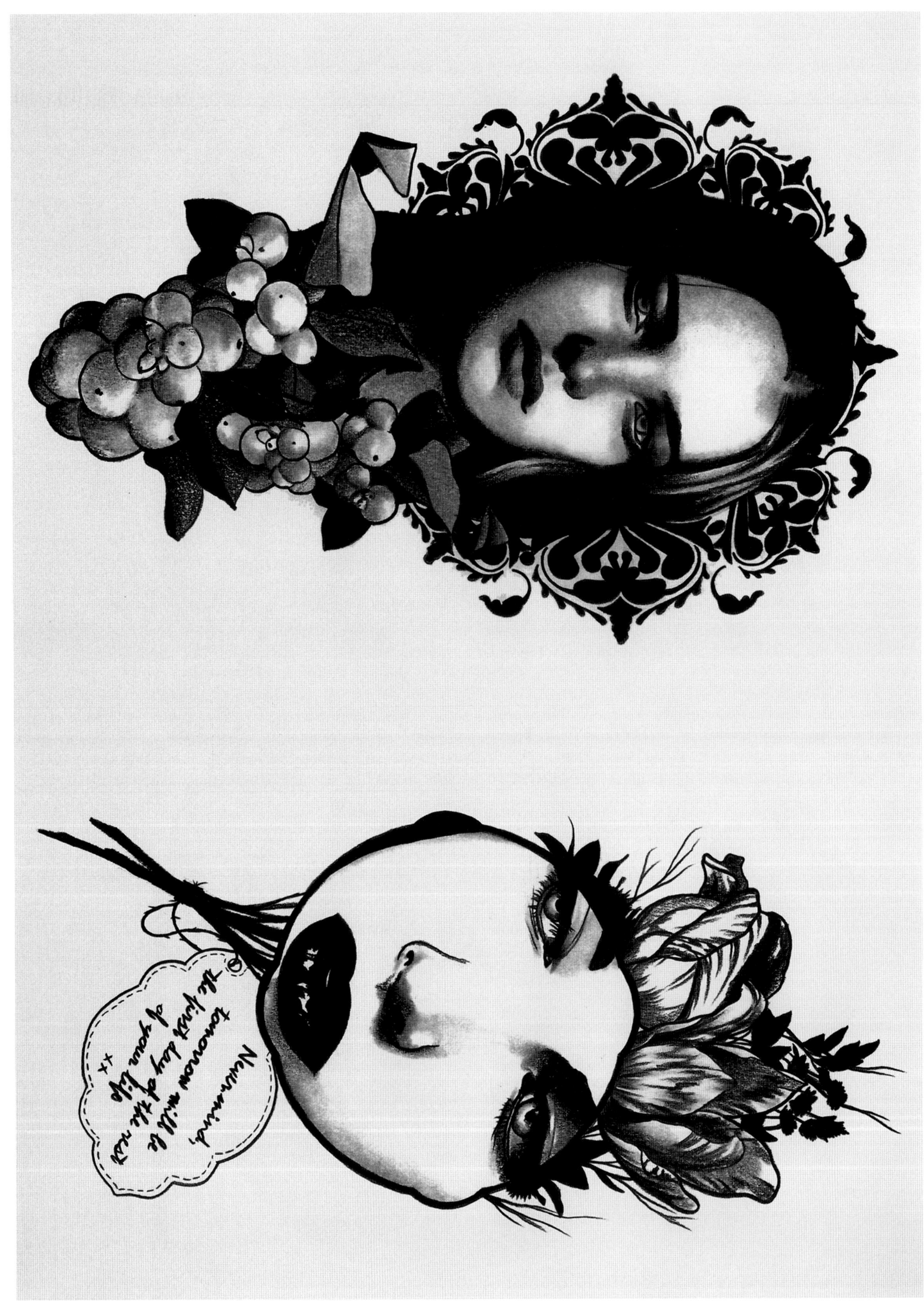
Nevermind,
tomorrow will be
the first day of the rest
of your life
xx

El Nigro

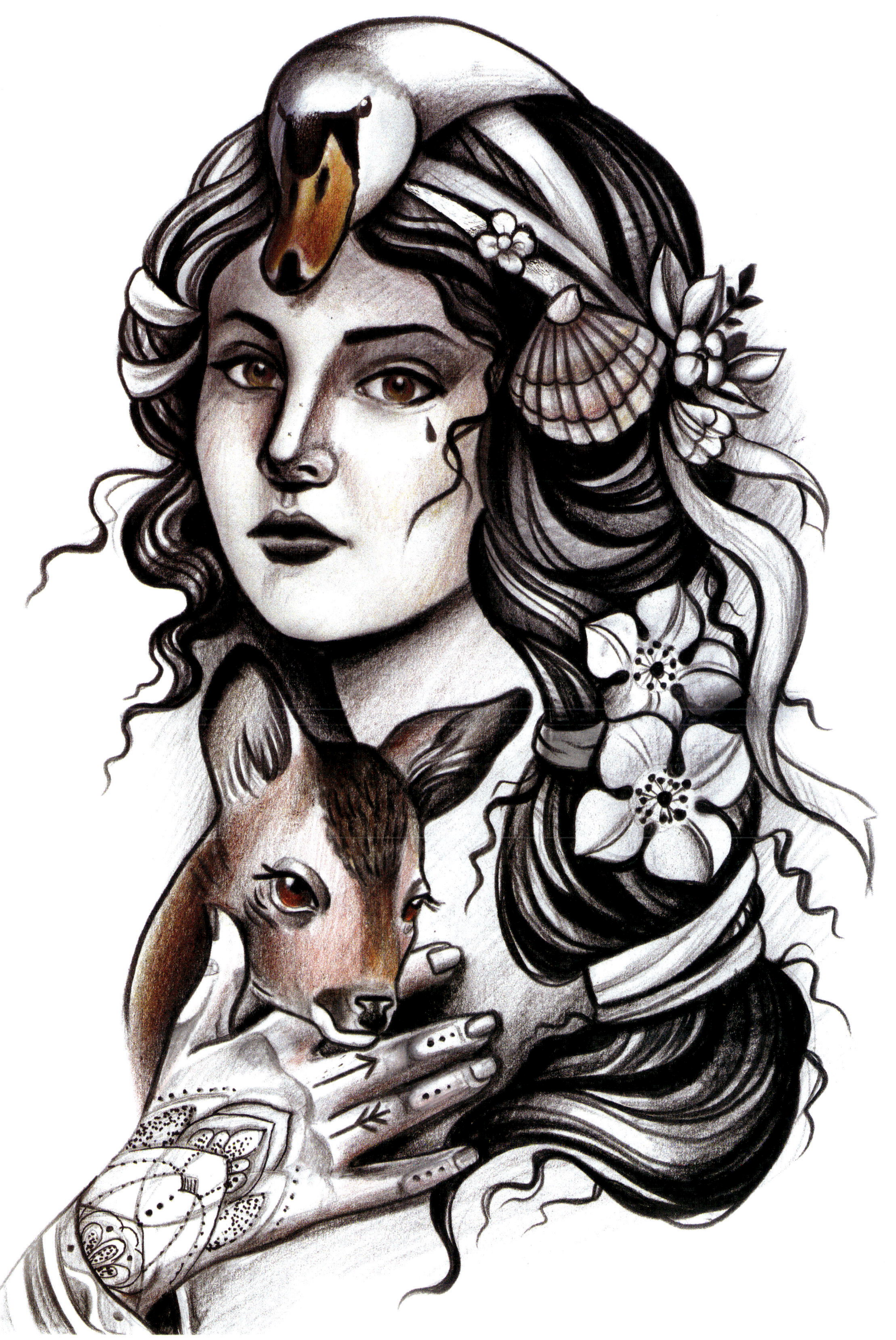

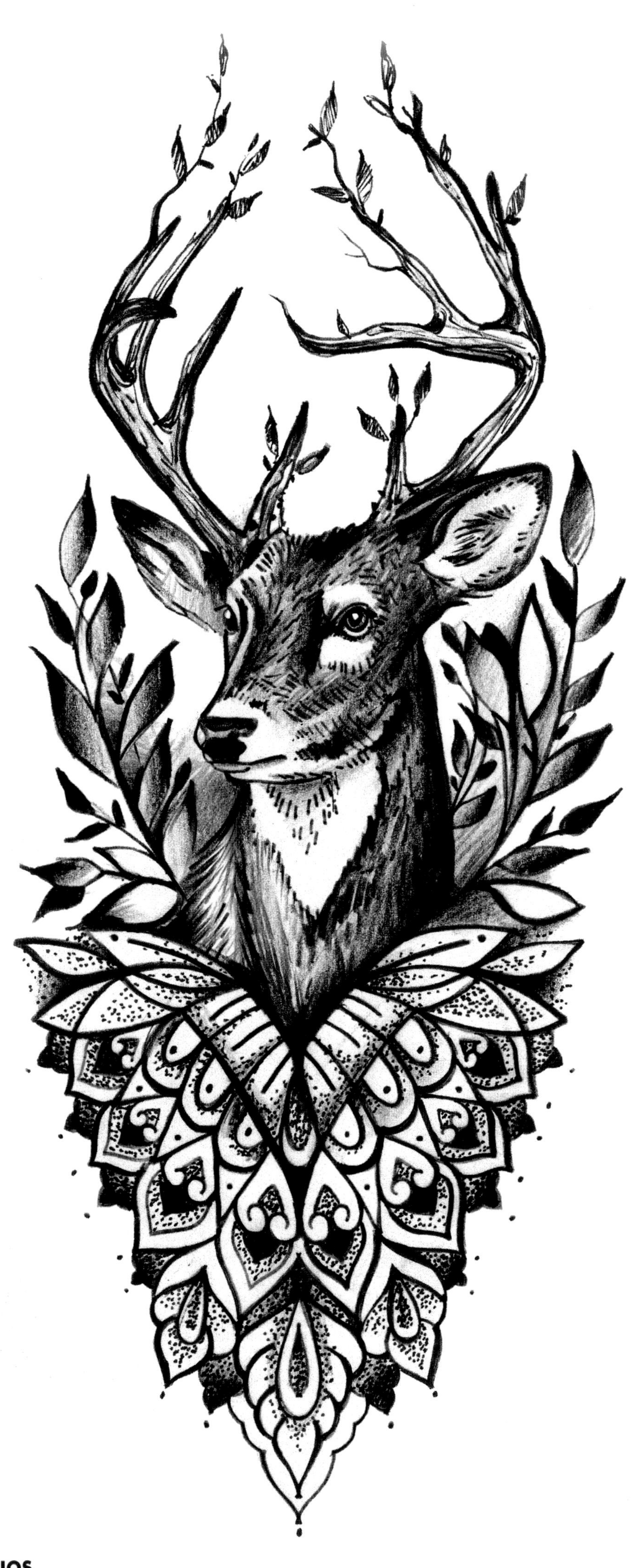



Ela Pour

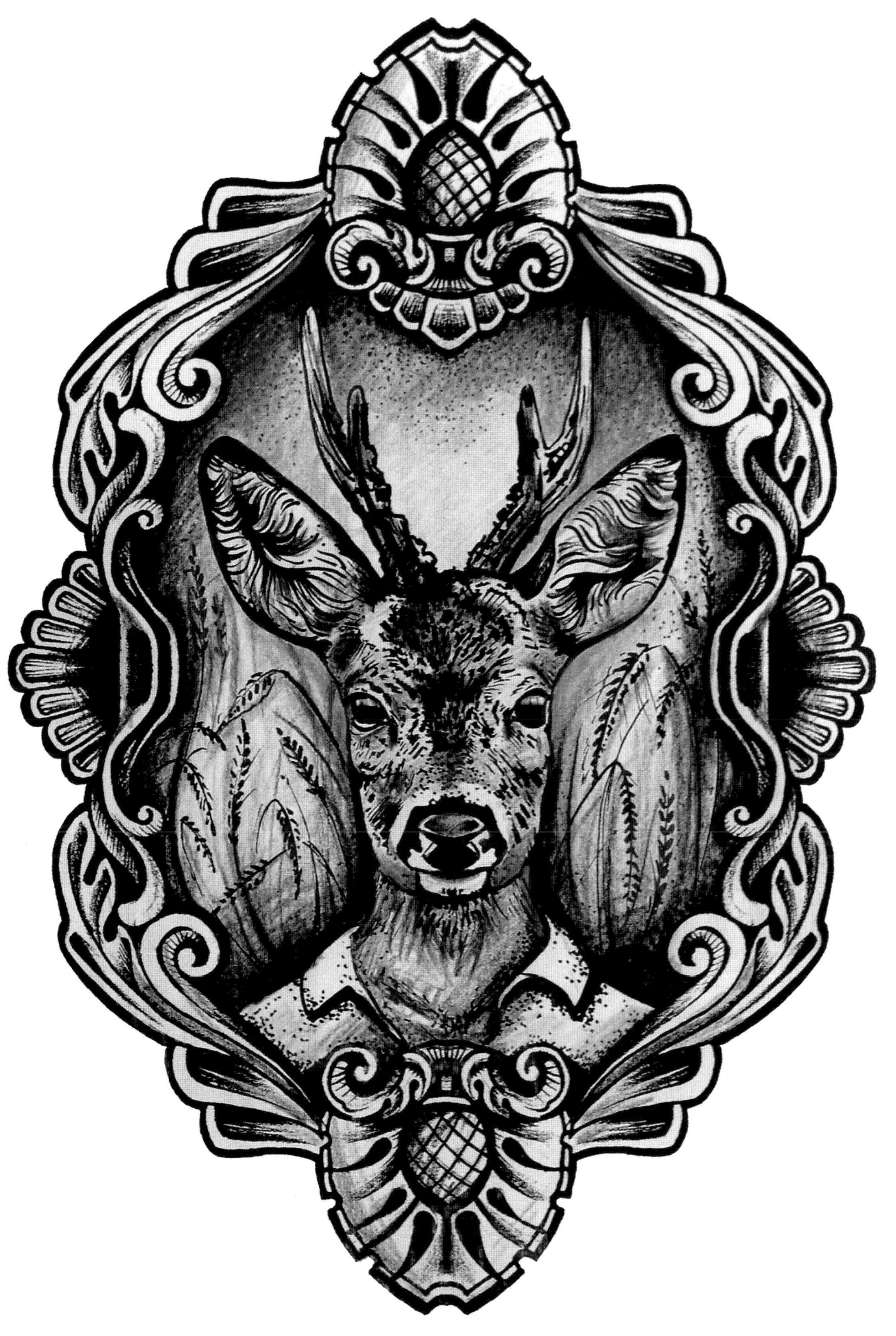

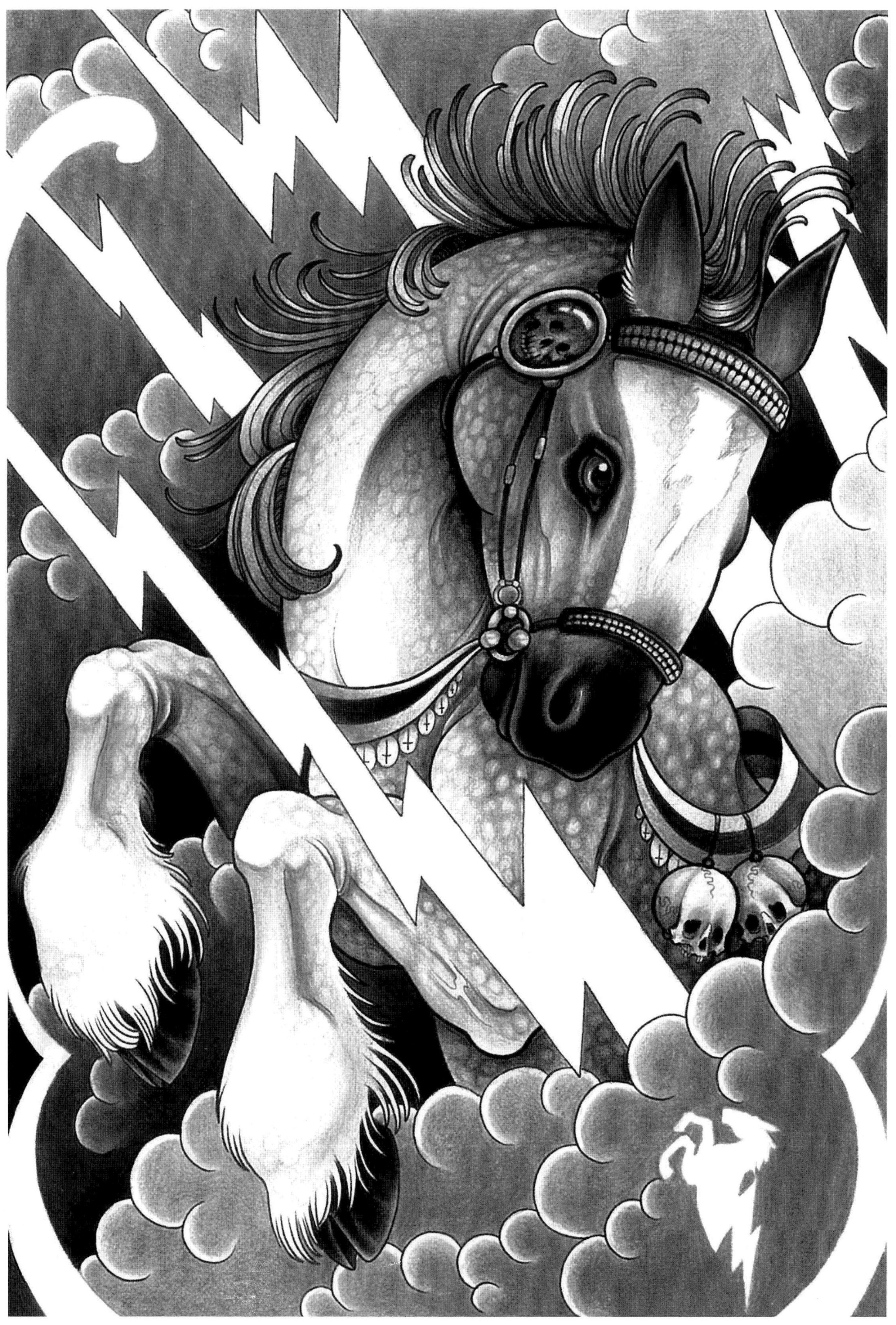



Erin Chance

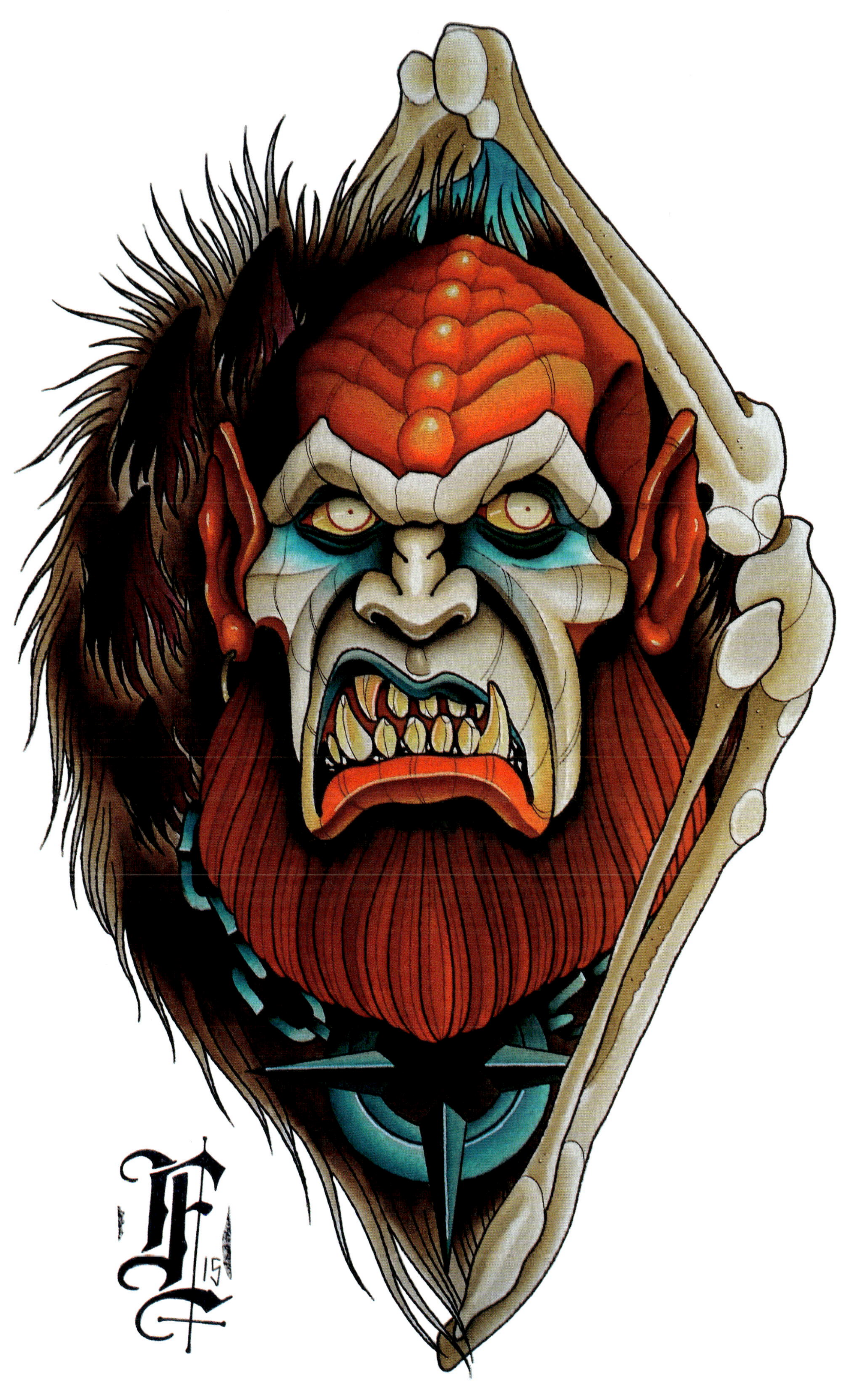

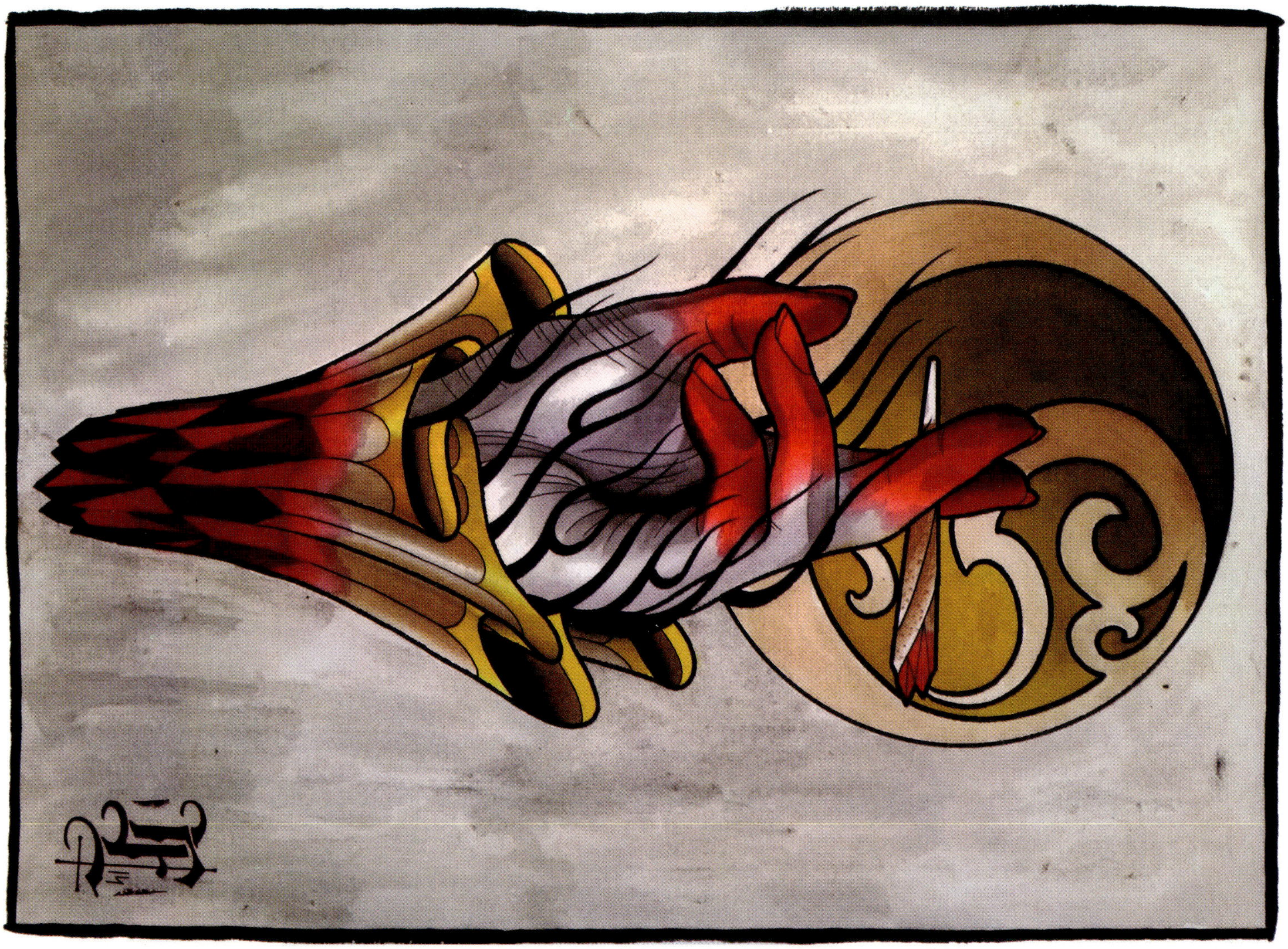

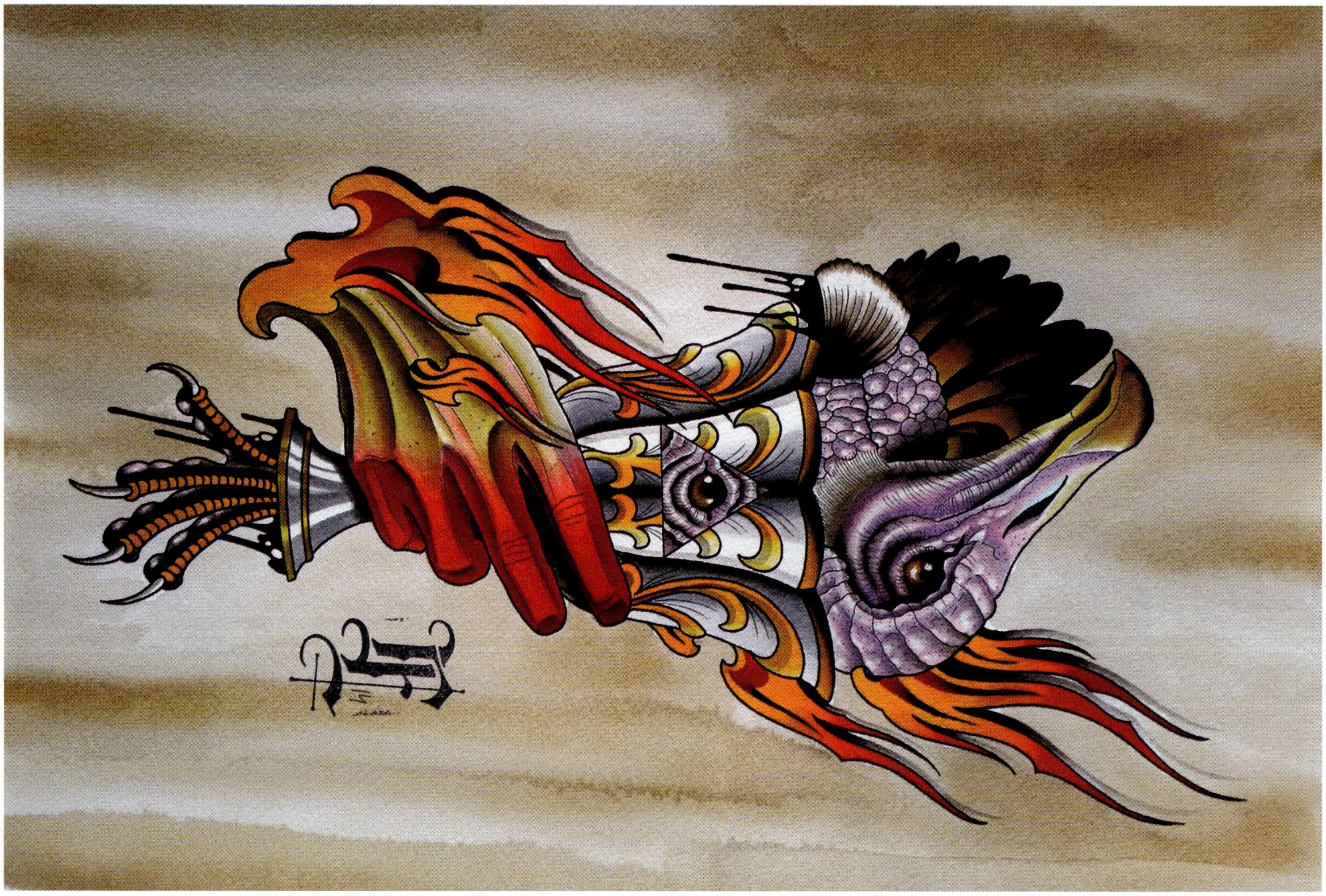

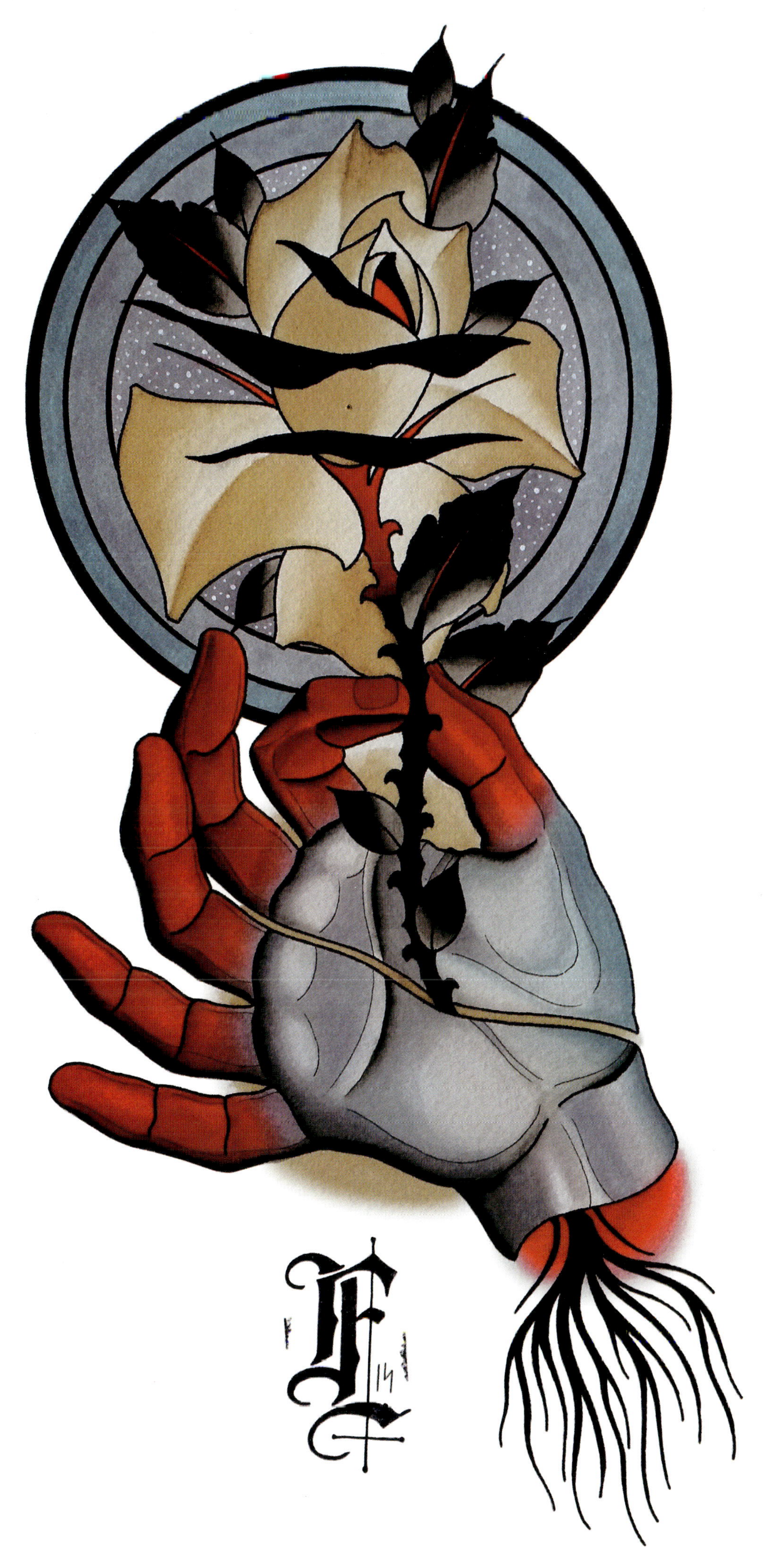

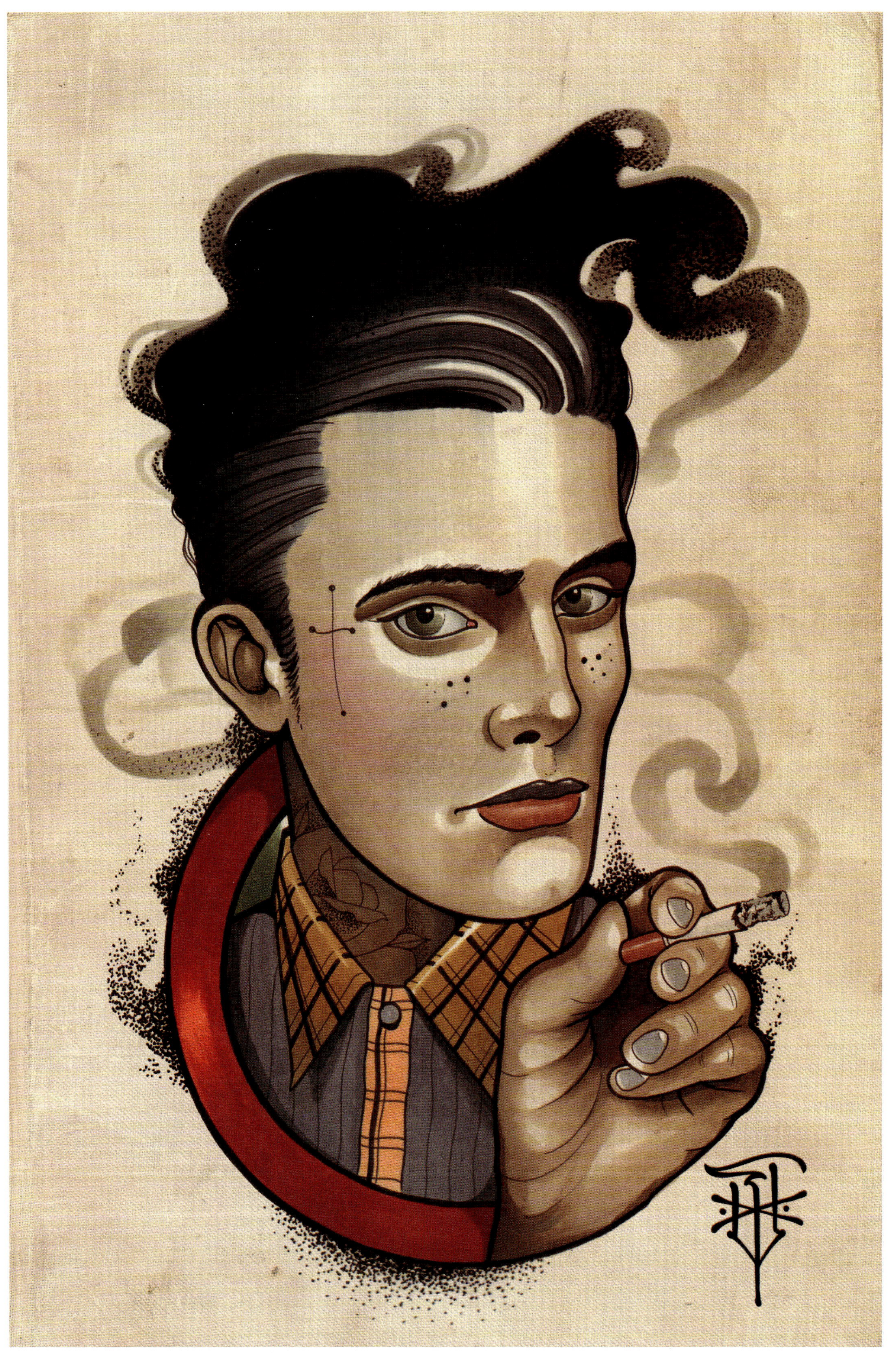



Fulvio Vaccarone

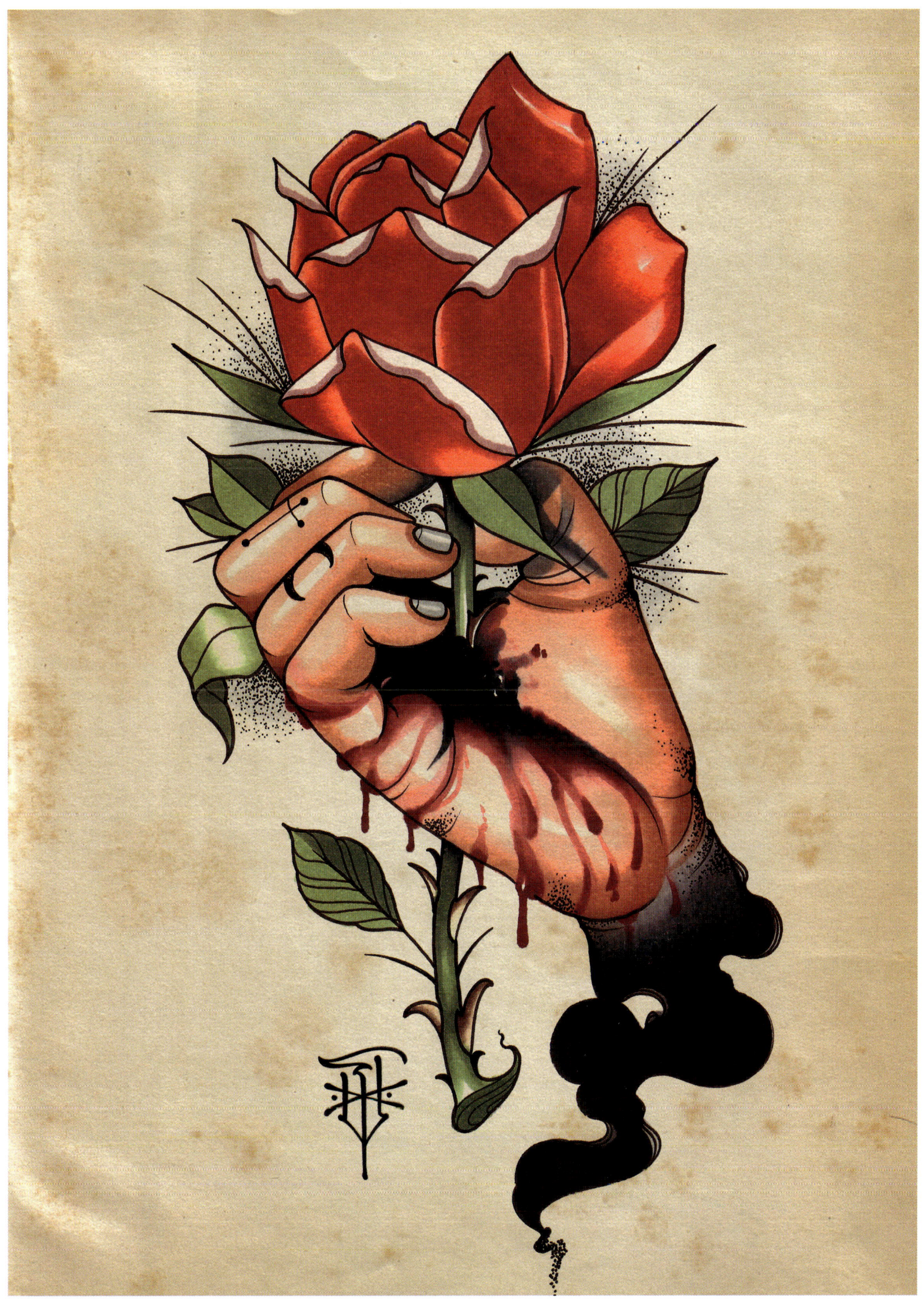

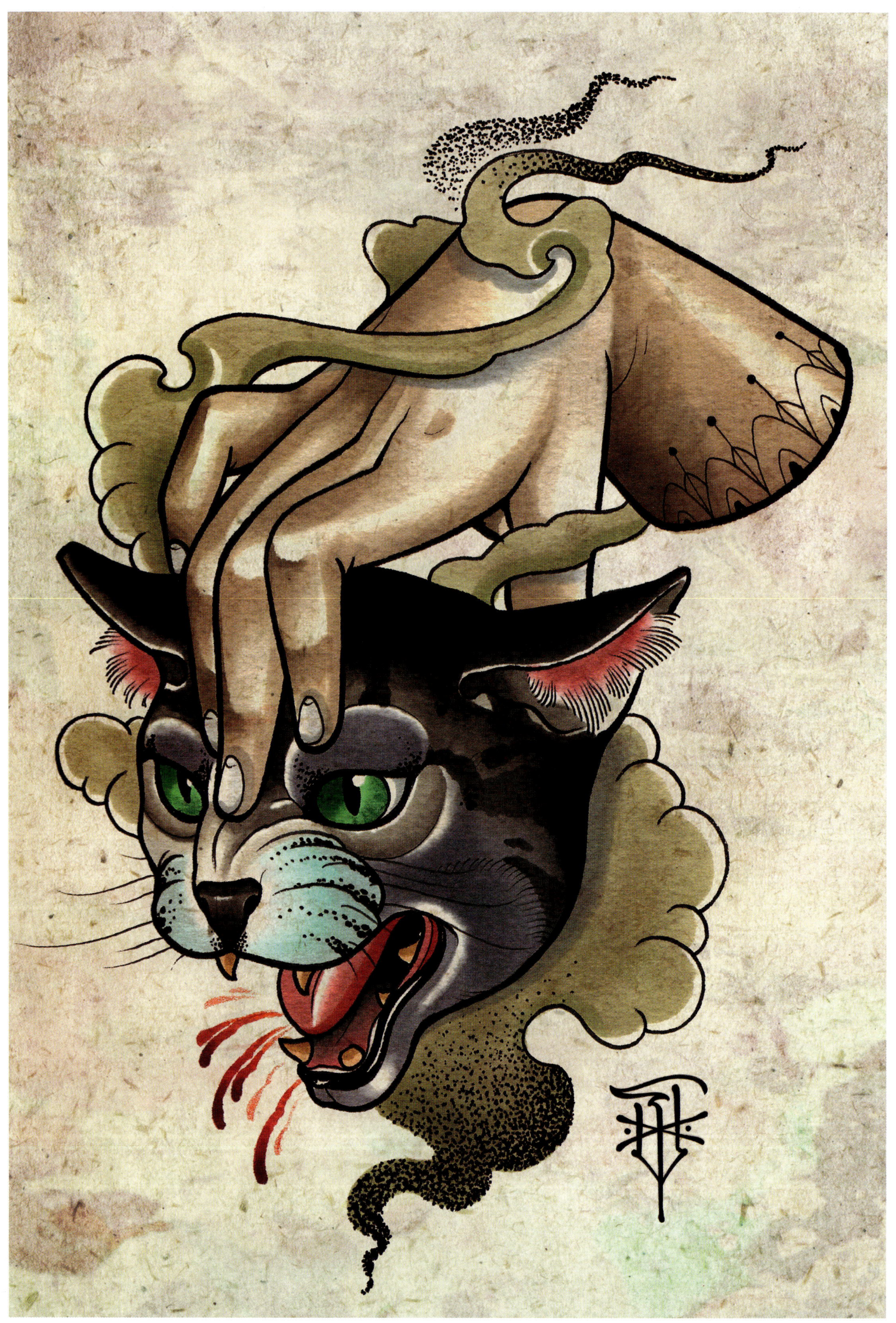



Fulvio Vaccarone

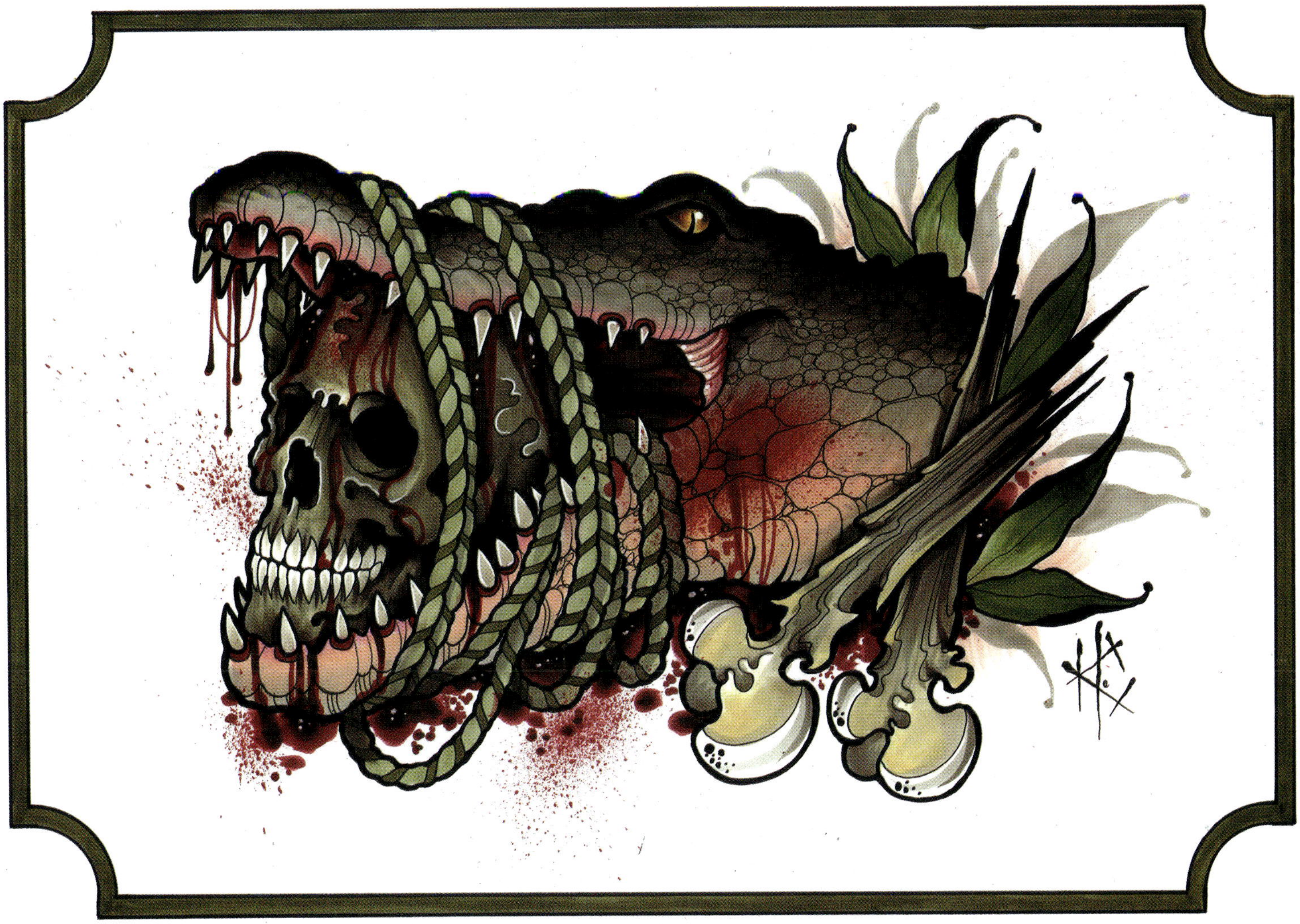

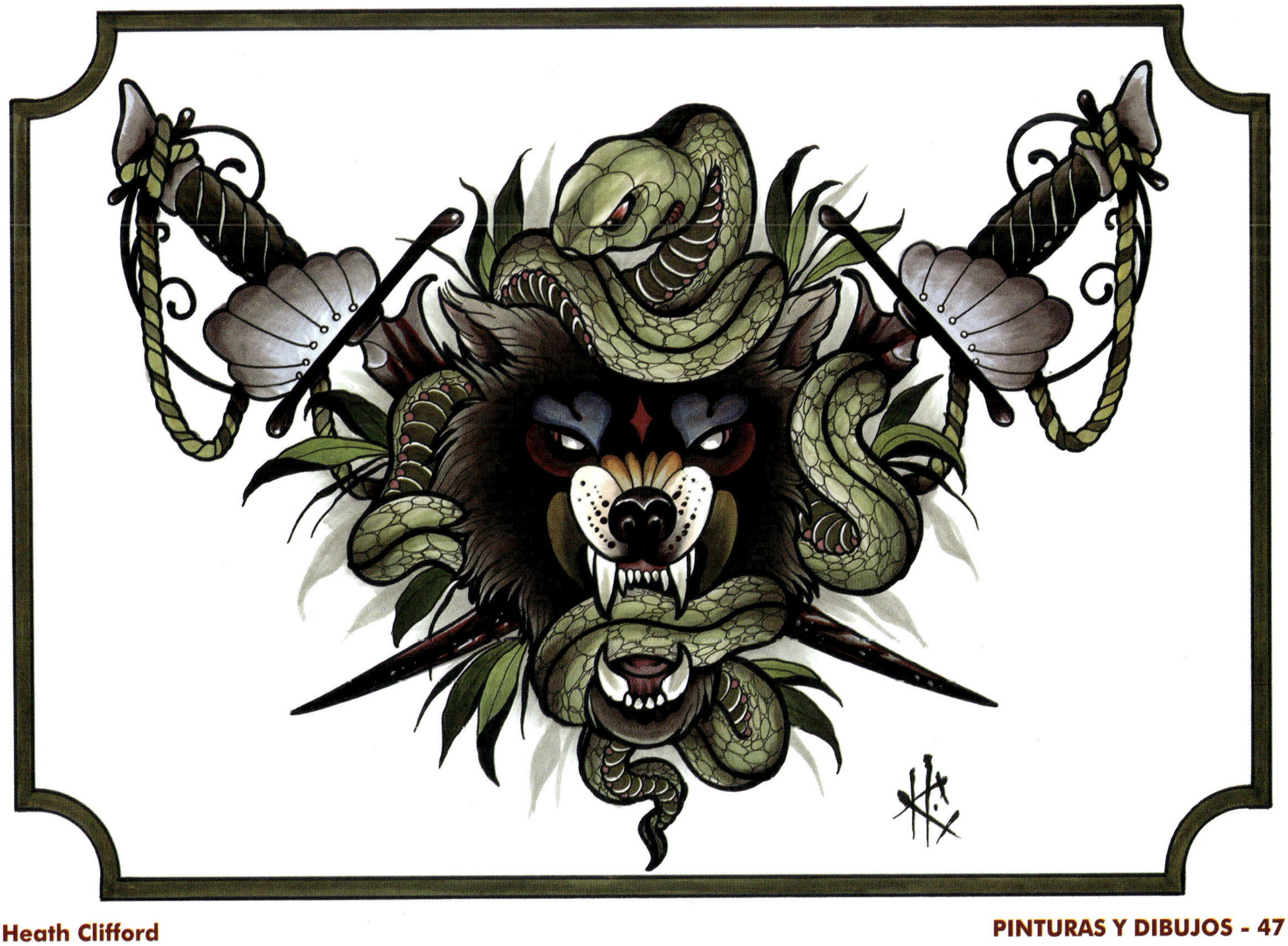

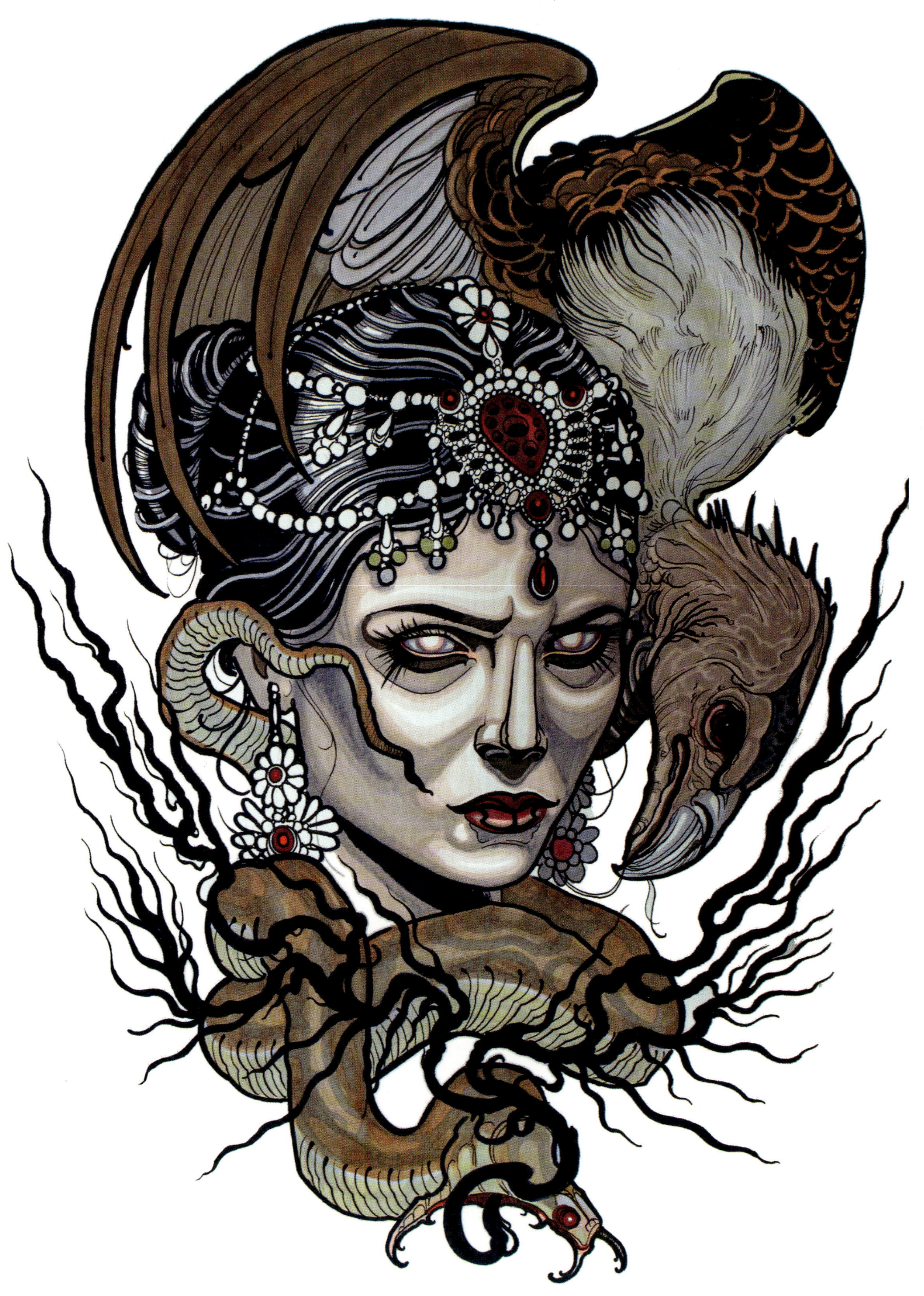



Isnard Barbosa

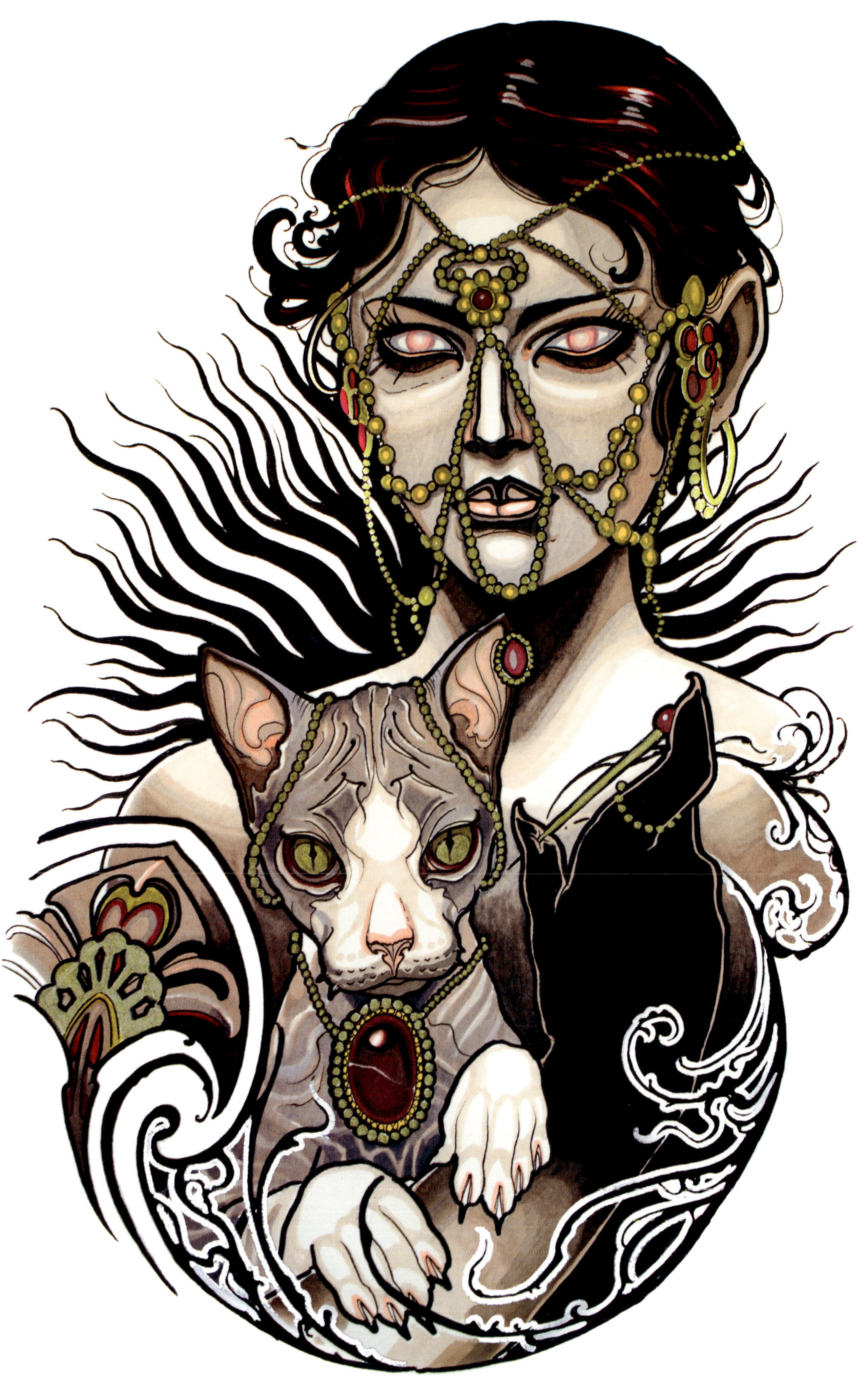

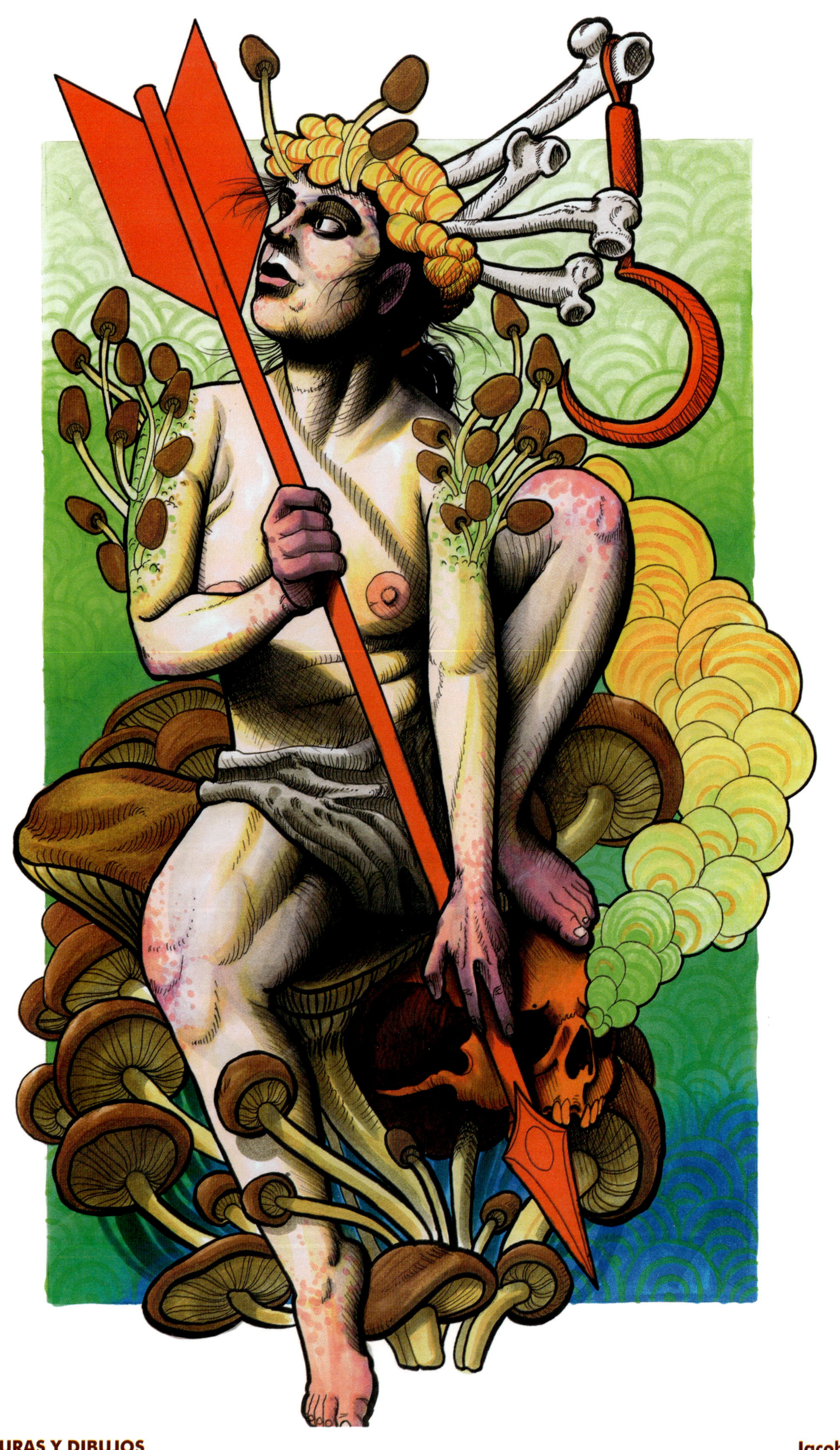



Jacob Wiman

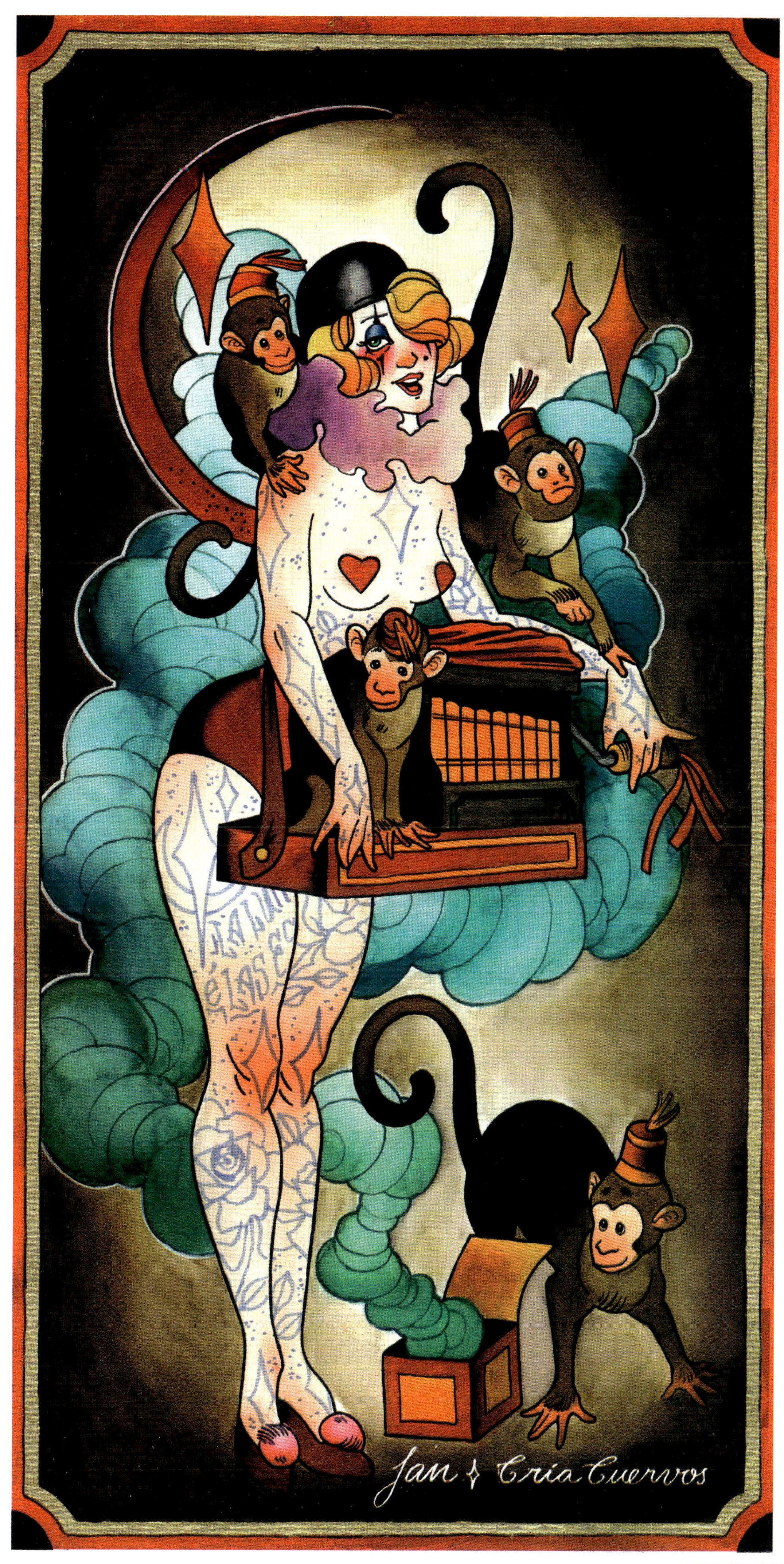
Jan Cría Cuervos

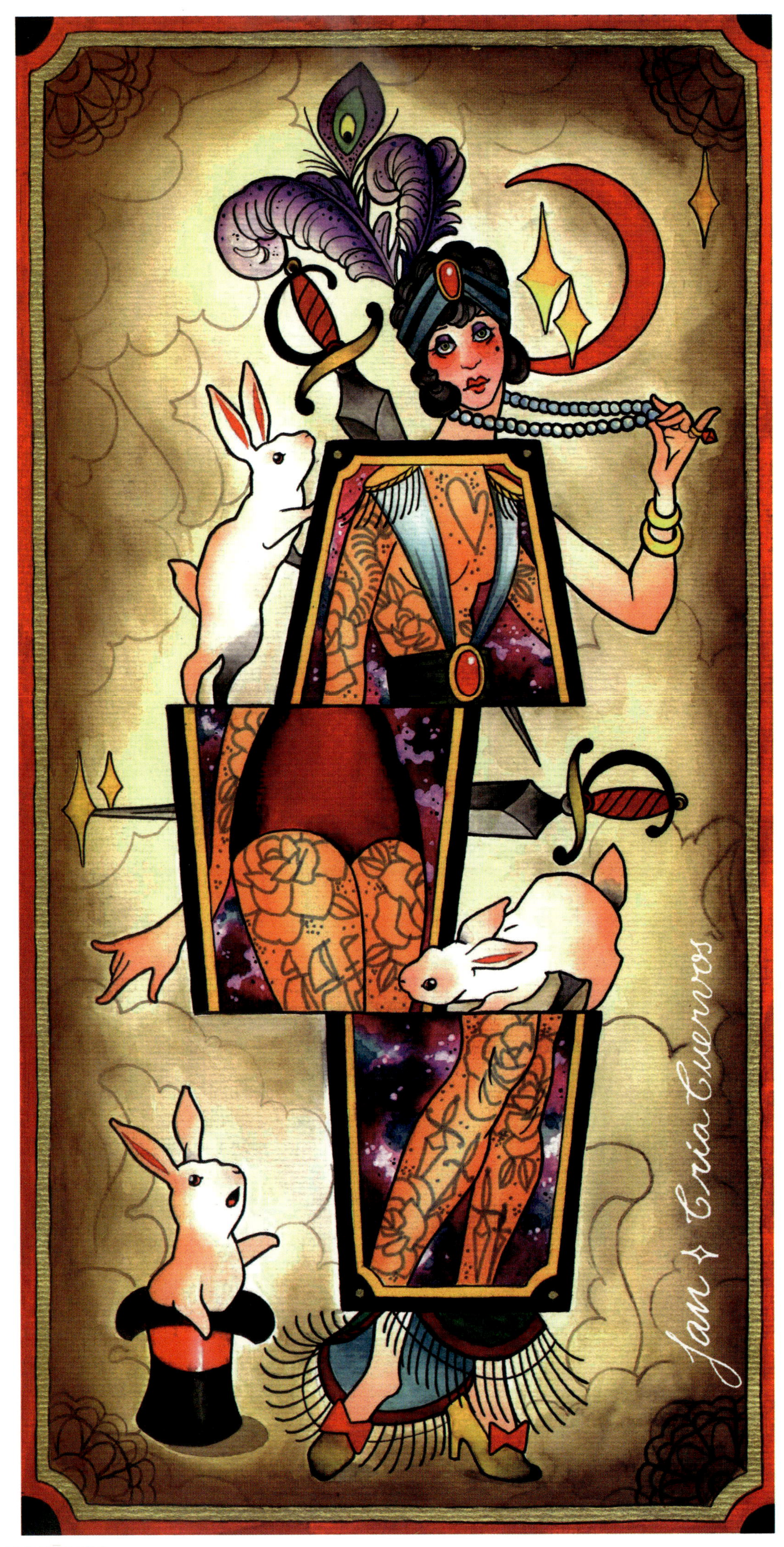




Jan Criacuervos

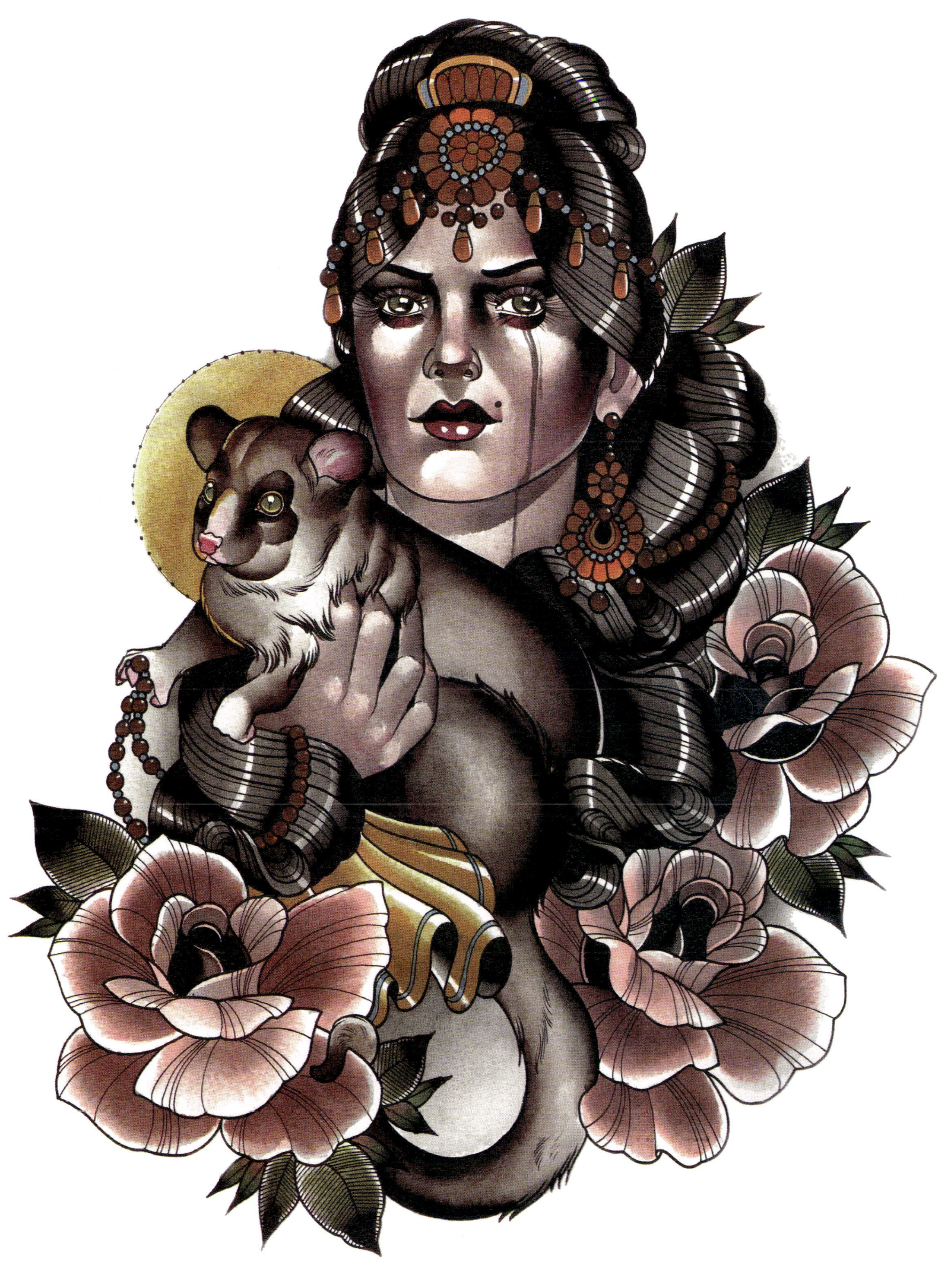

Jasmin Austin

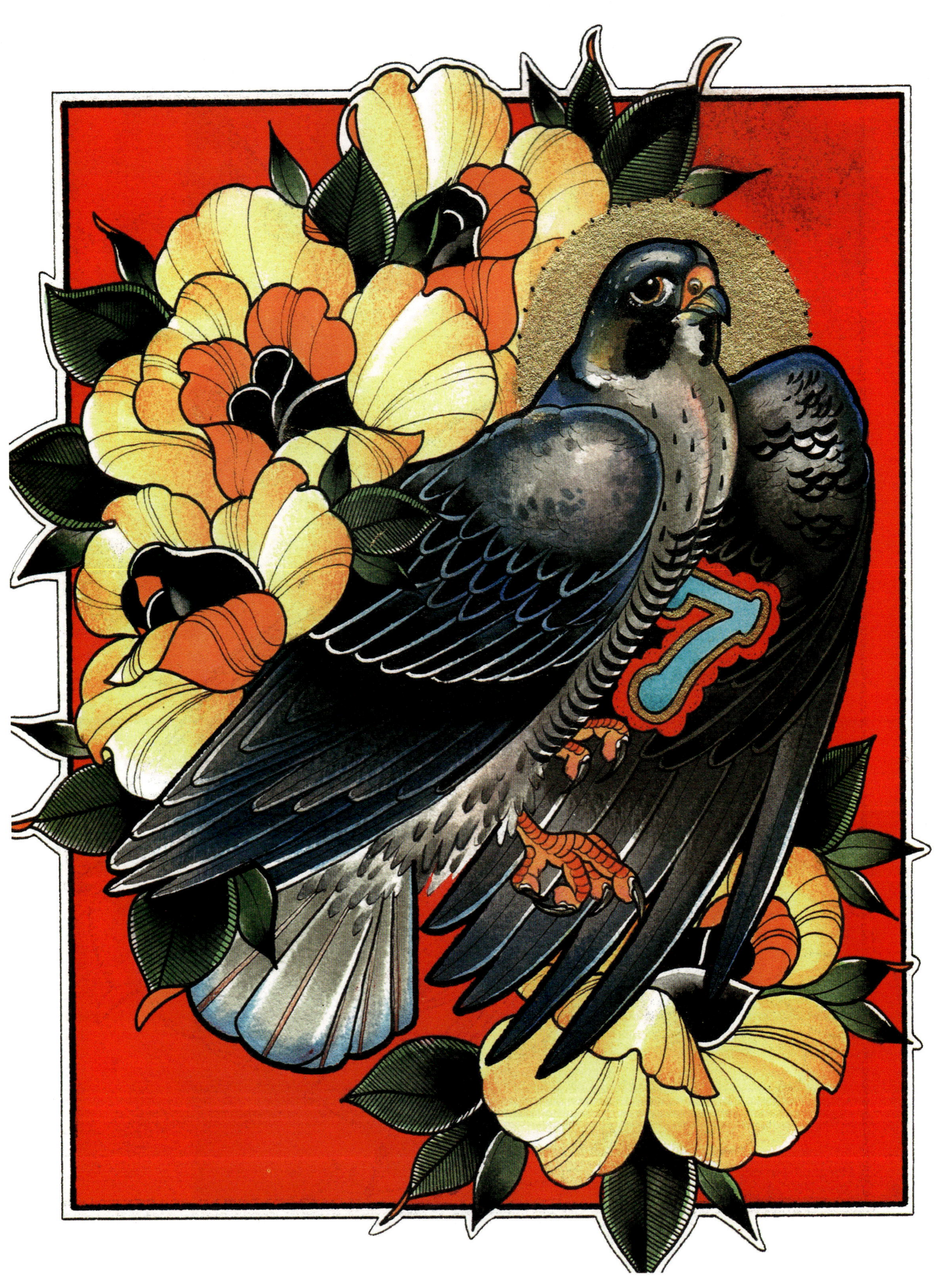



Jasmin Austin

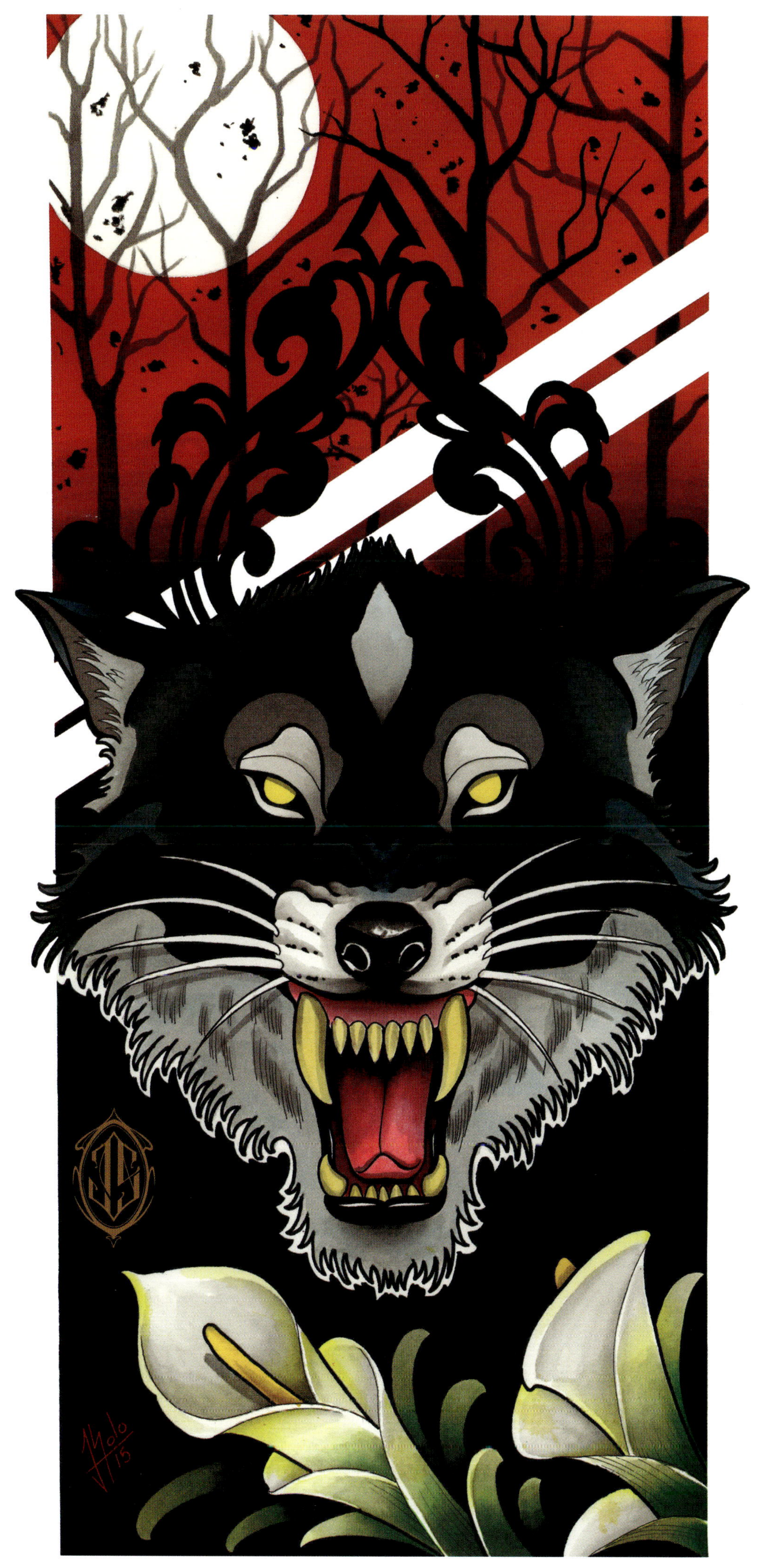

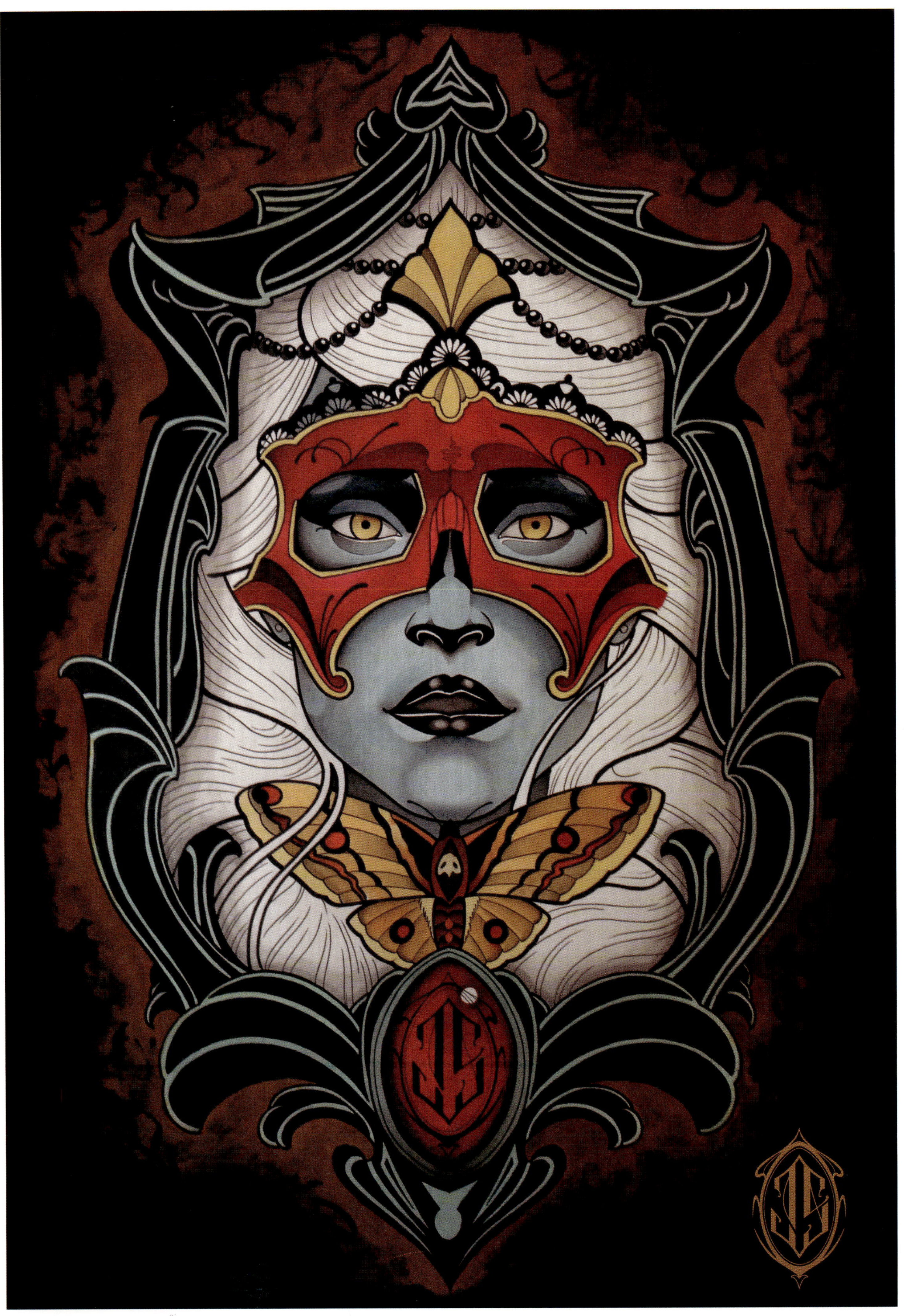



Juan Solo

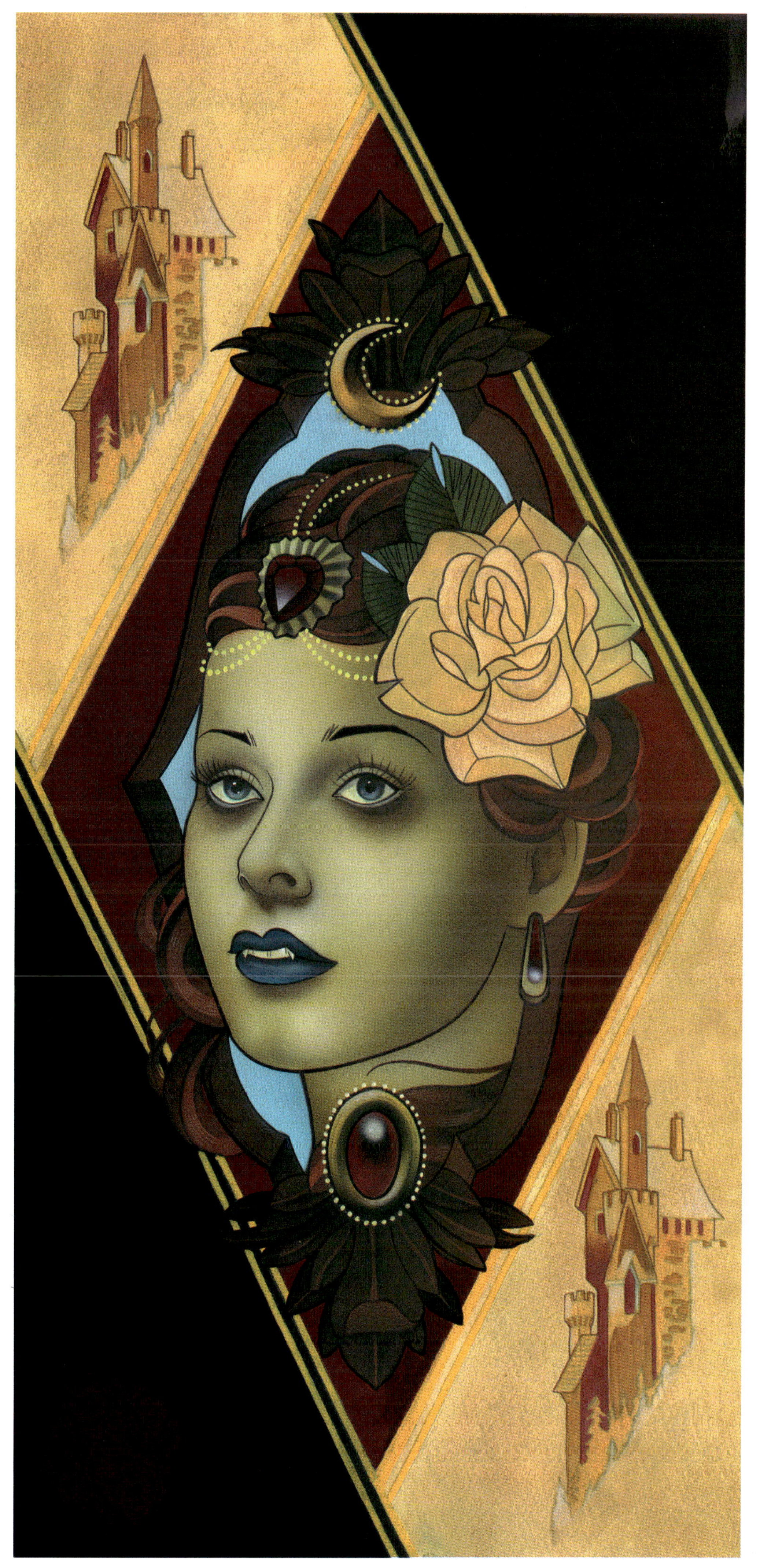

Justin Acca

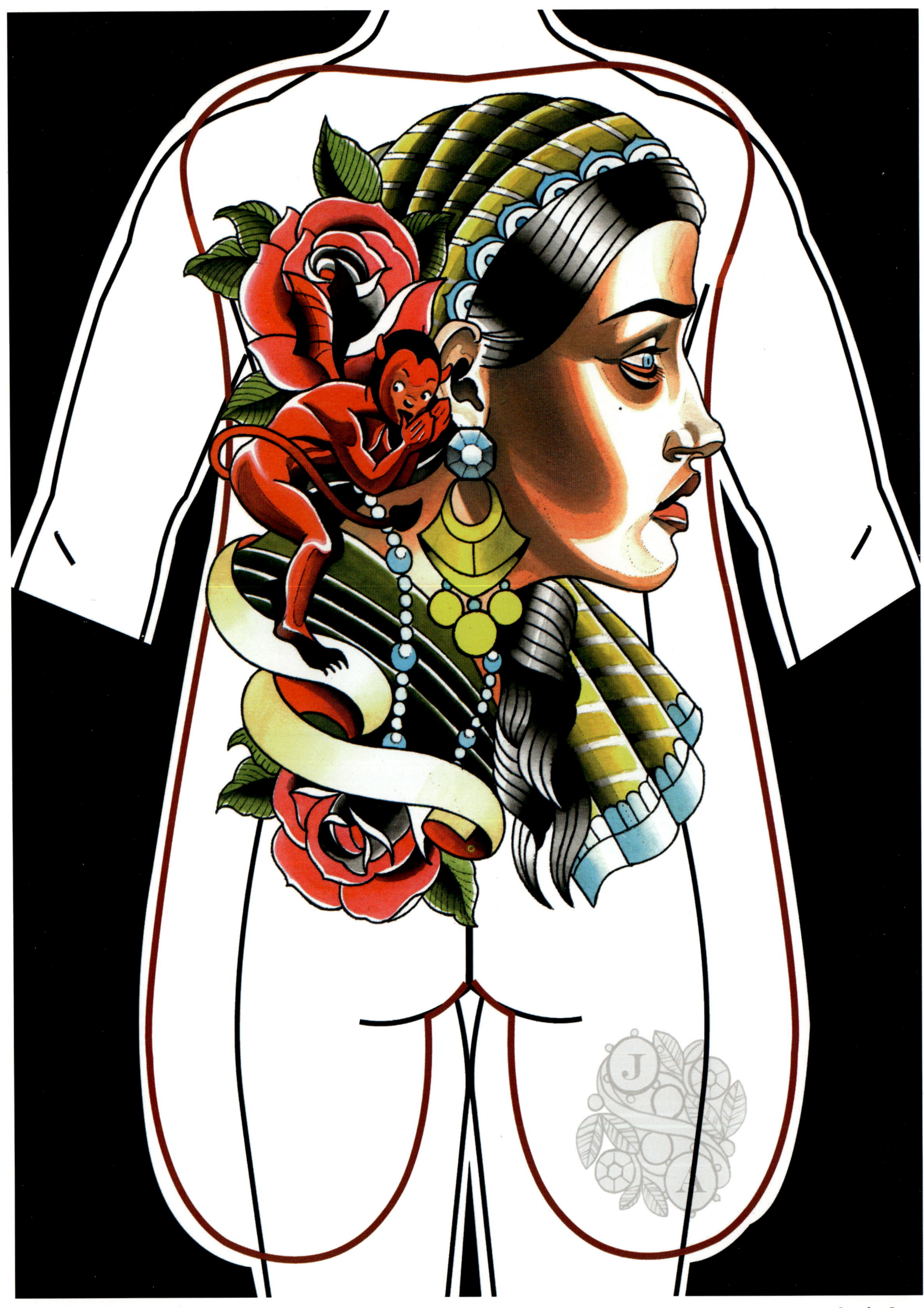



Justin Acca

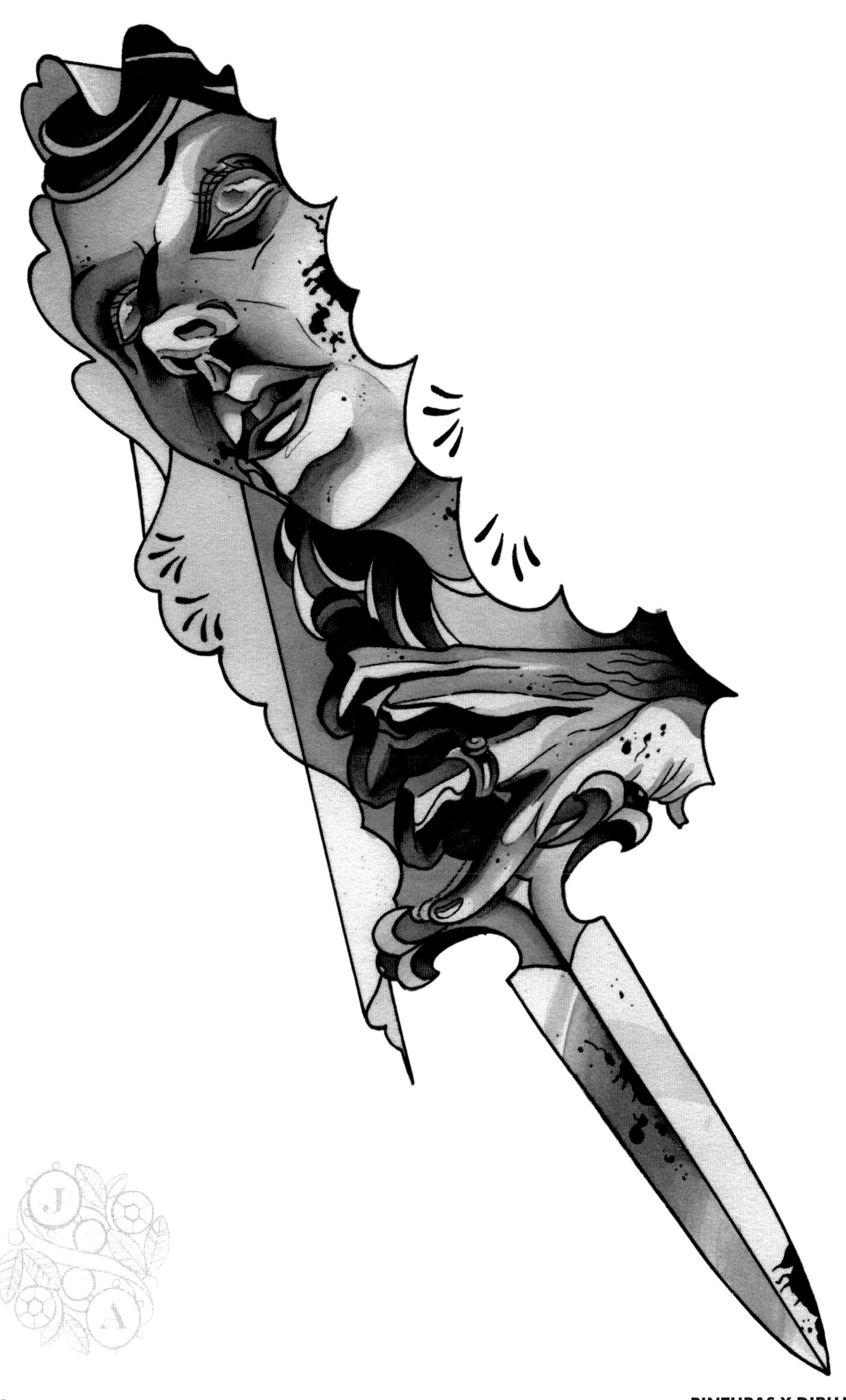

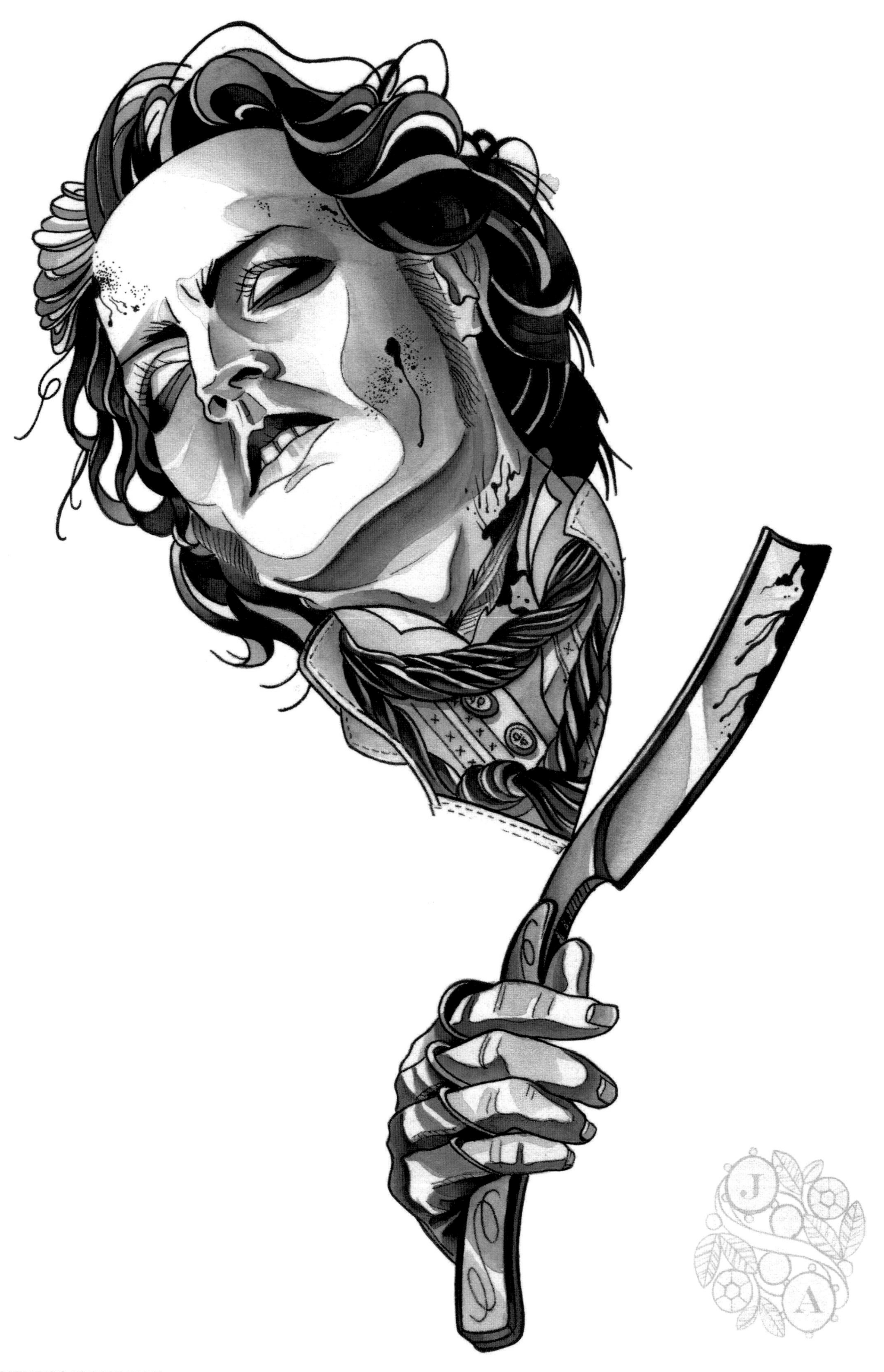



Justin Acca

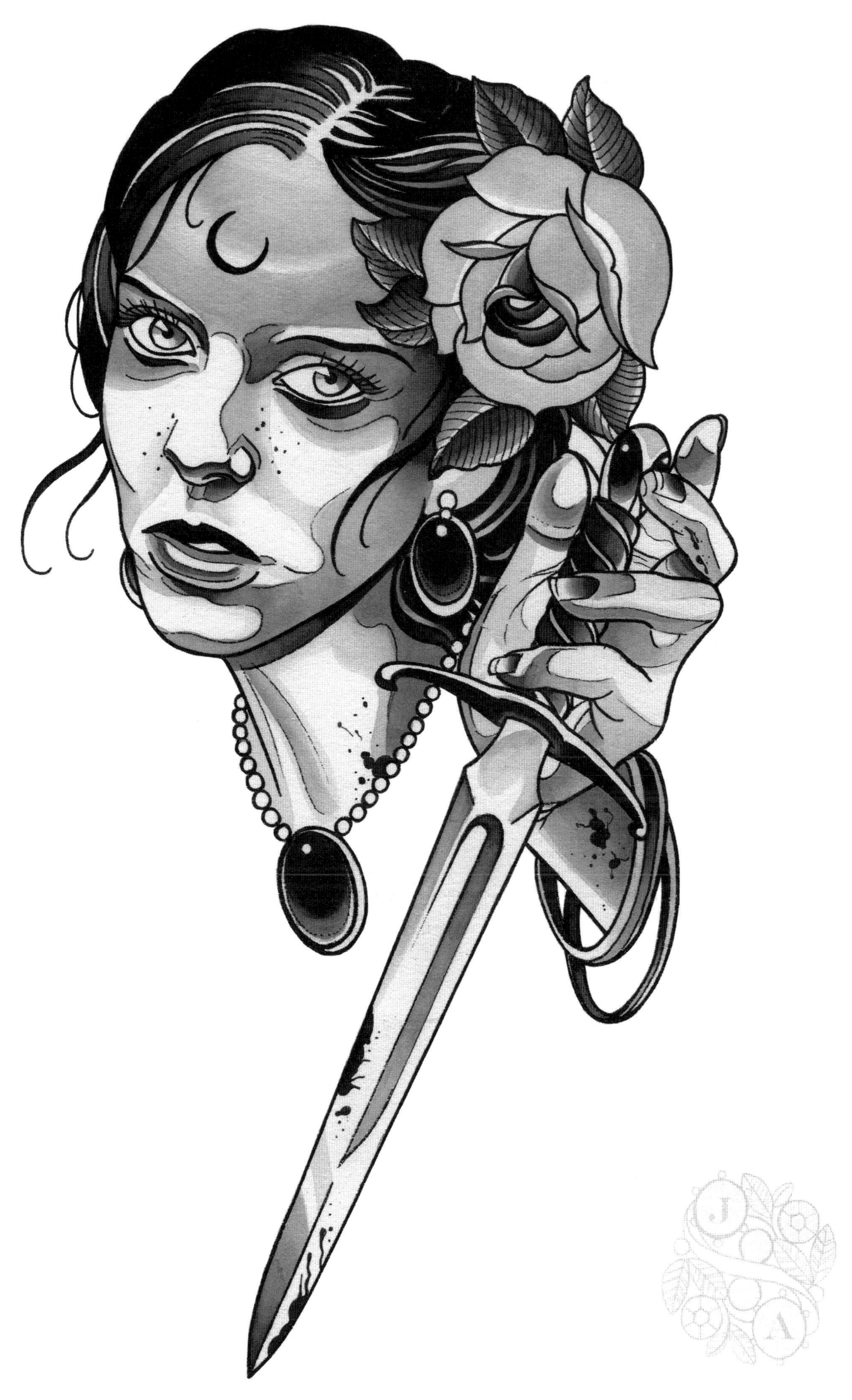

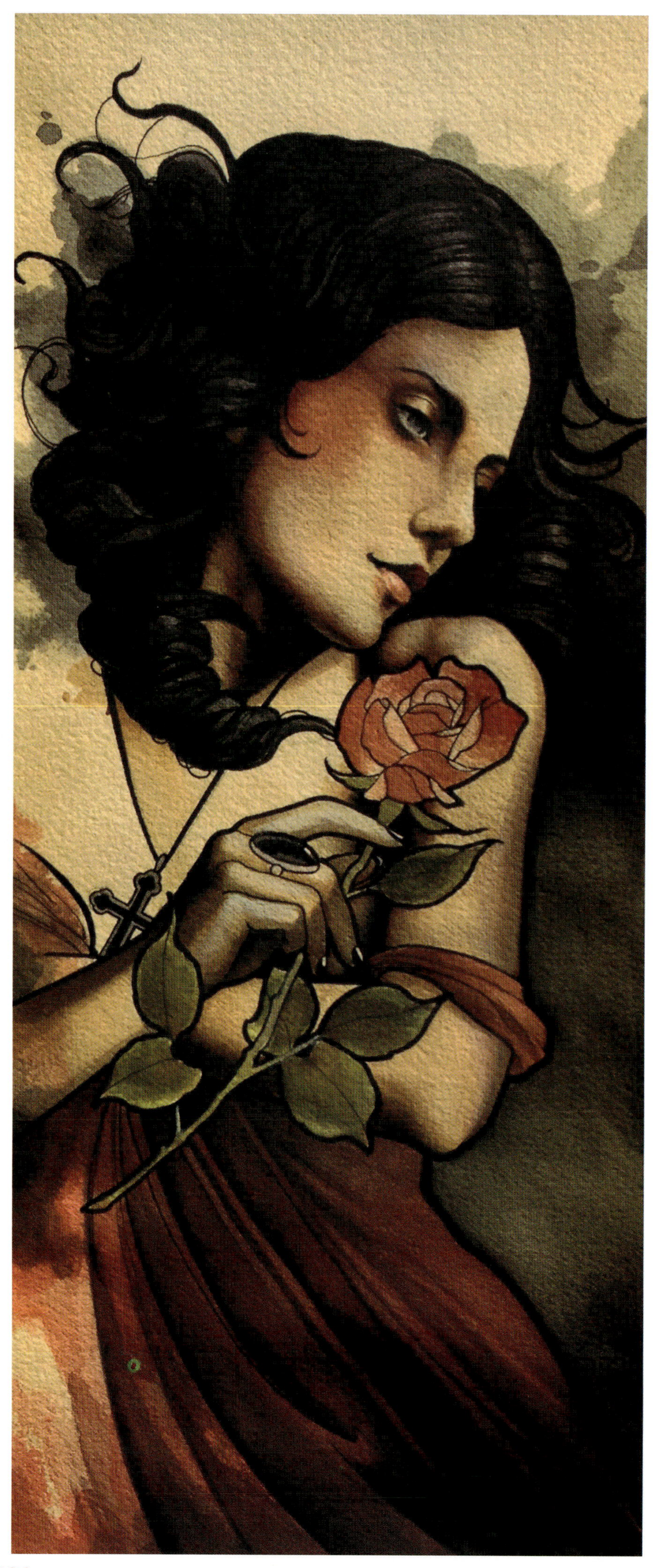



Justin Hartman

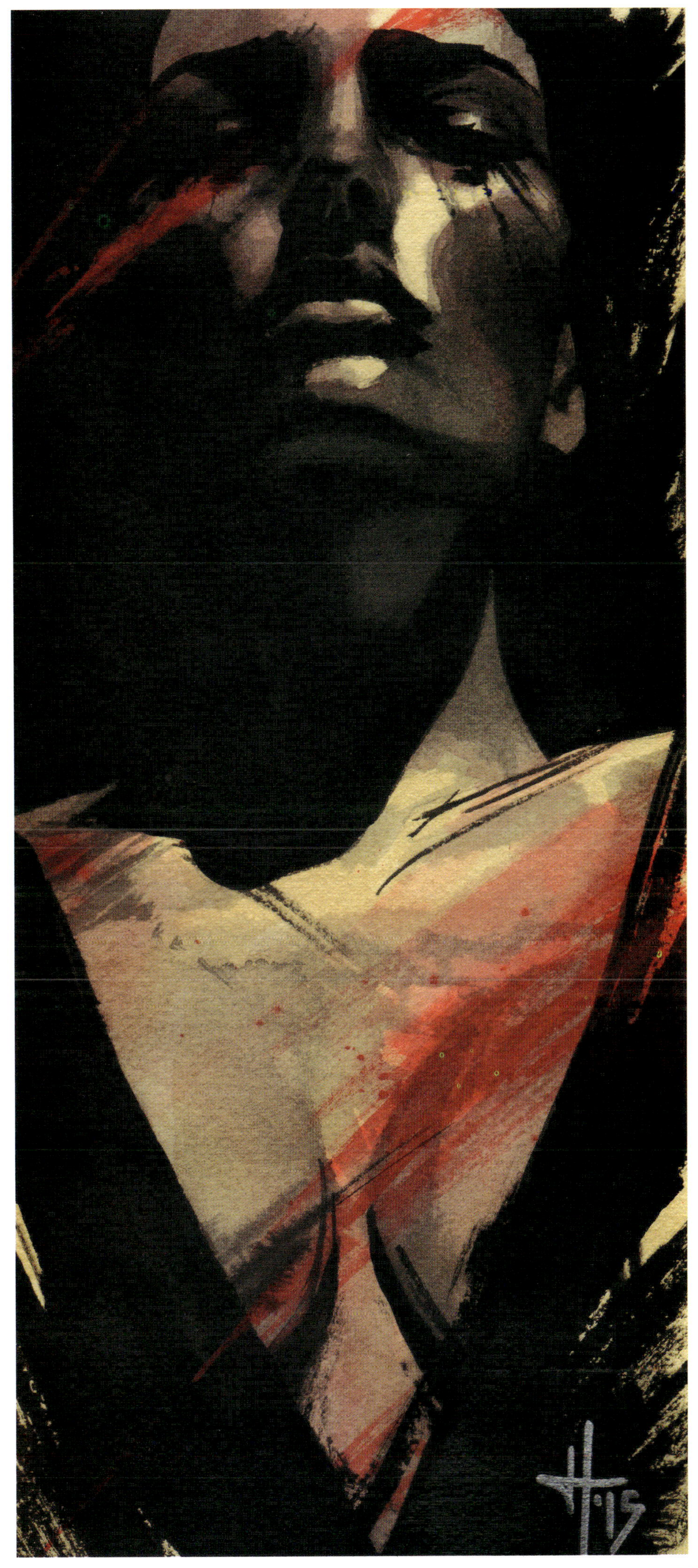

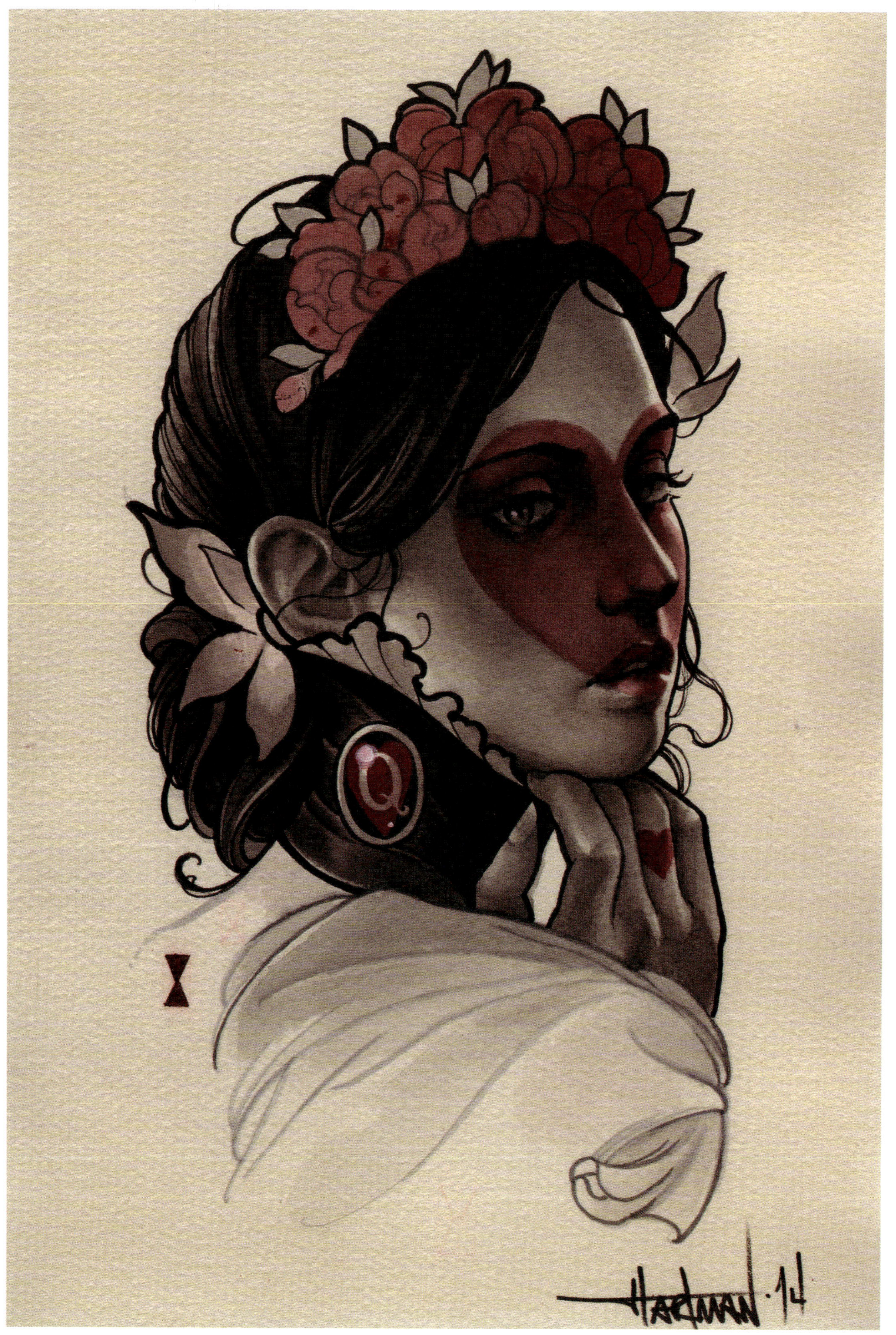




Justin Hartman

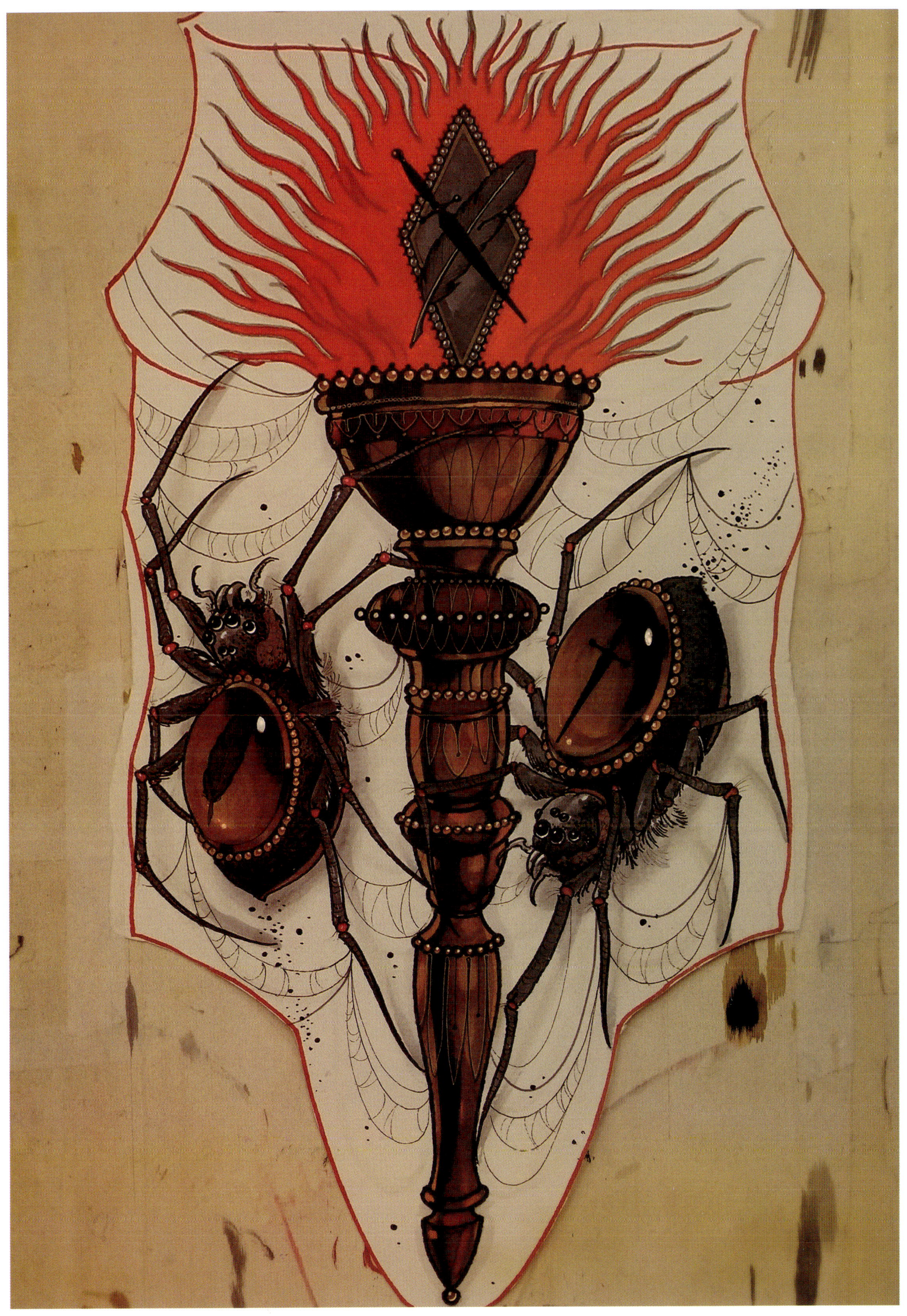

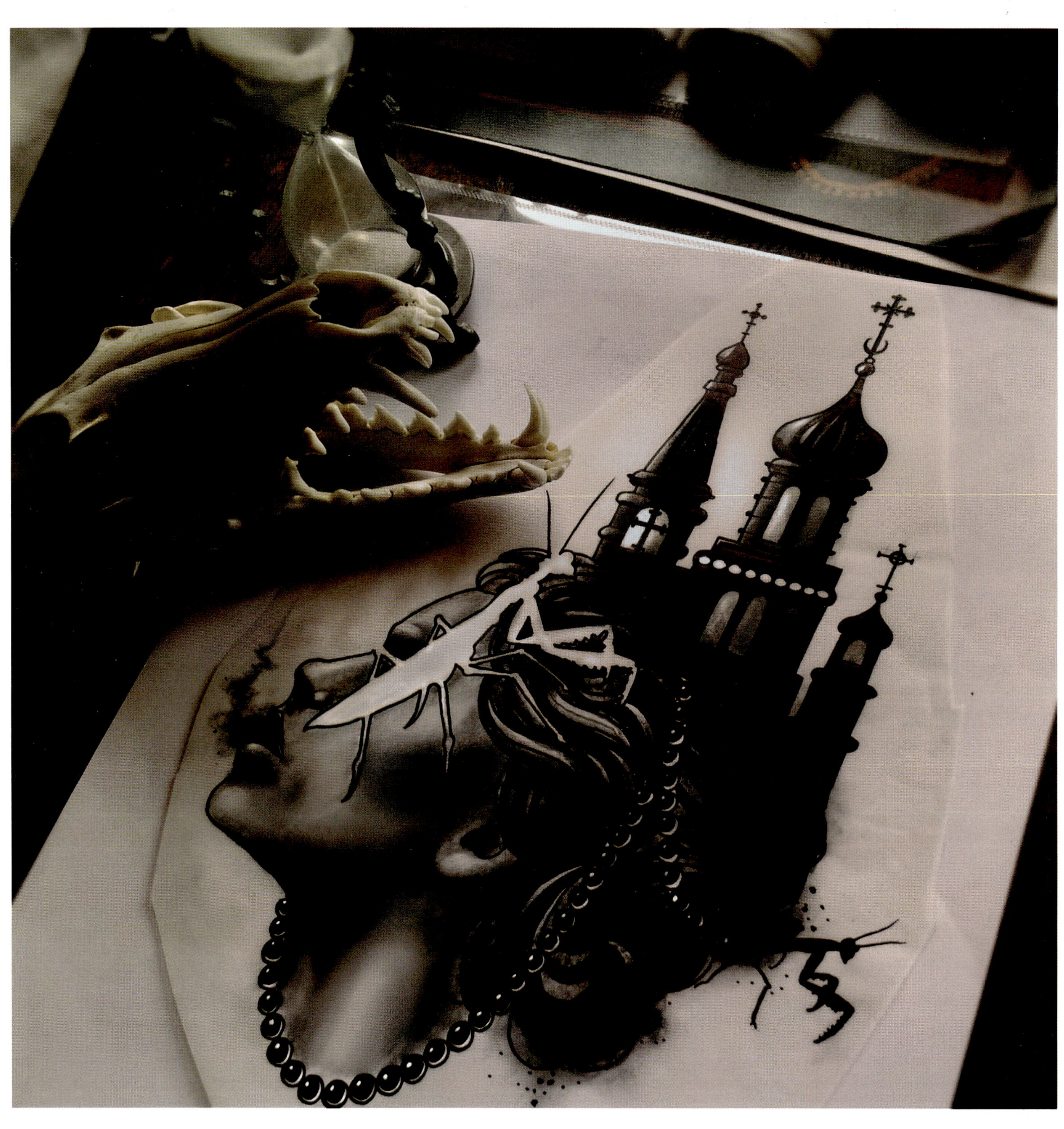

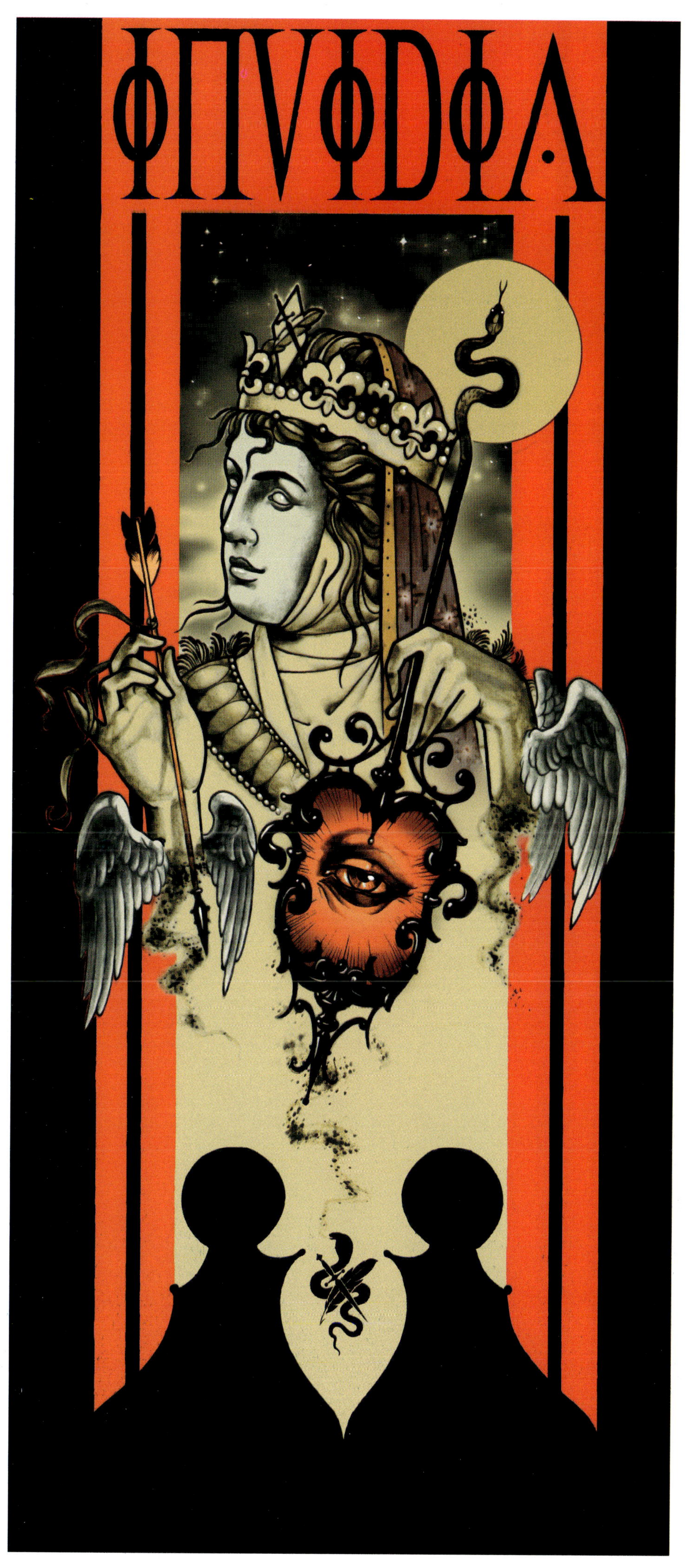
INVIDIA

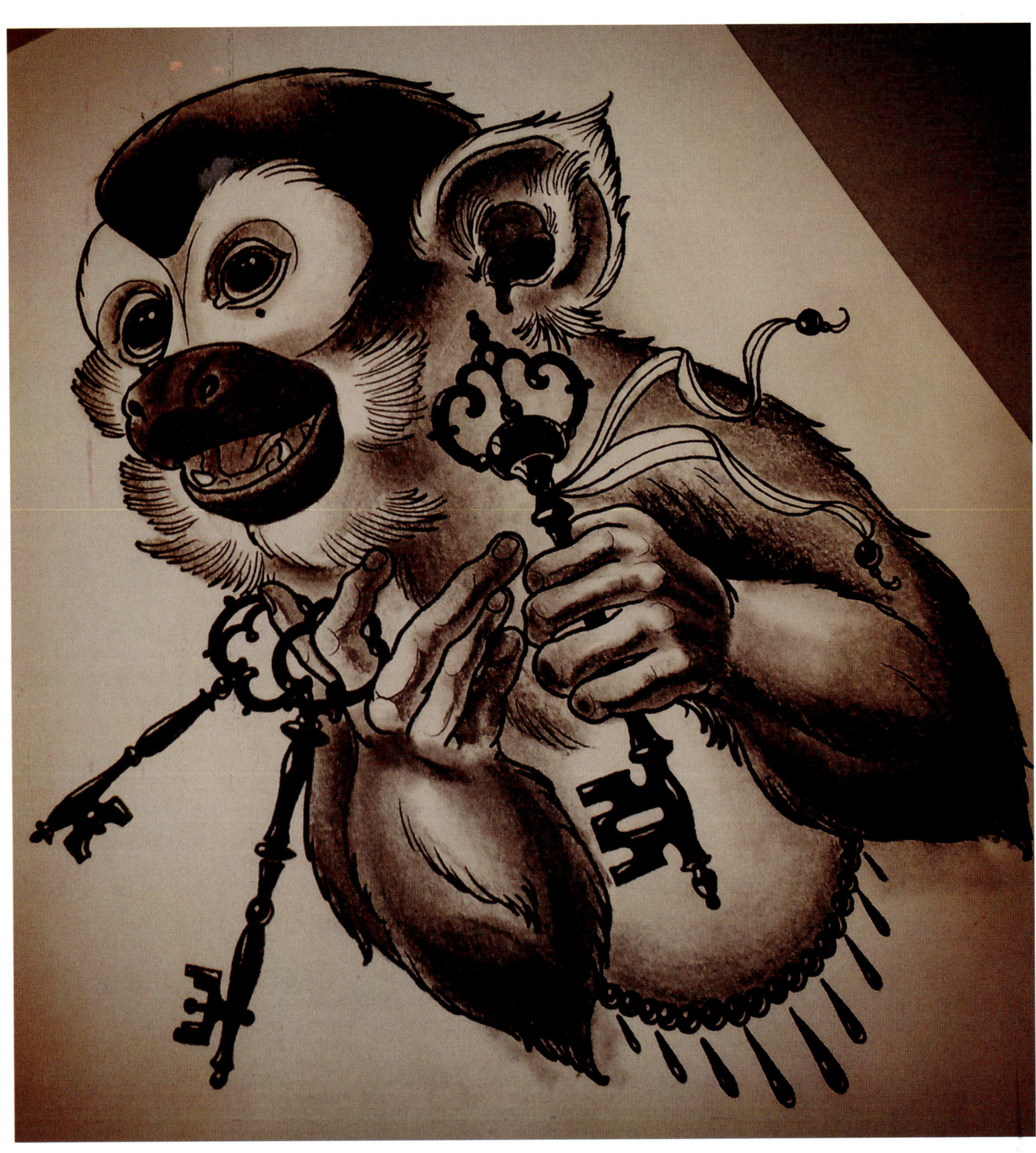



Kid Kros

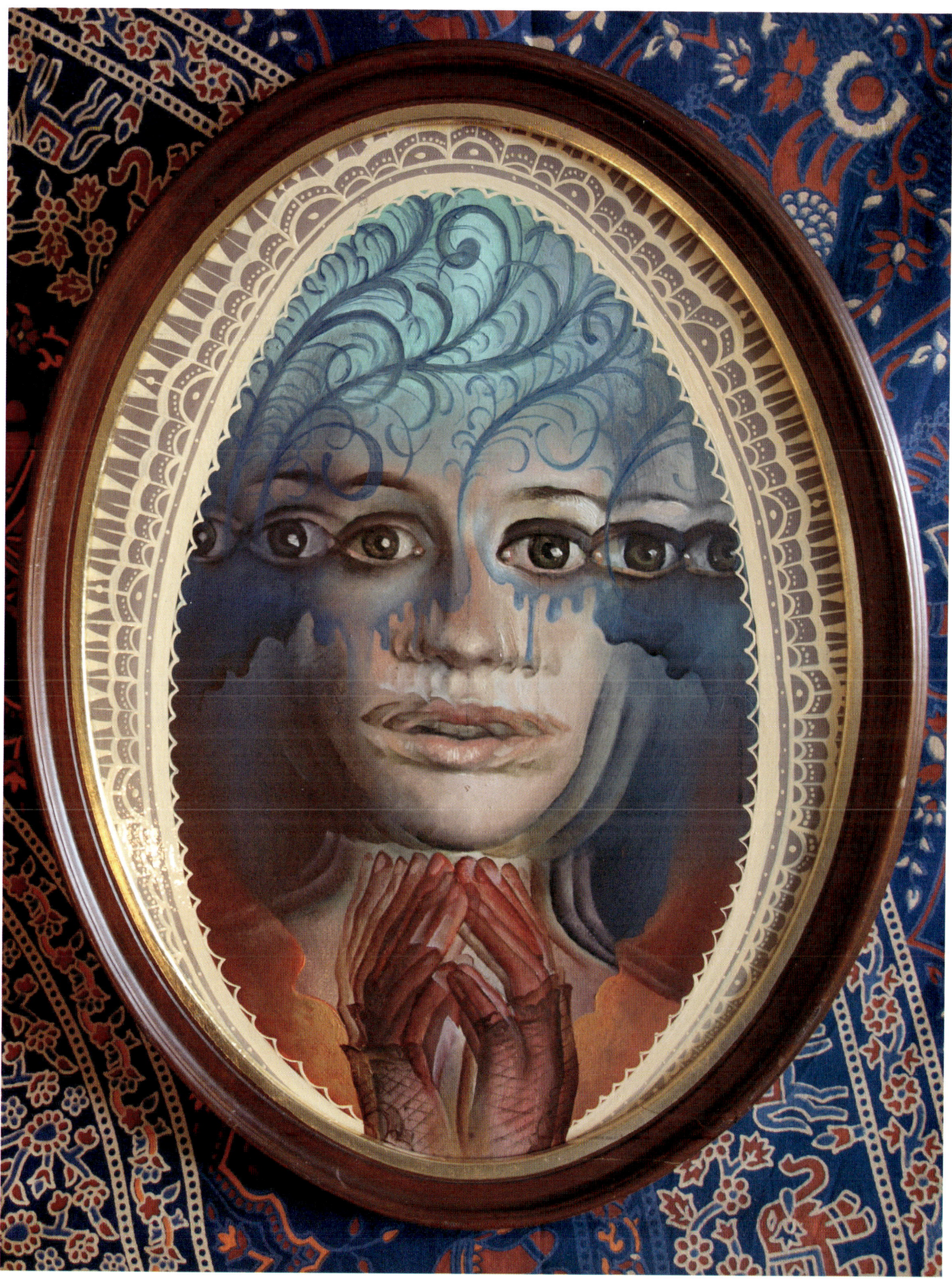

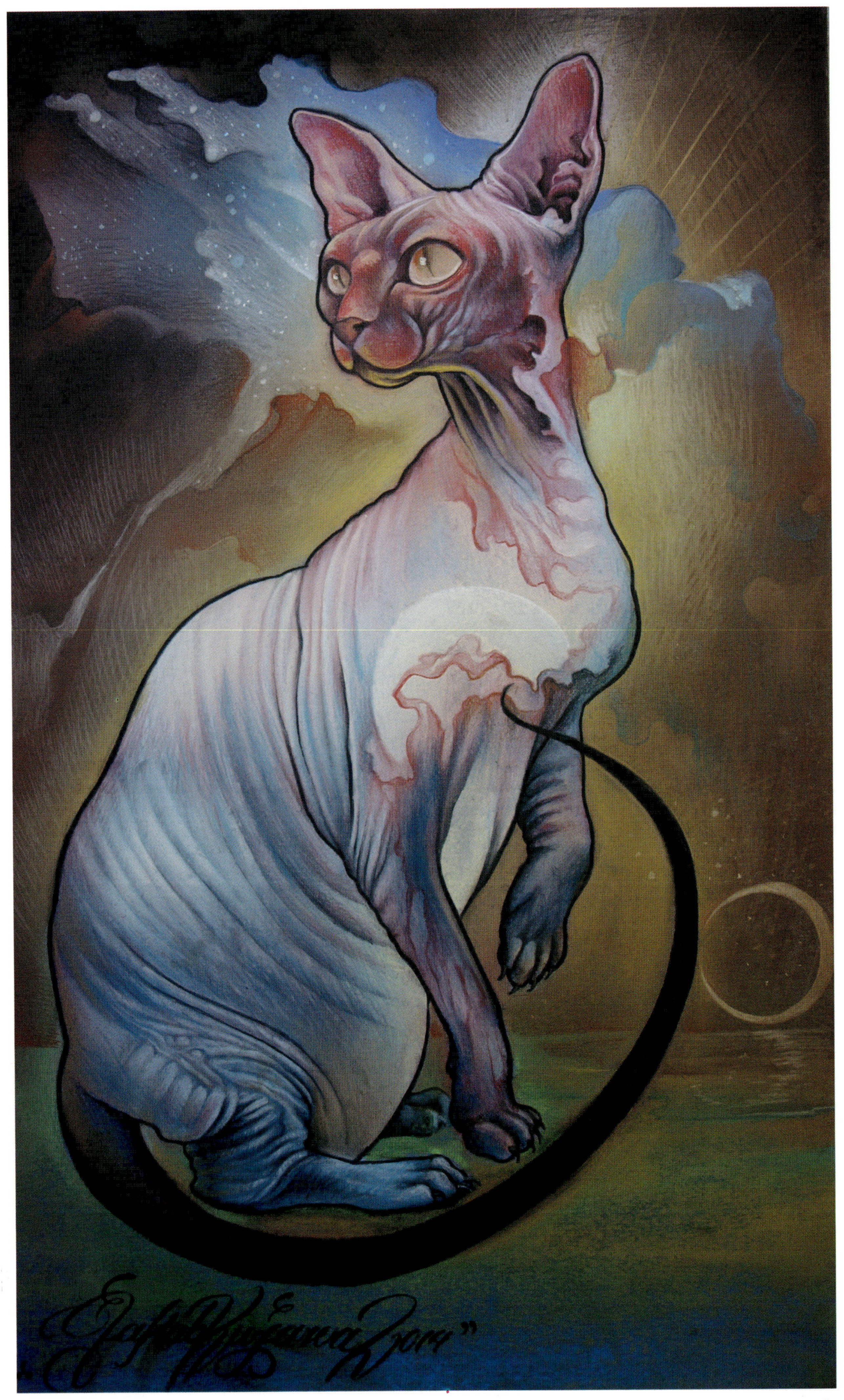



Kuba Kujawa

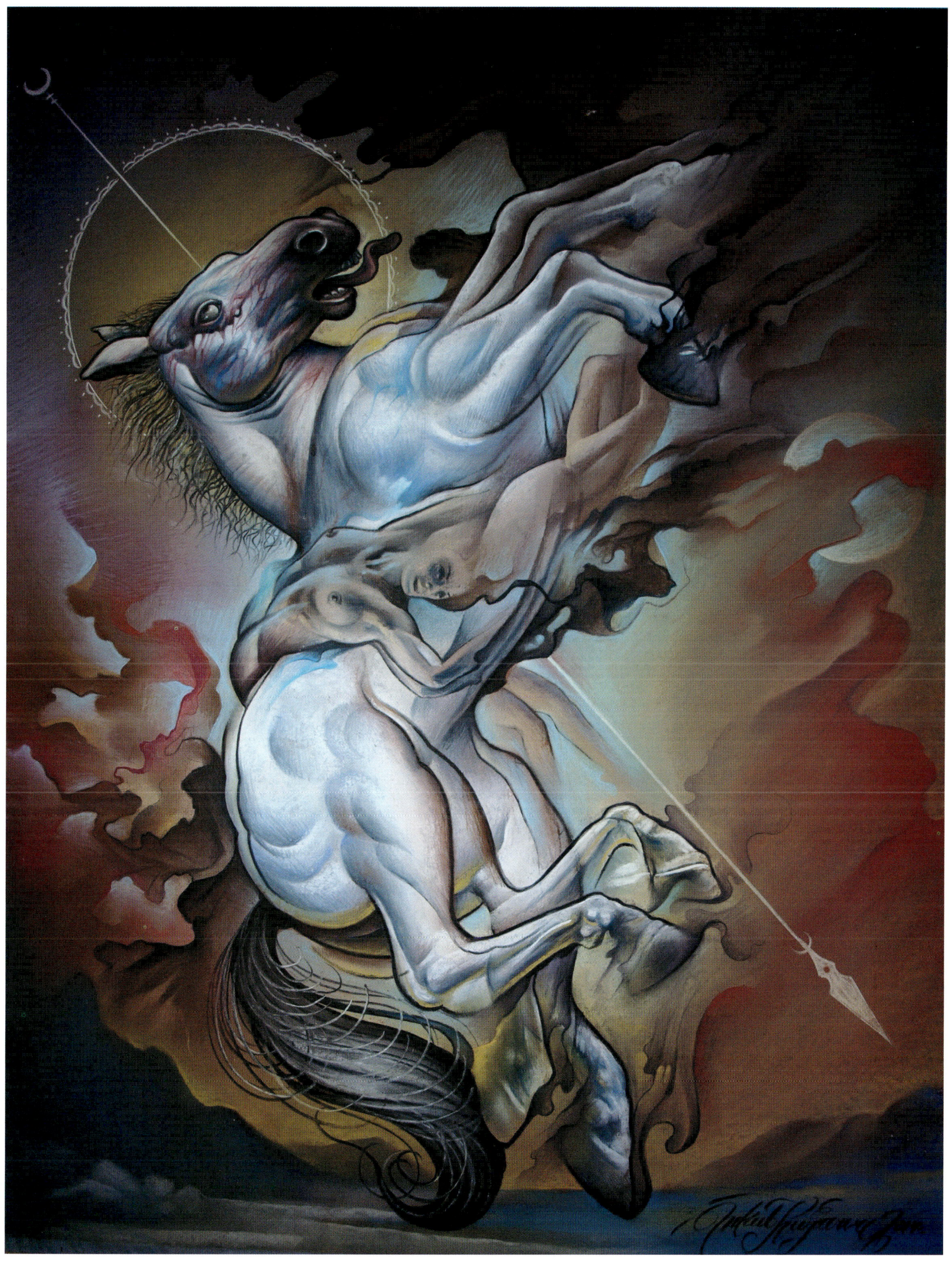

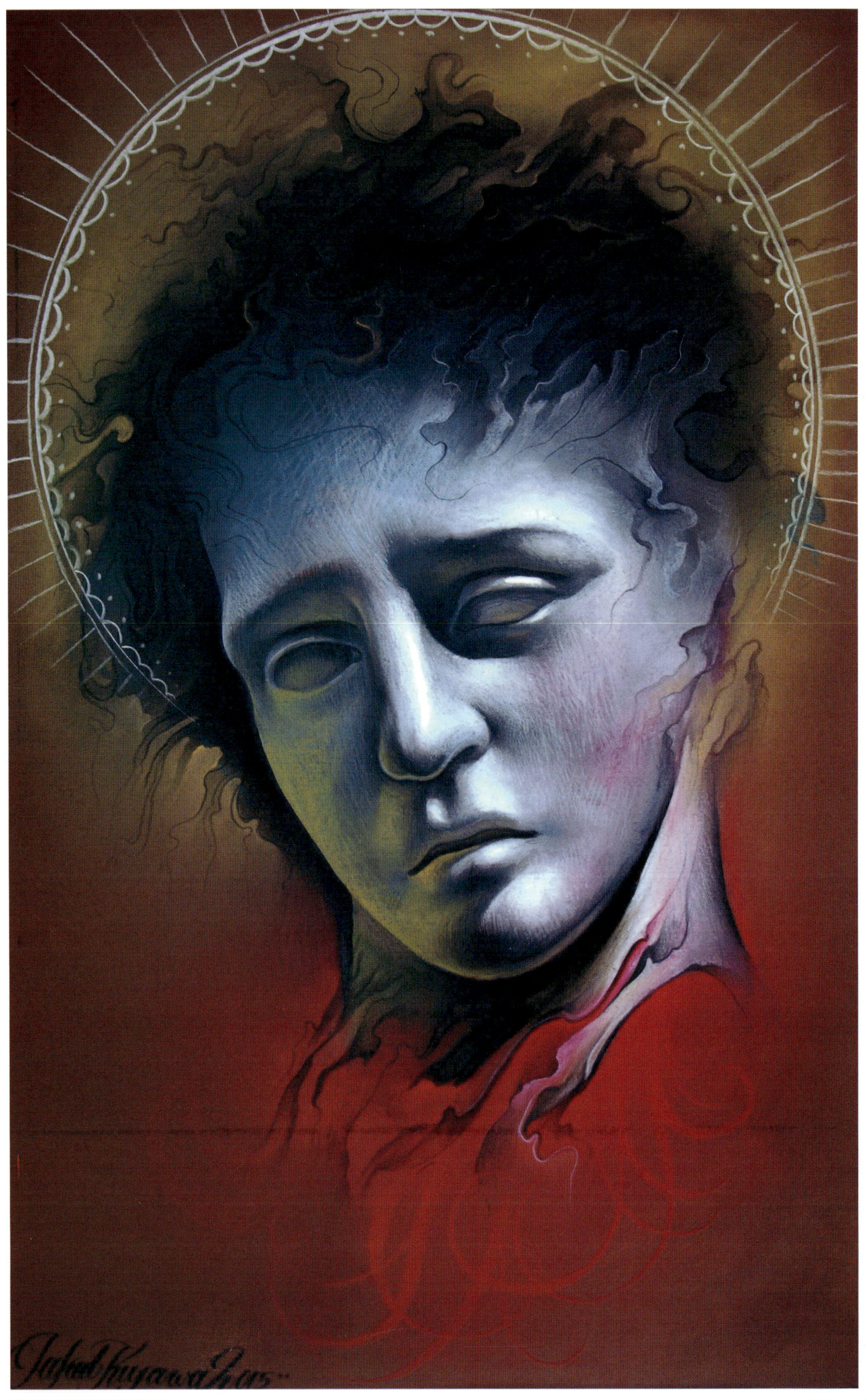

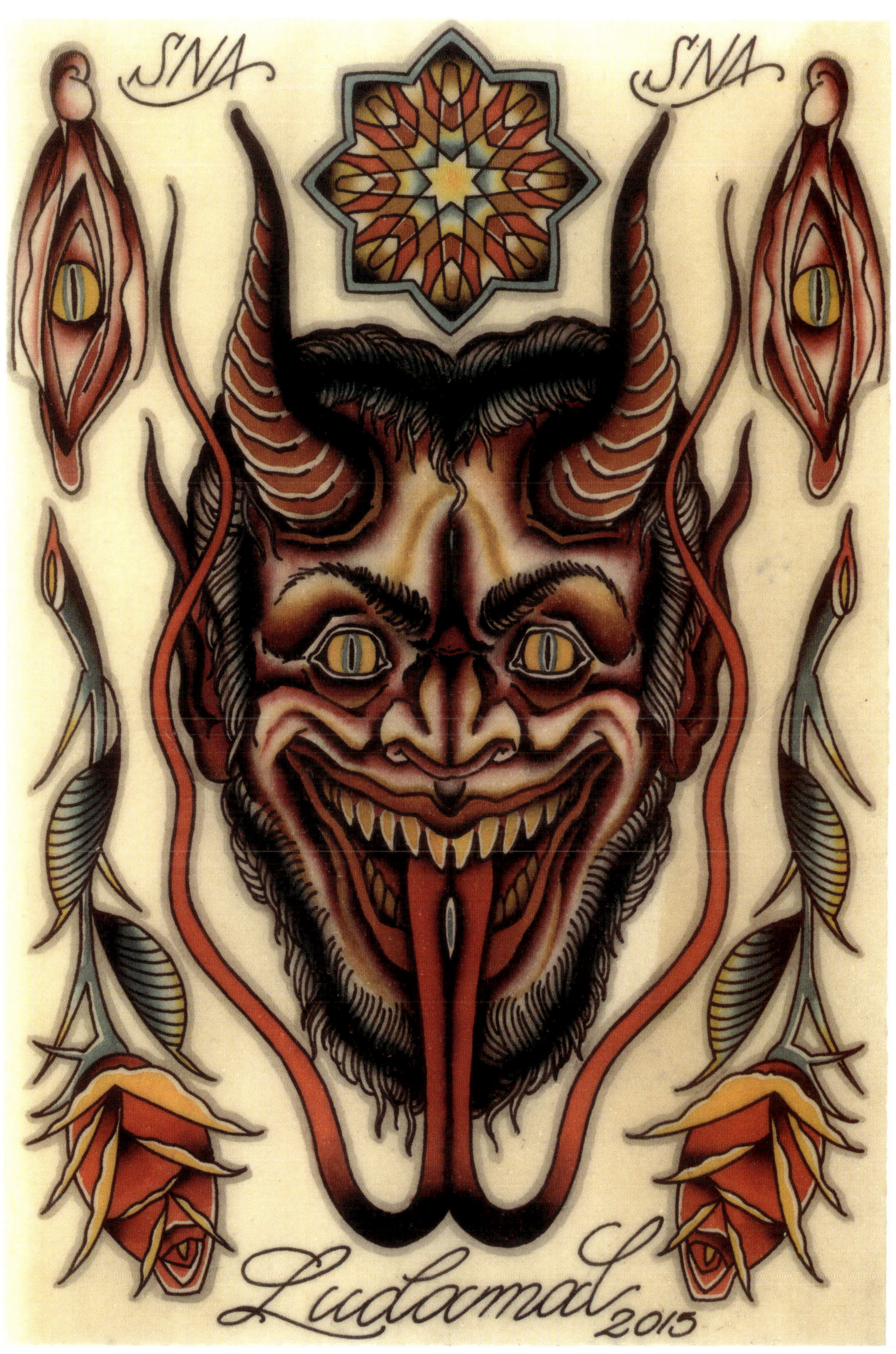
SNA
SNA
Ludamal
2015

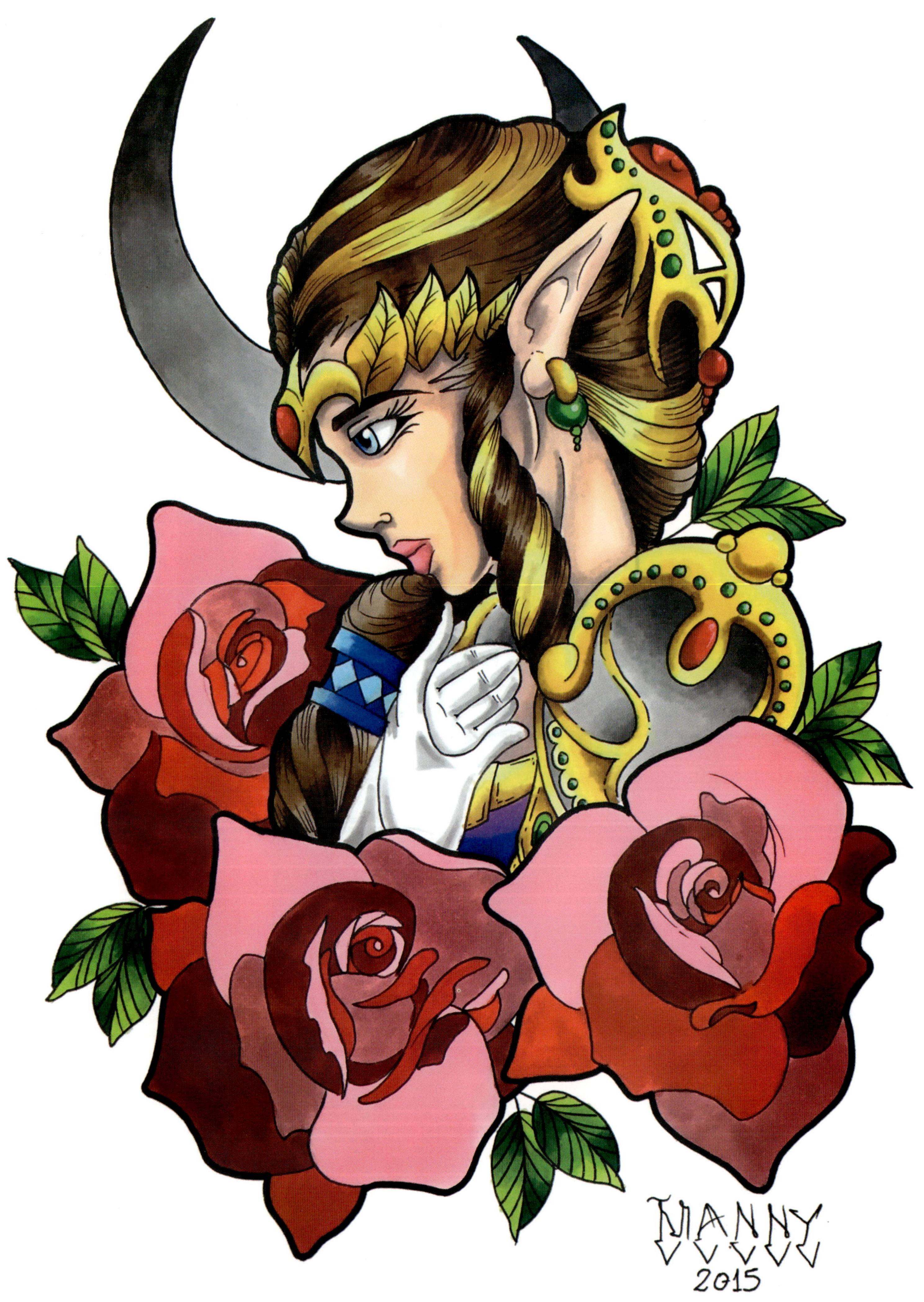




Maniac Tattoo - Manny

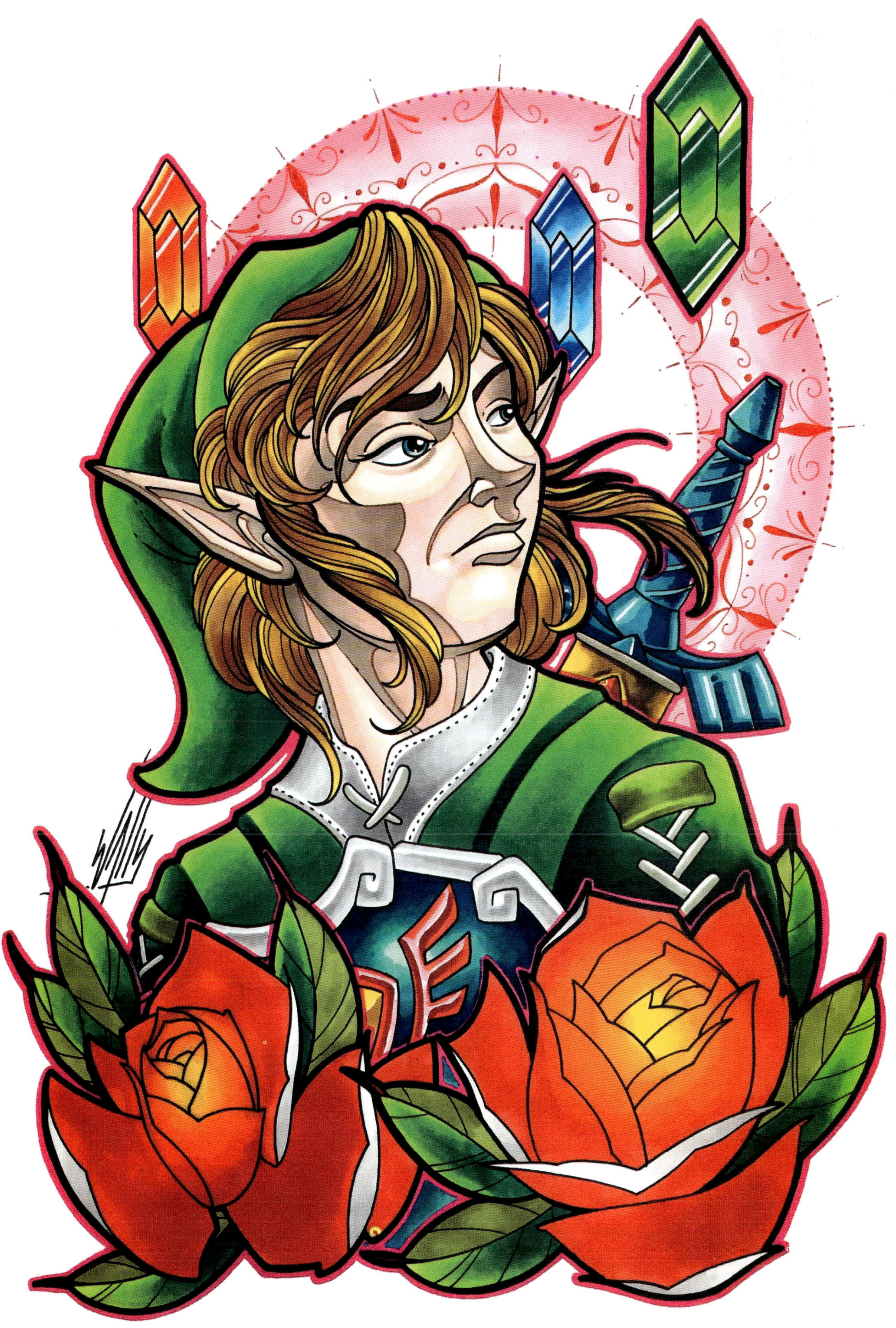

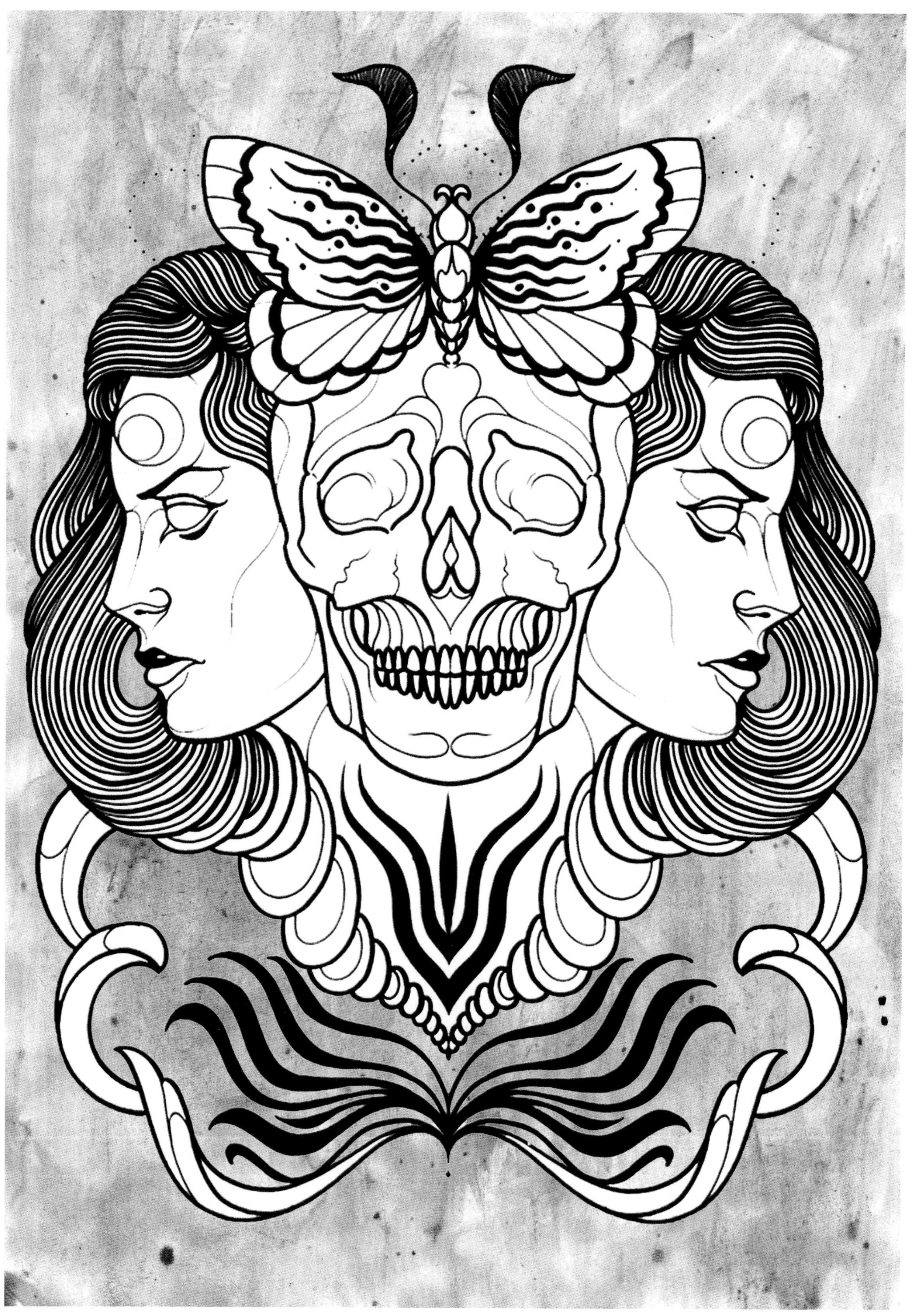



Manu Cruz

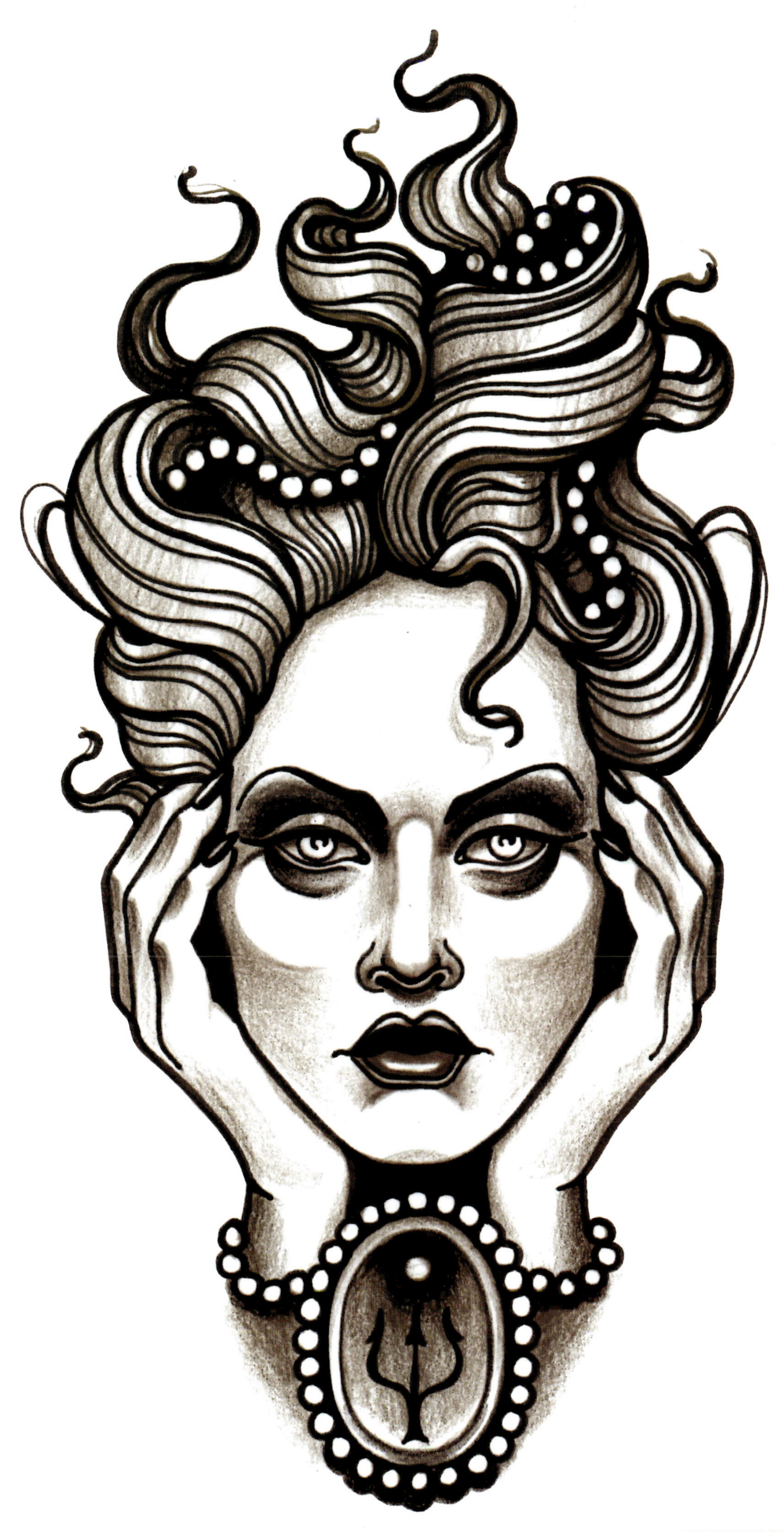

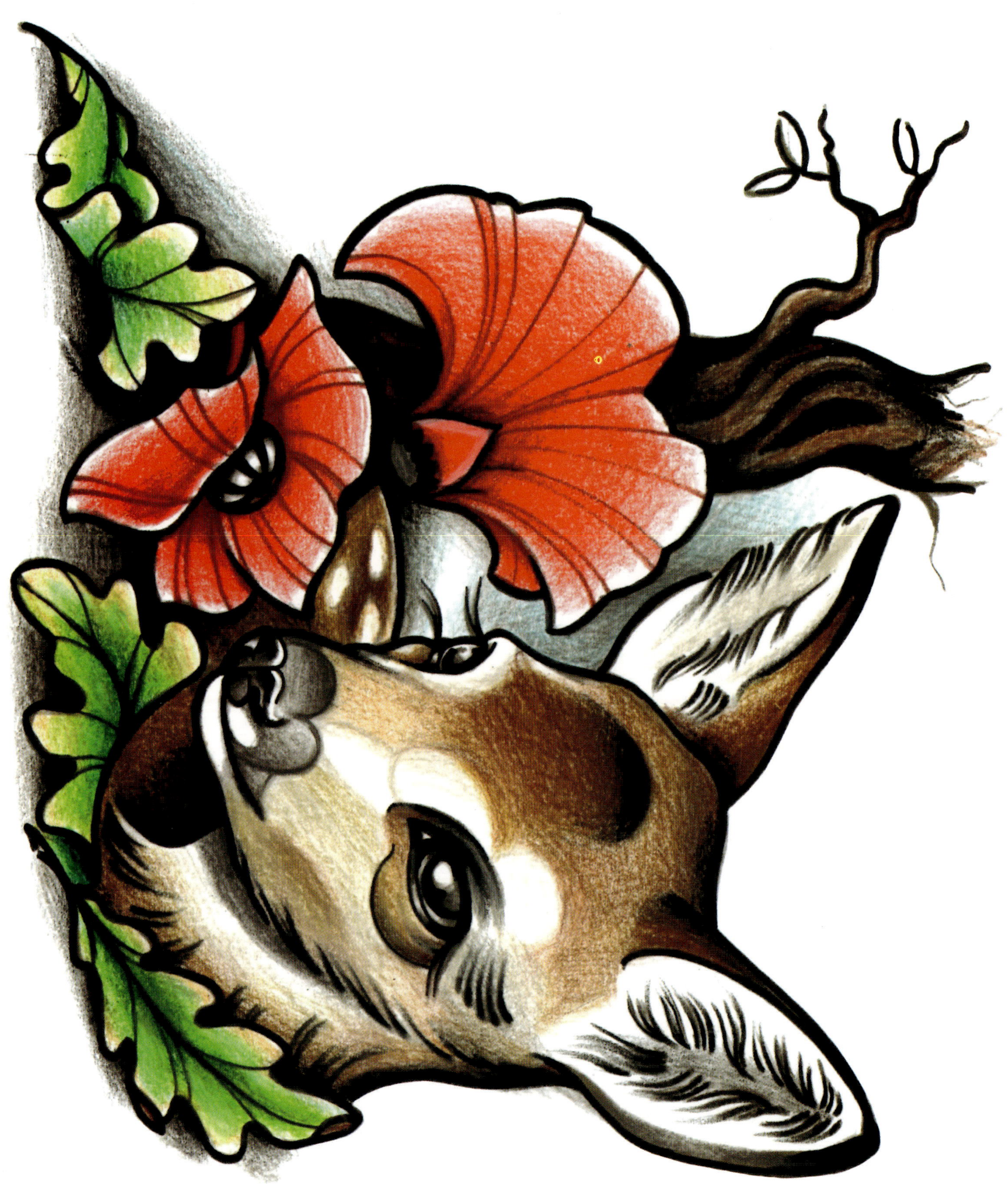



Ma Reeni

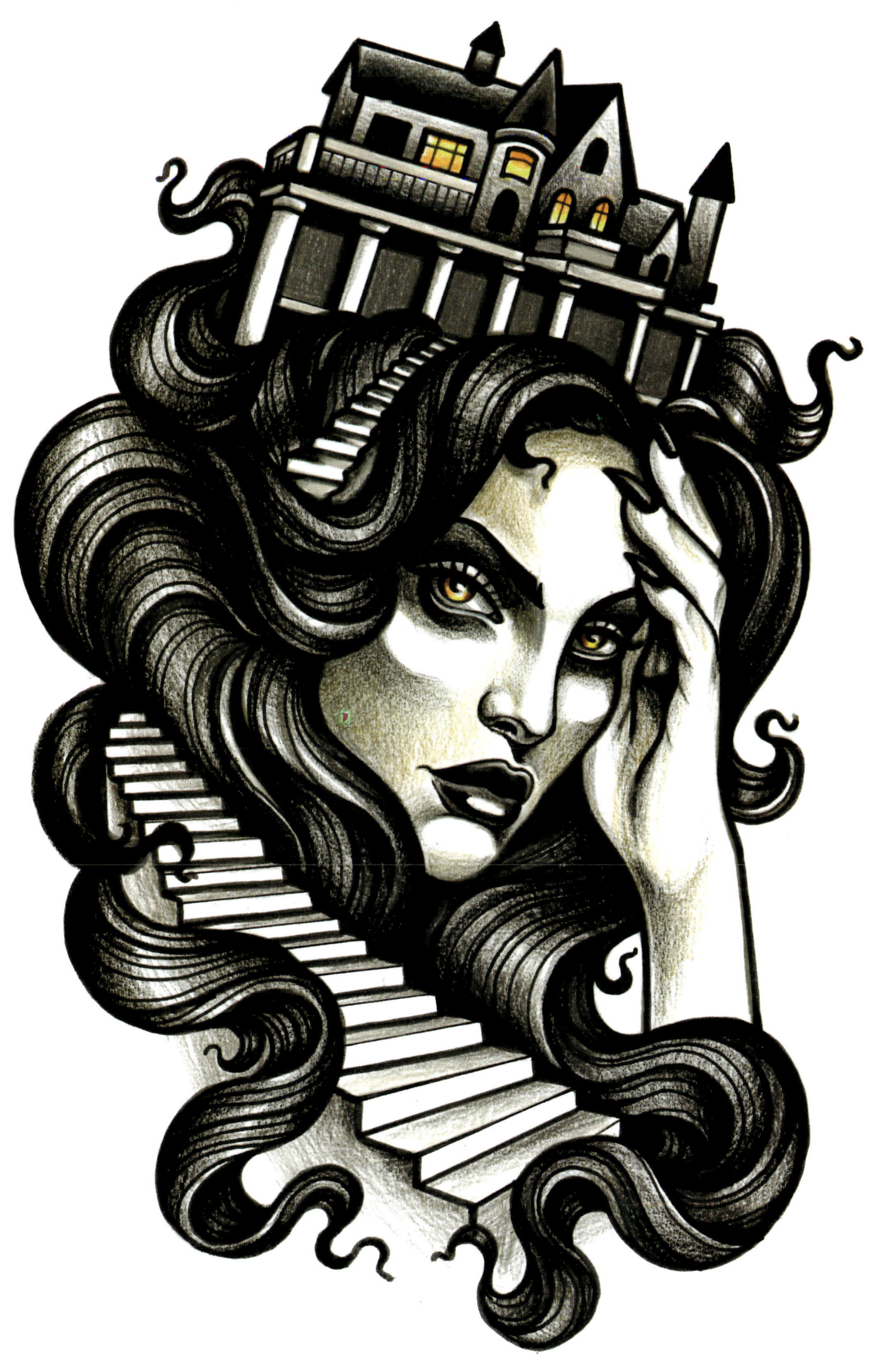

Ma Reeni

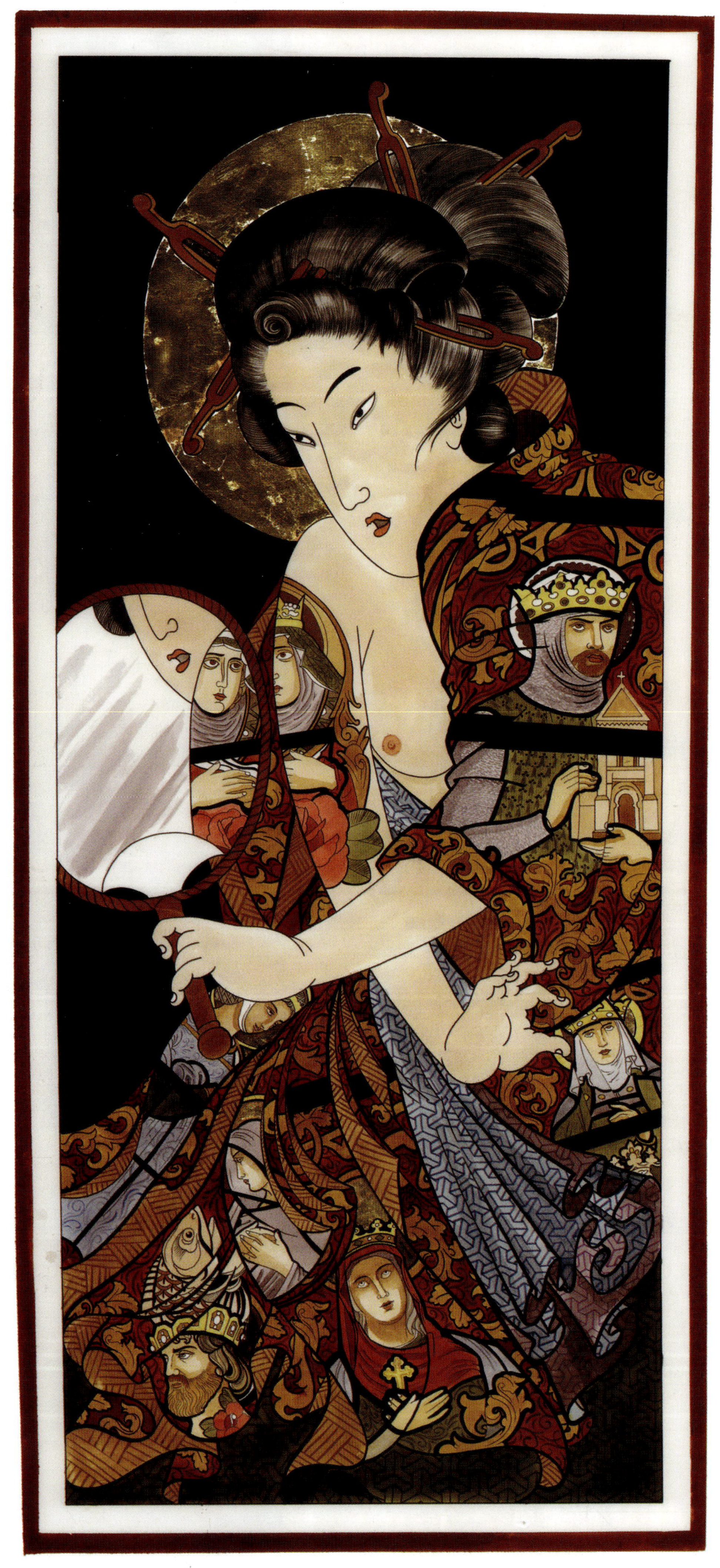

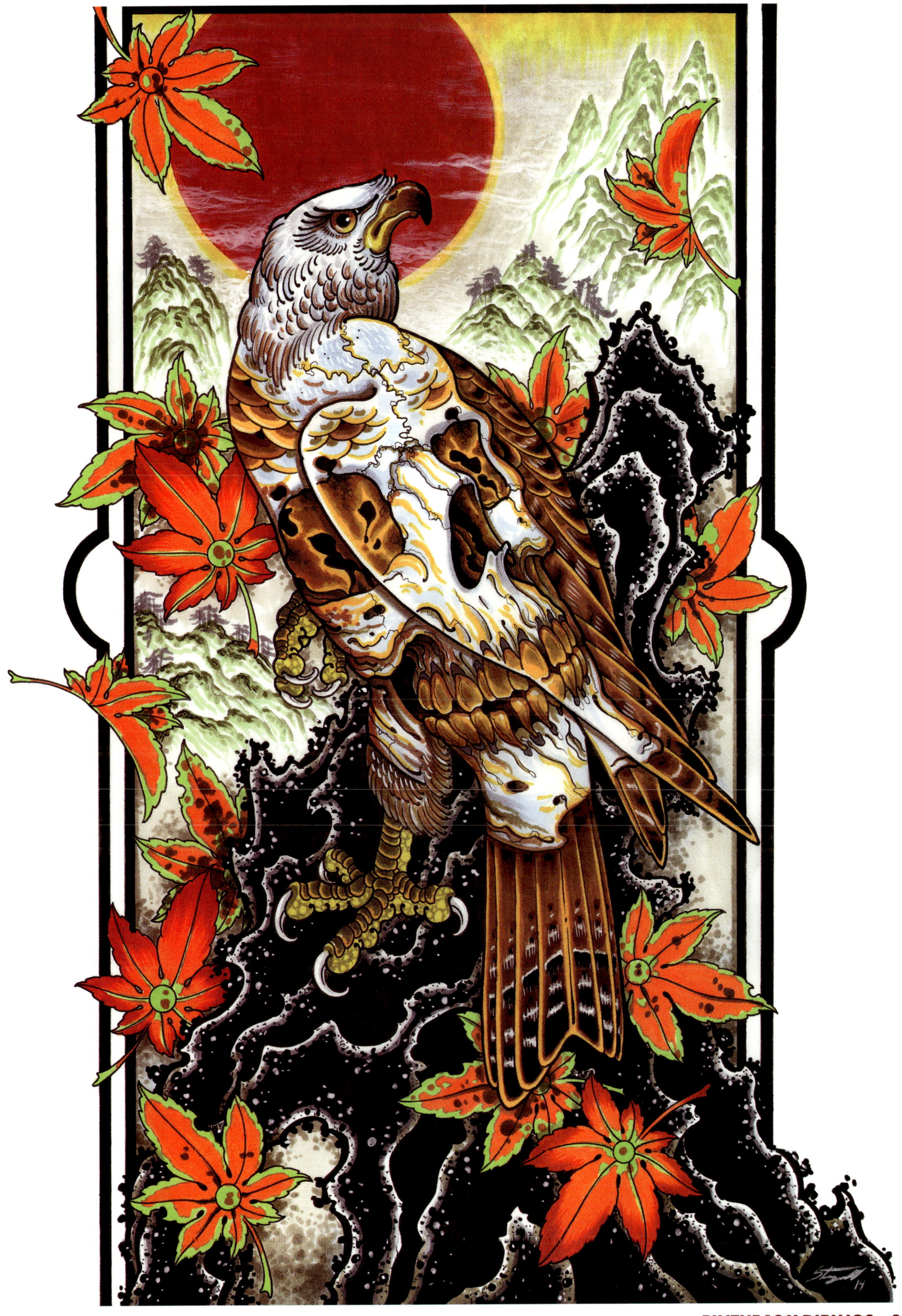

Nick Stegall

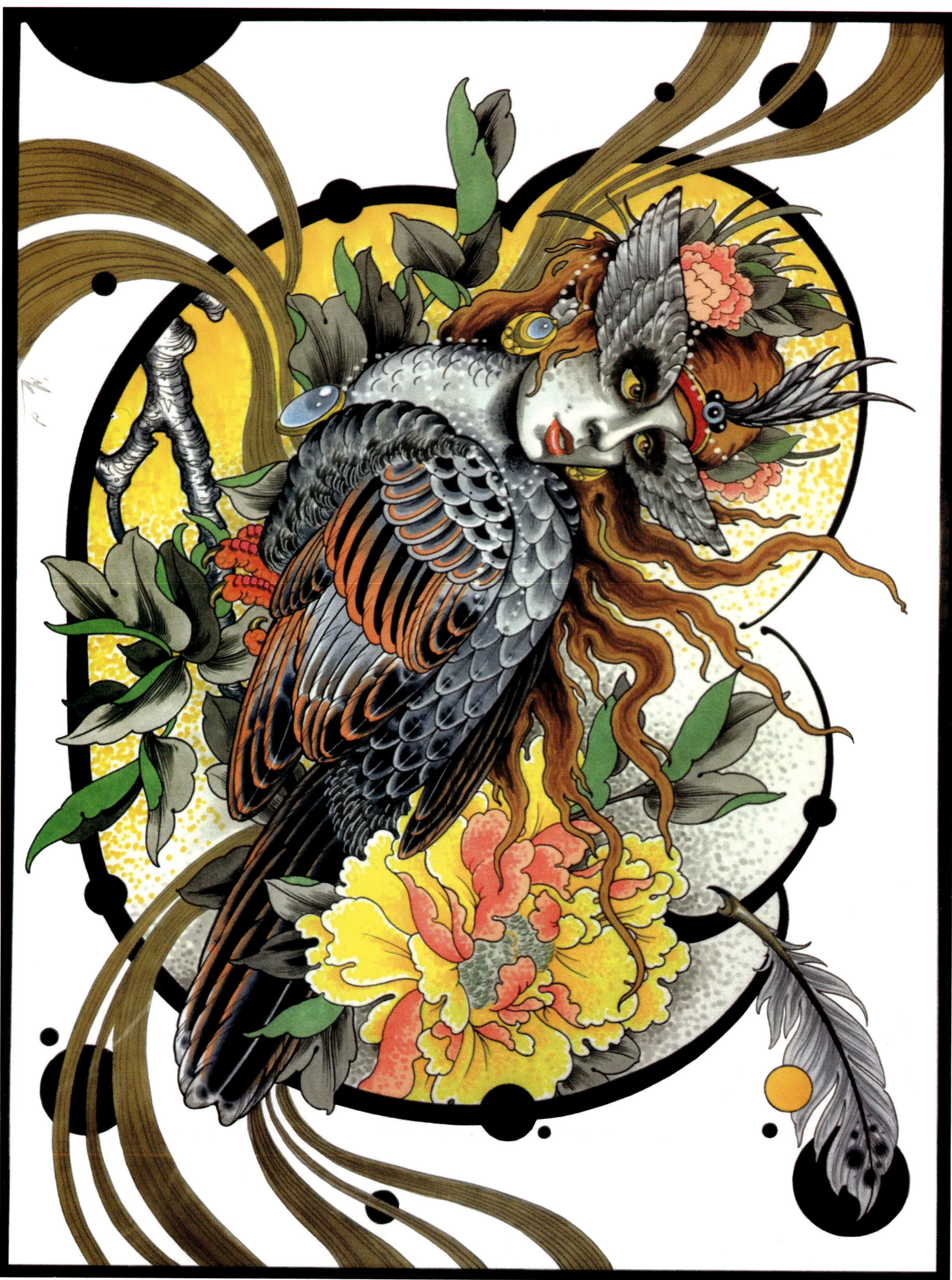

Nick Stegall

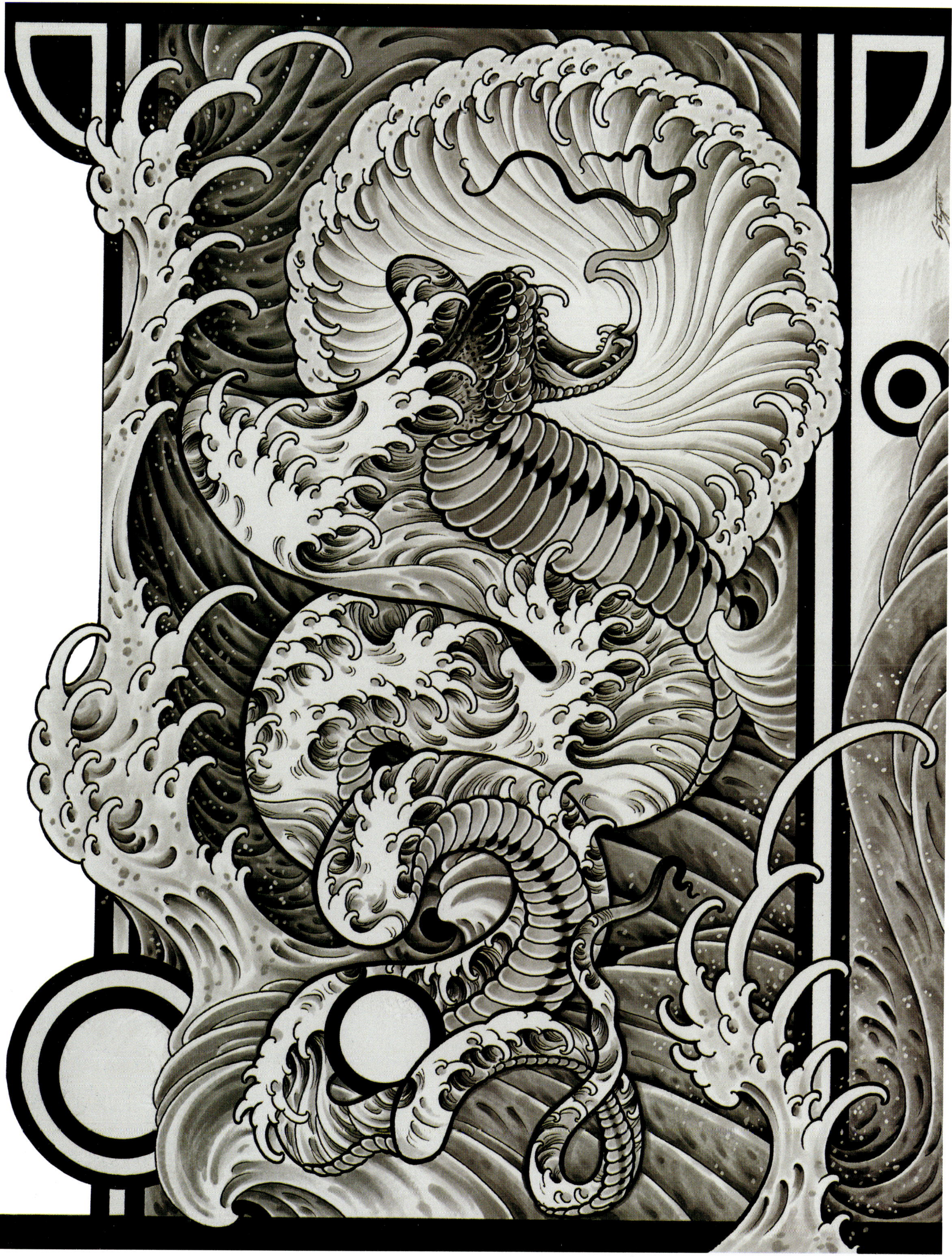

Nick Stegall

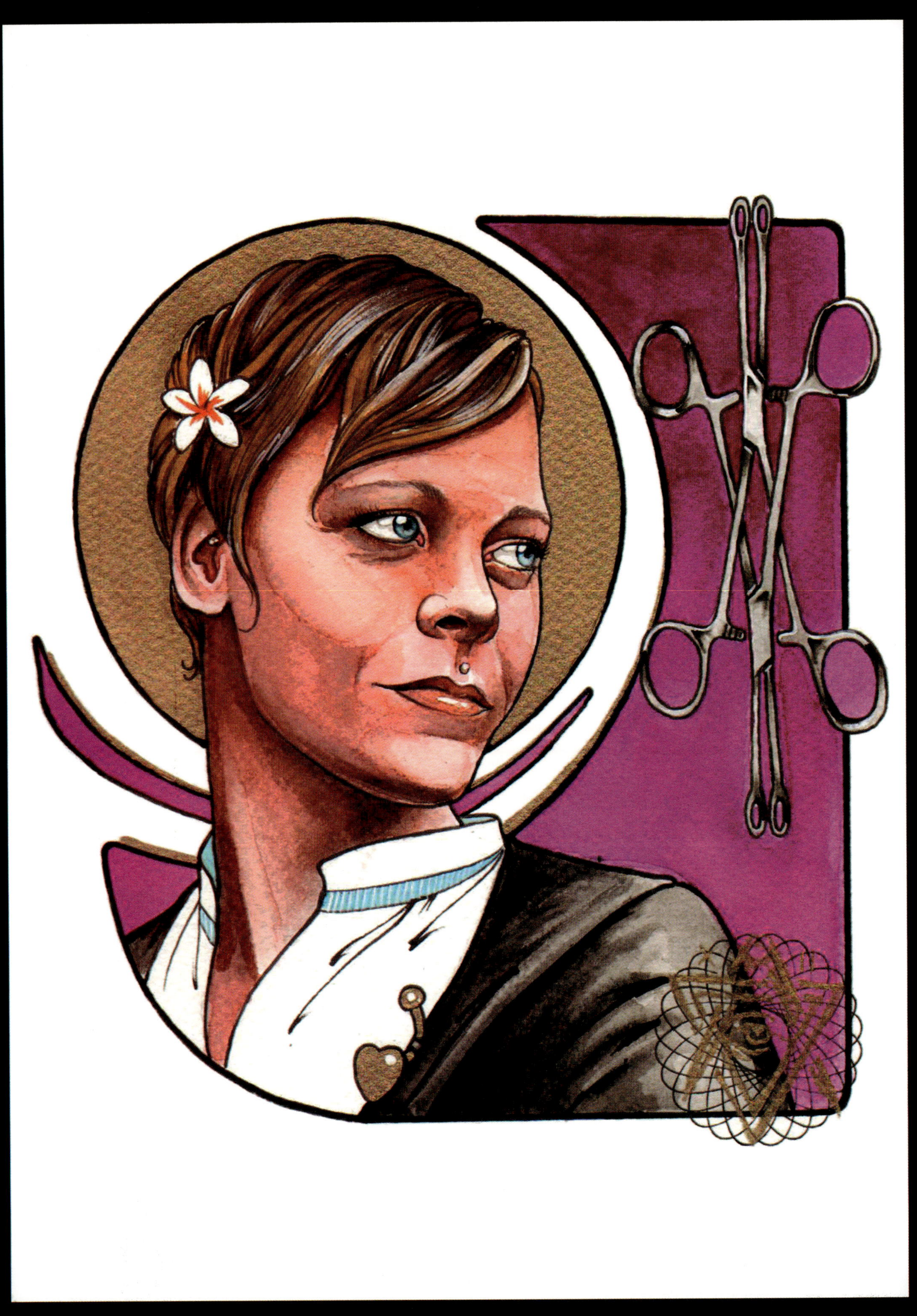

Pawel Jankowzki

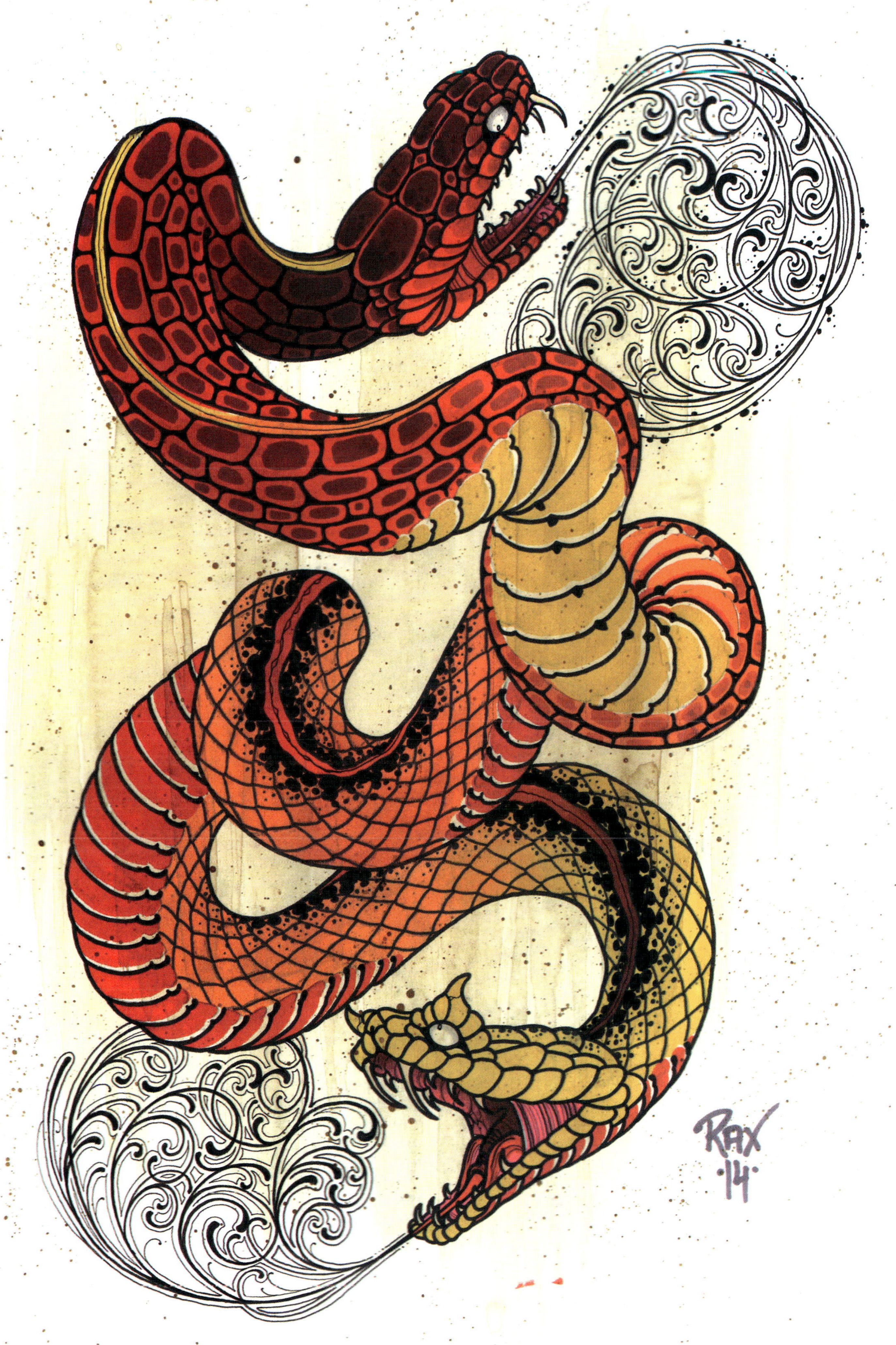
RAX
'14'

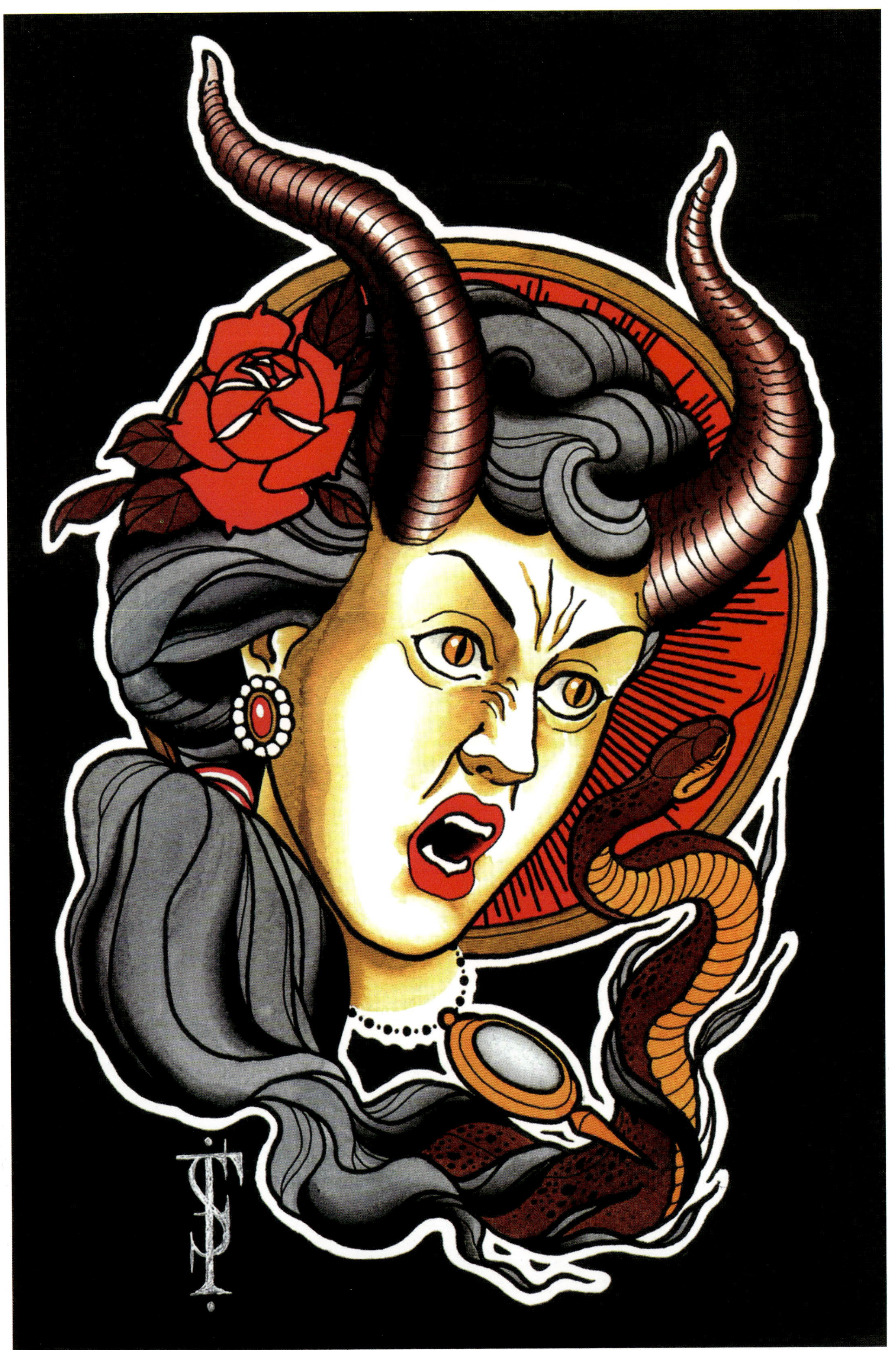

Seba Forace

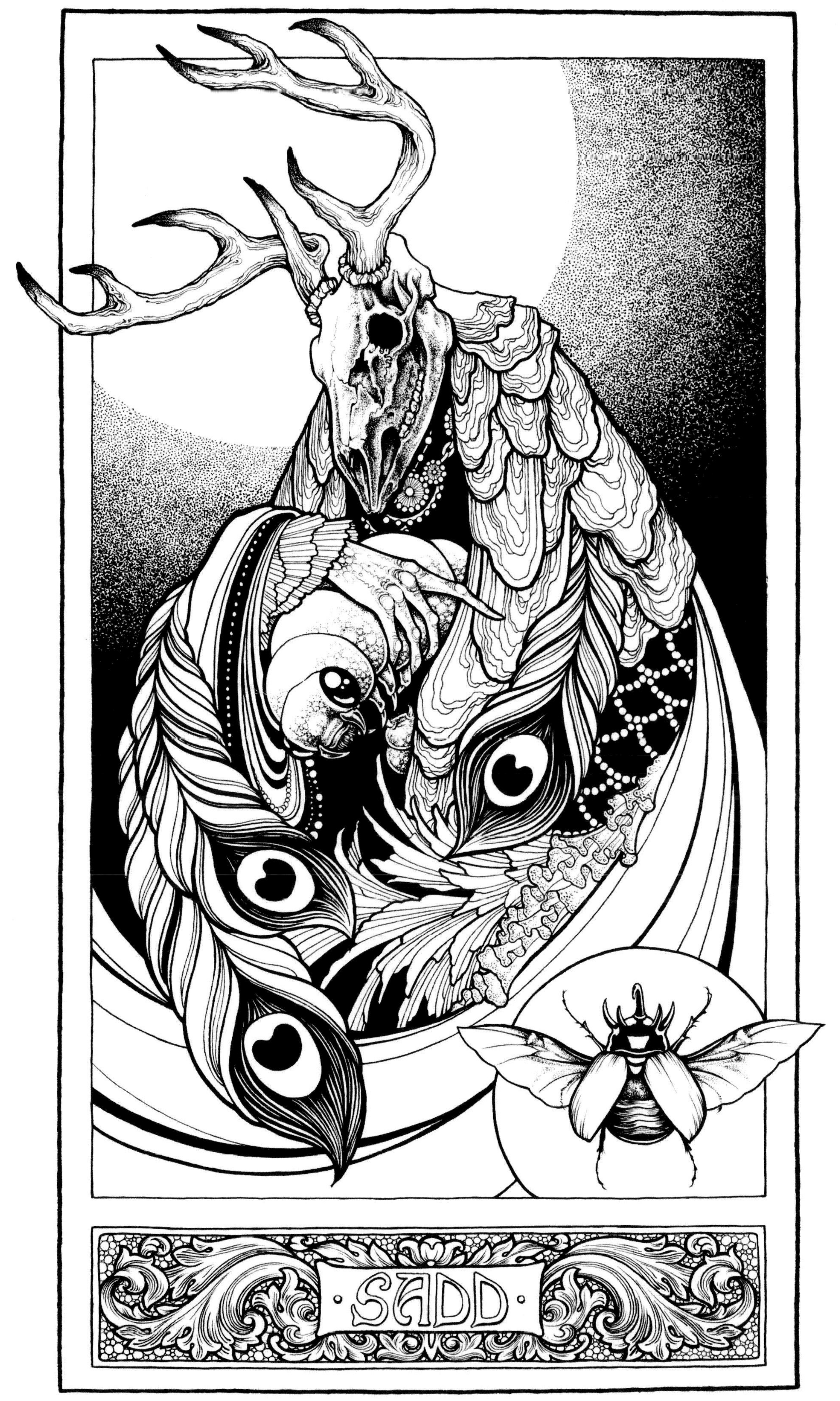
SADD

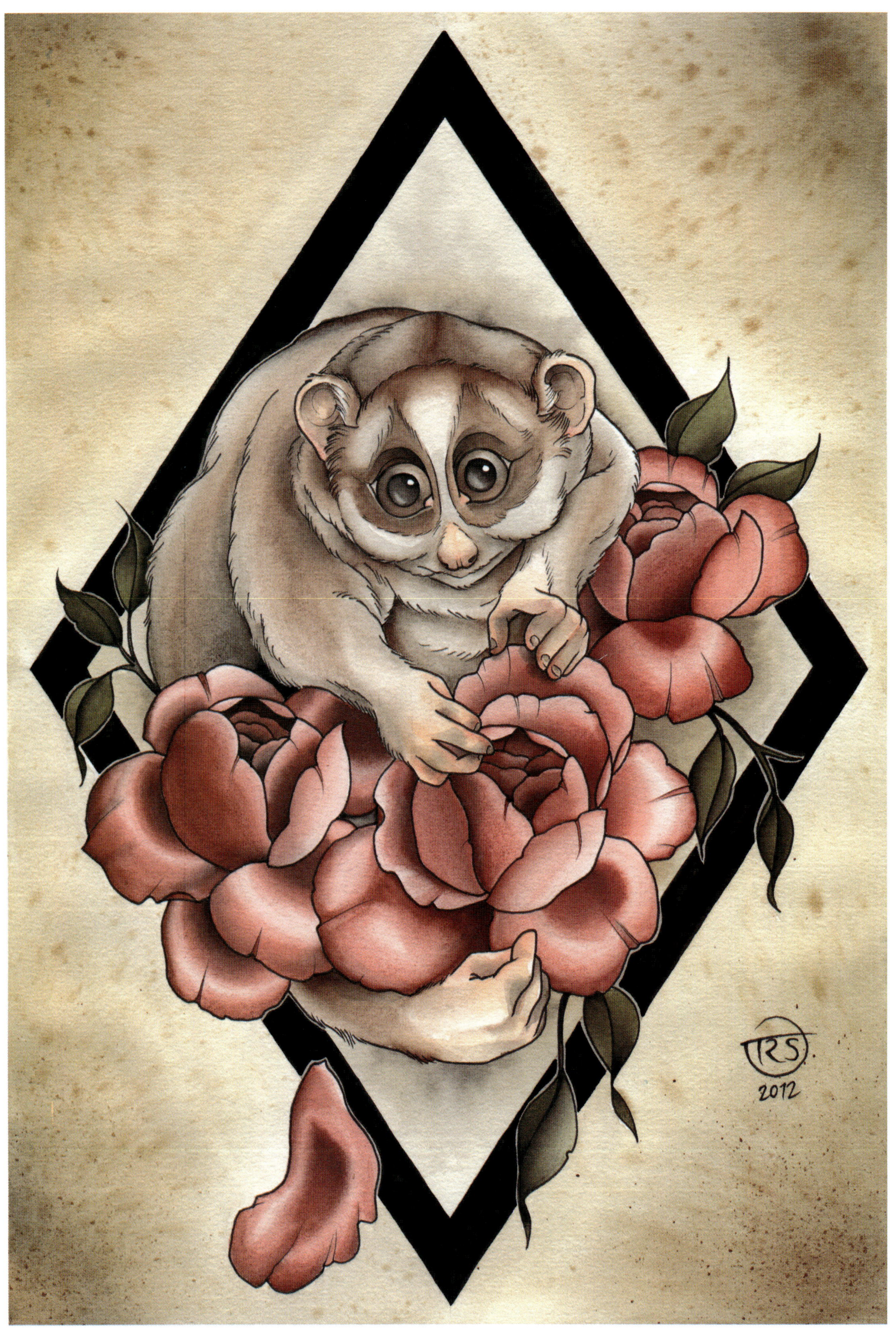




Thea Schultheiss

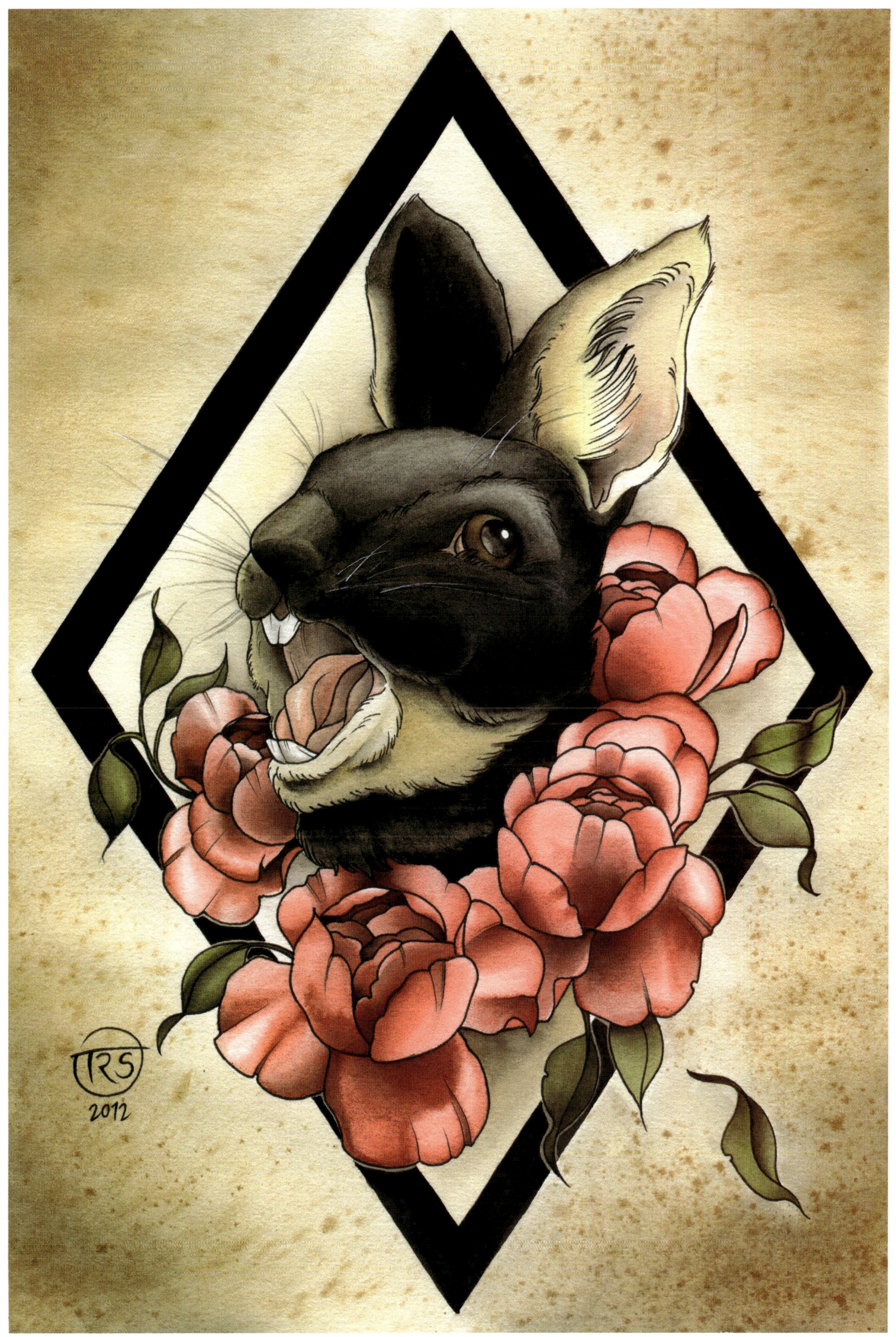


Thea Schultheiss

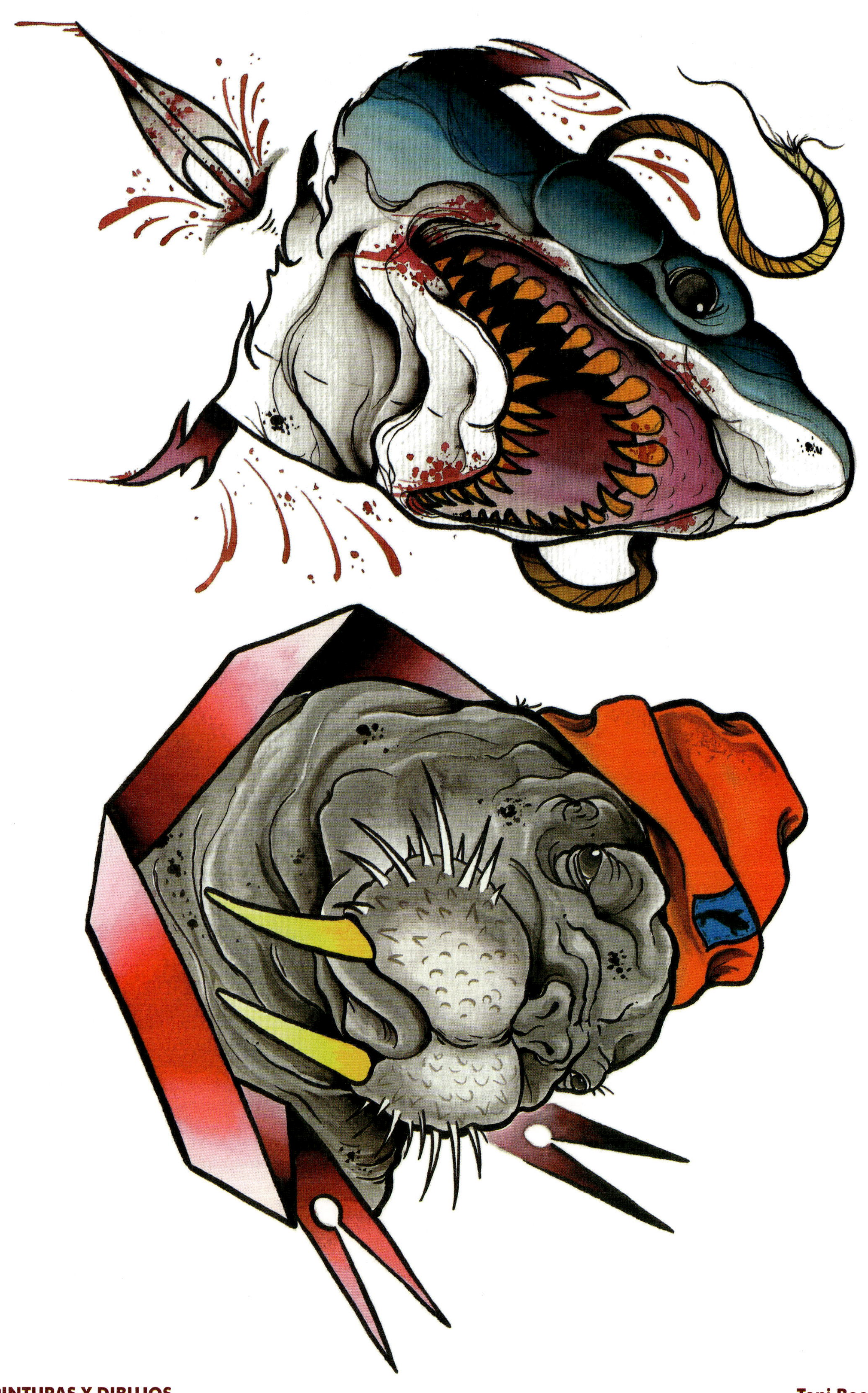



Toni Boetigger

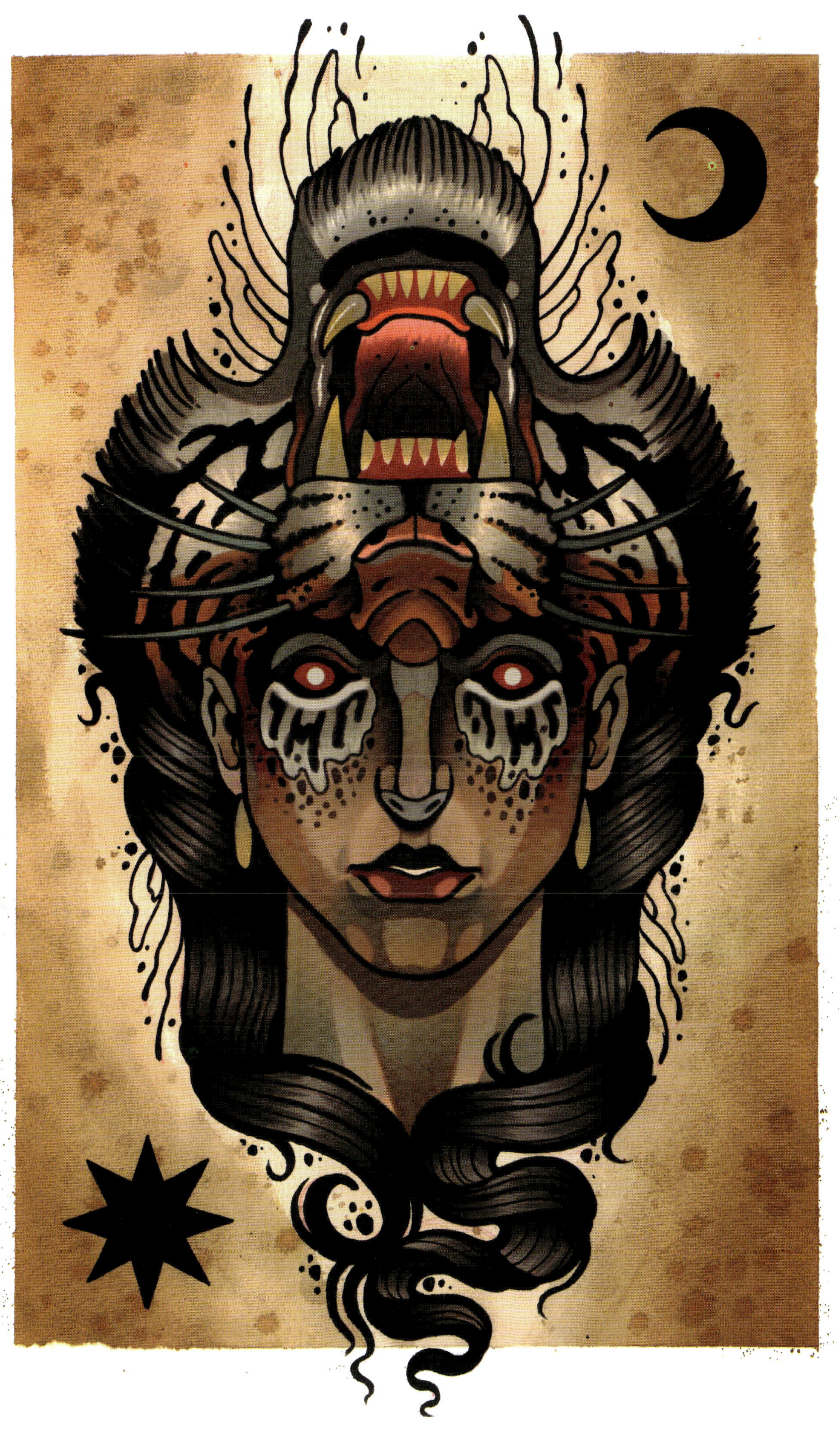

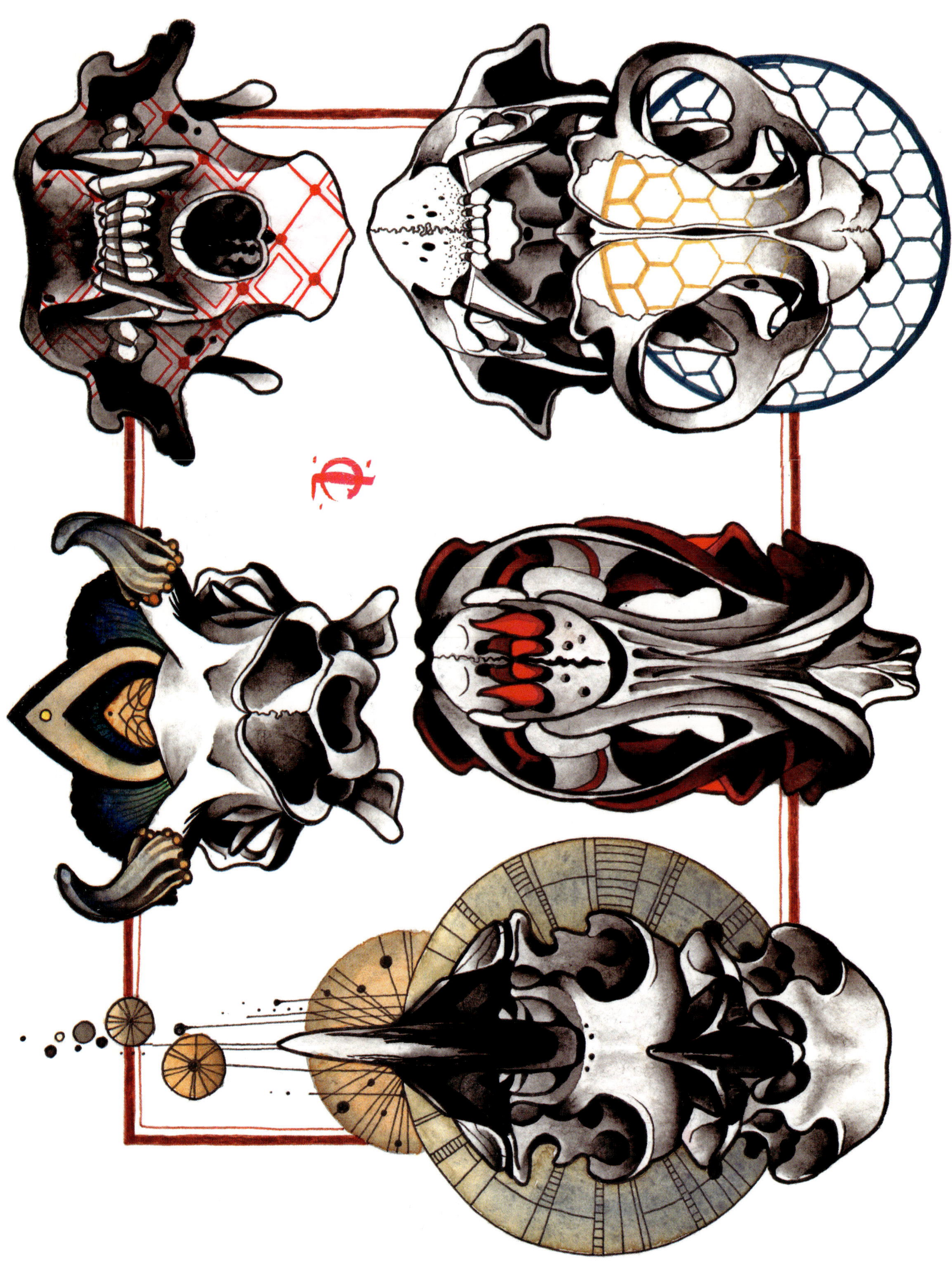



Caio Leme

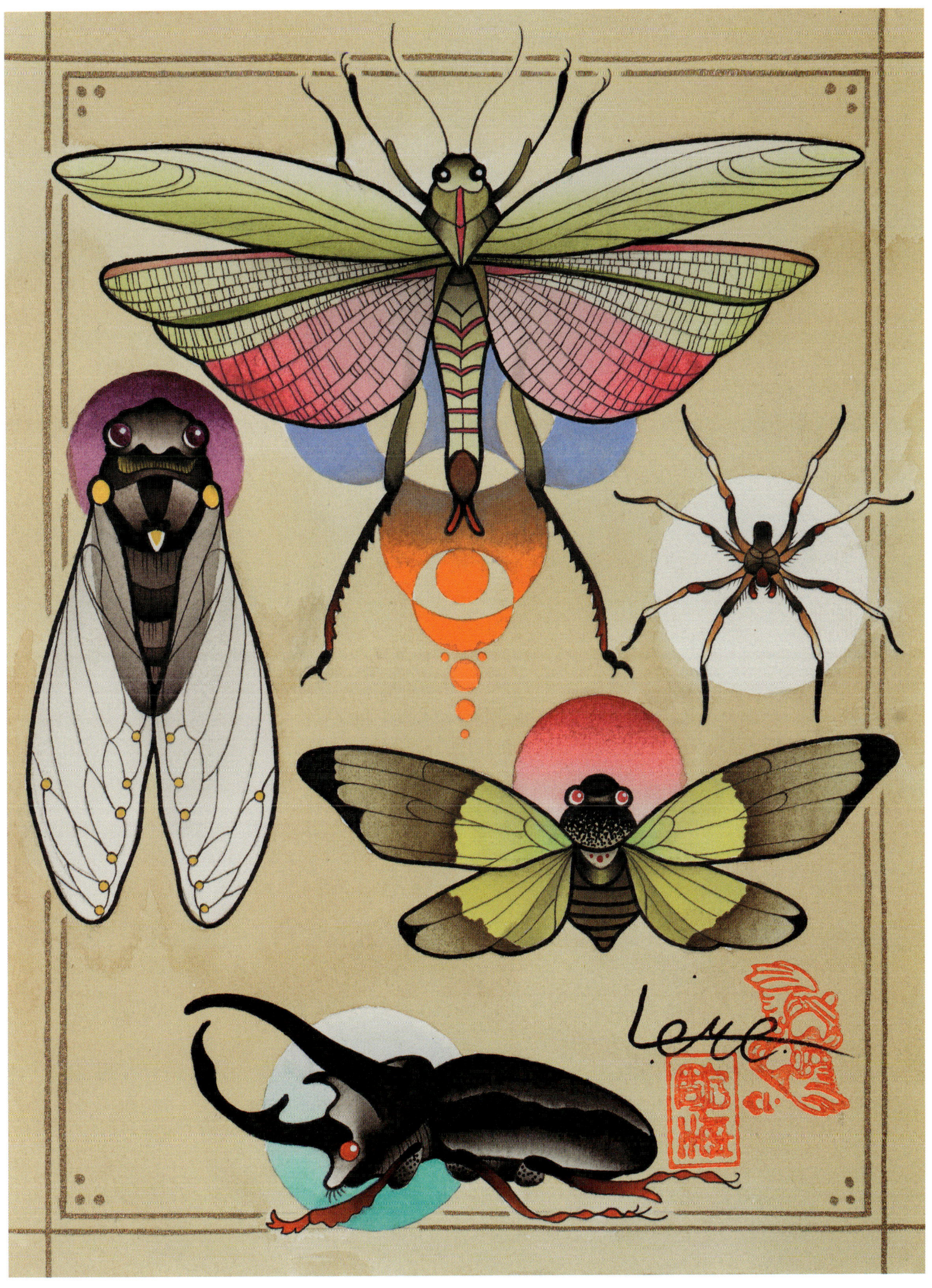
Leme

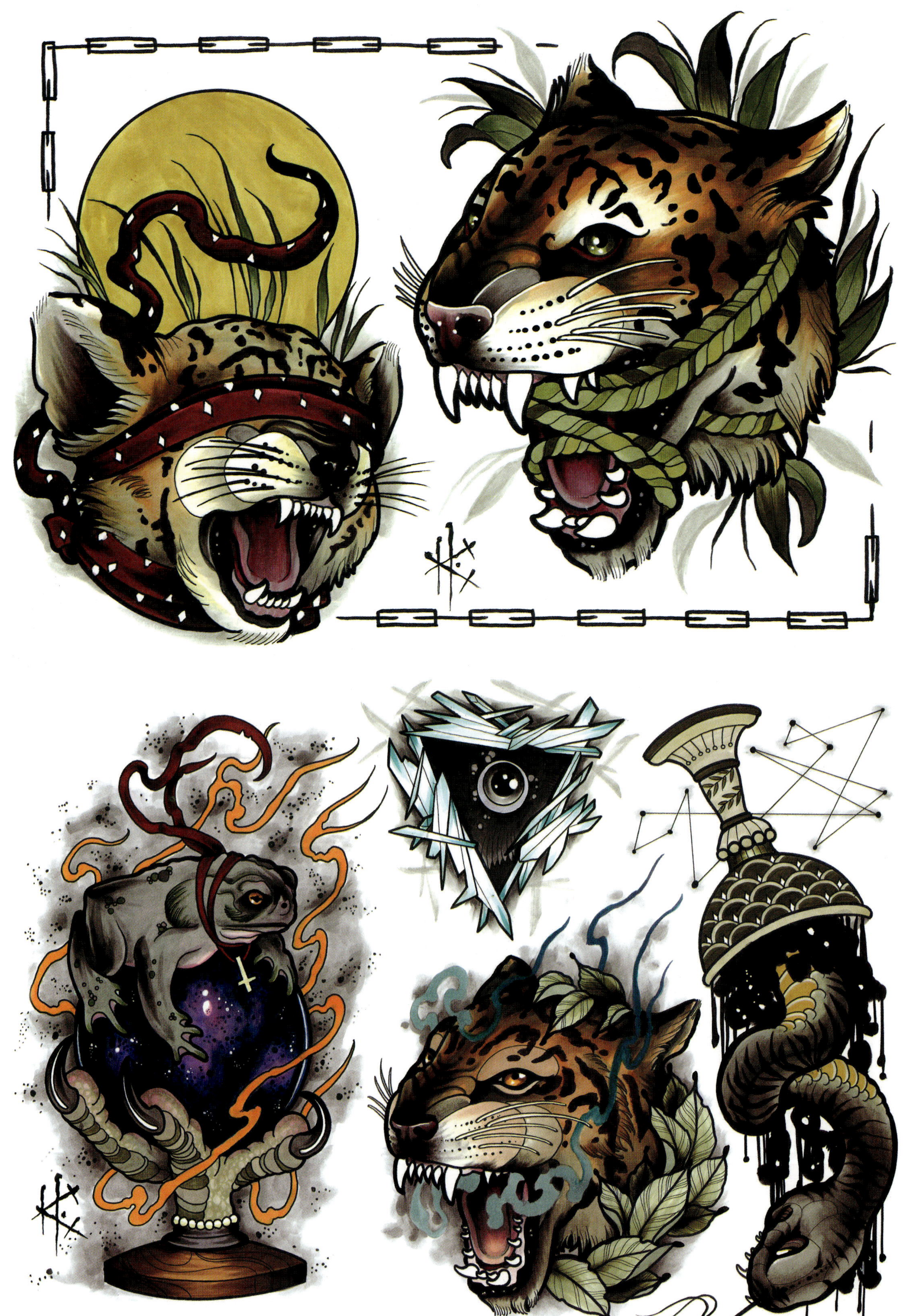



Heath Clifford

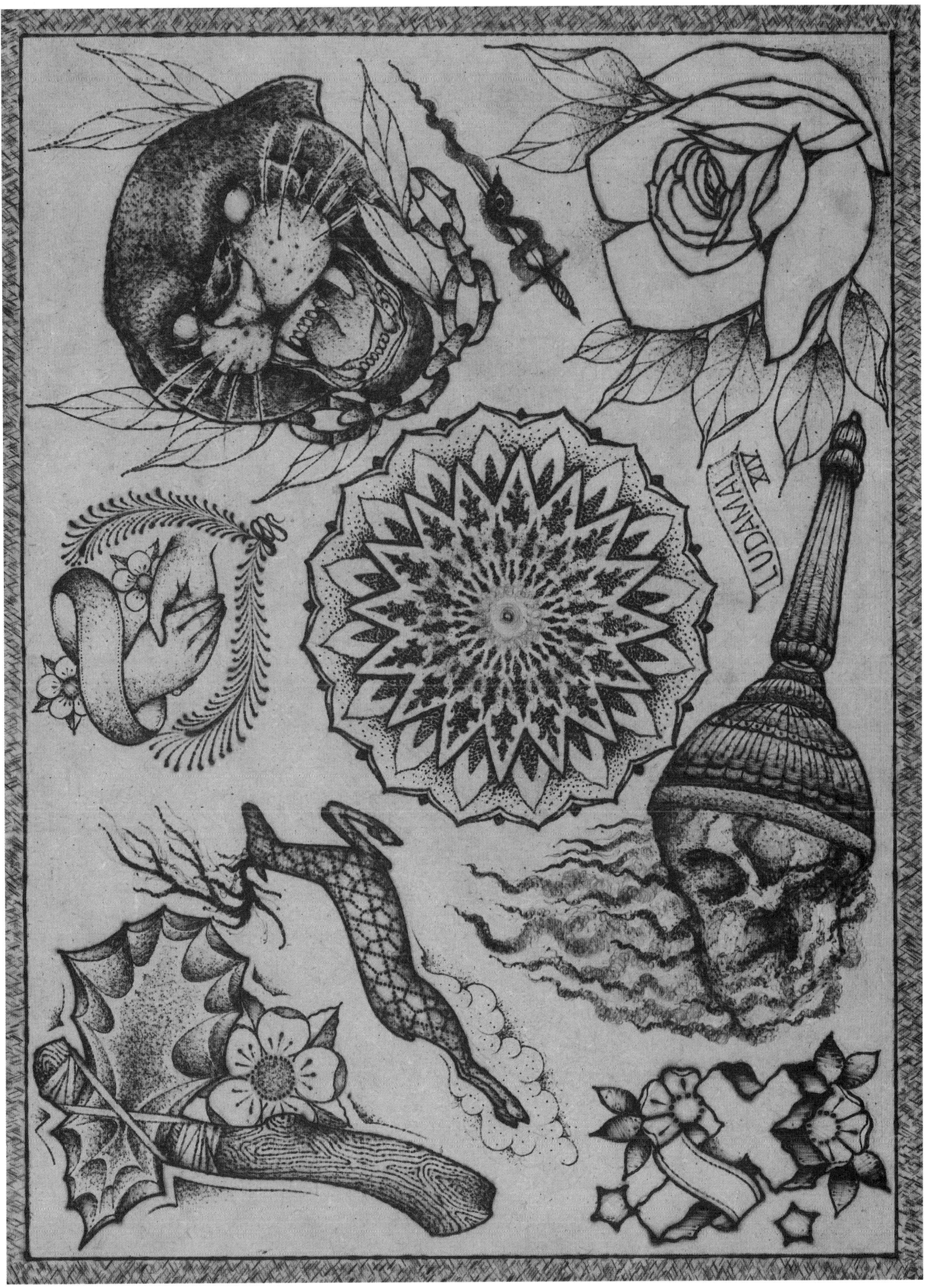
LUDAMAL XIX

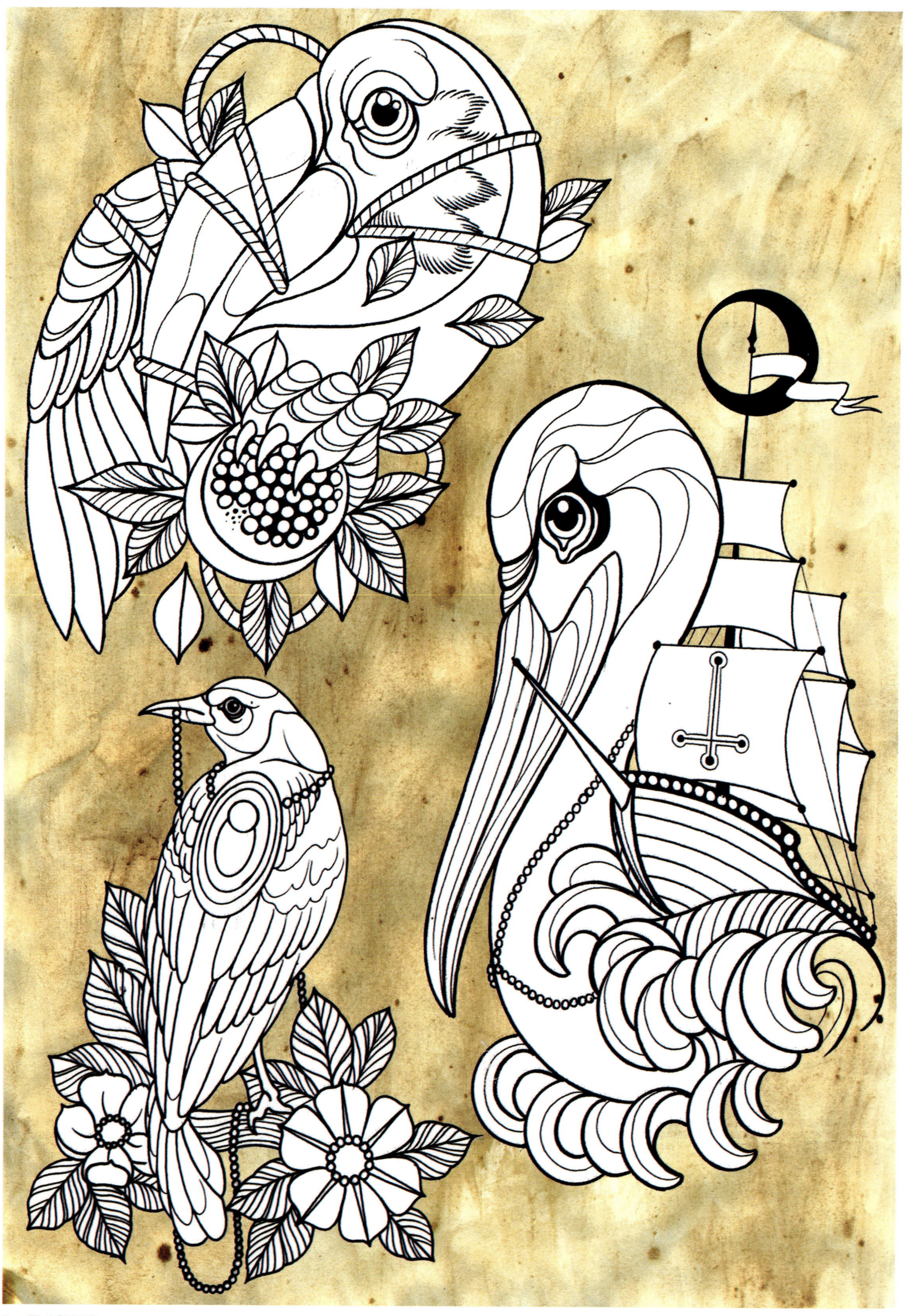



Manu Cruz

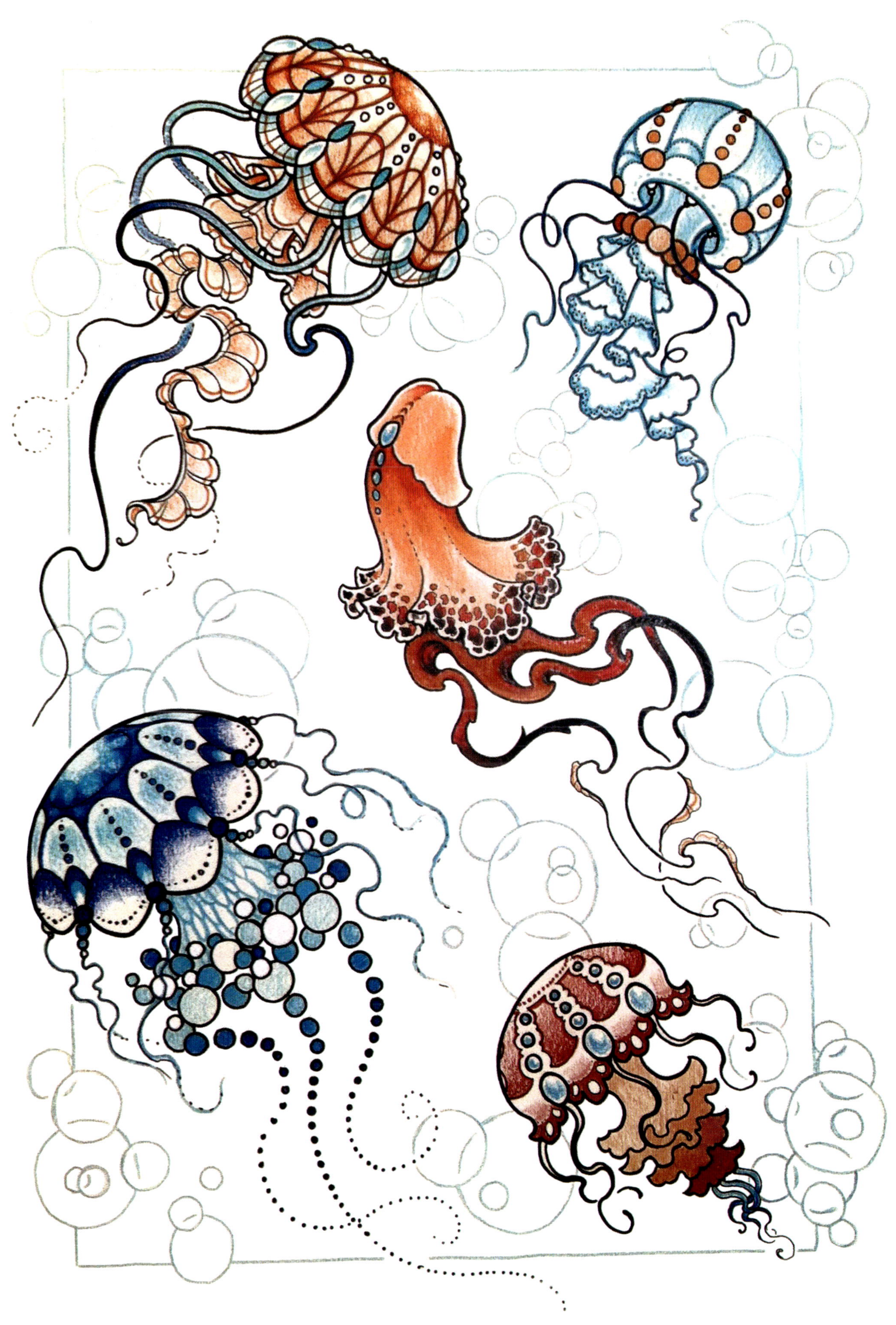

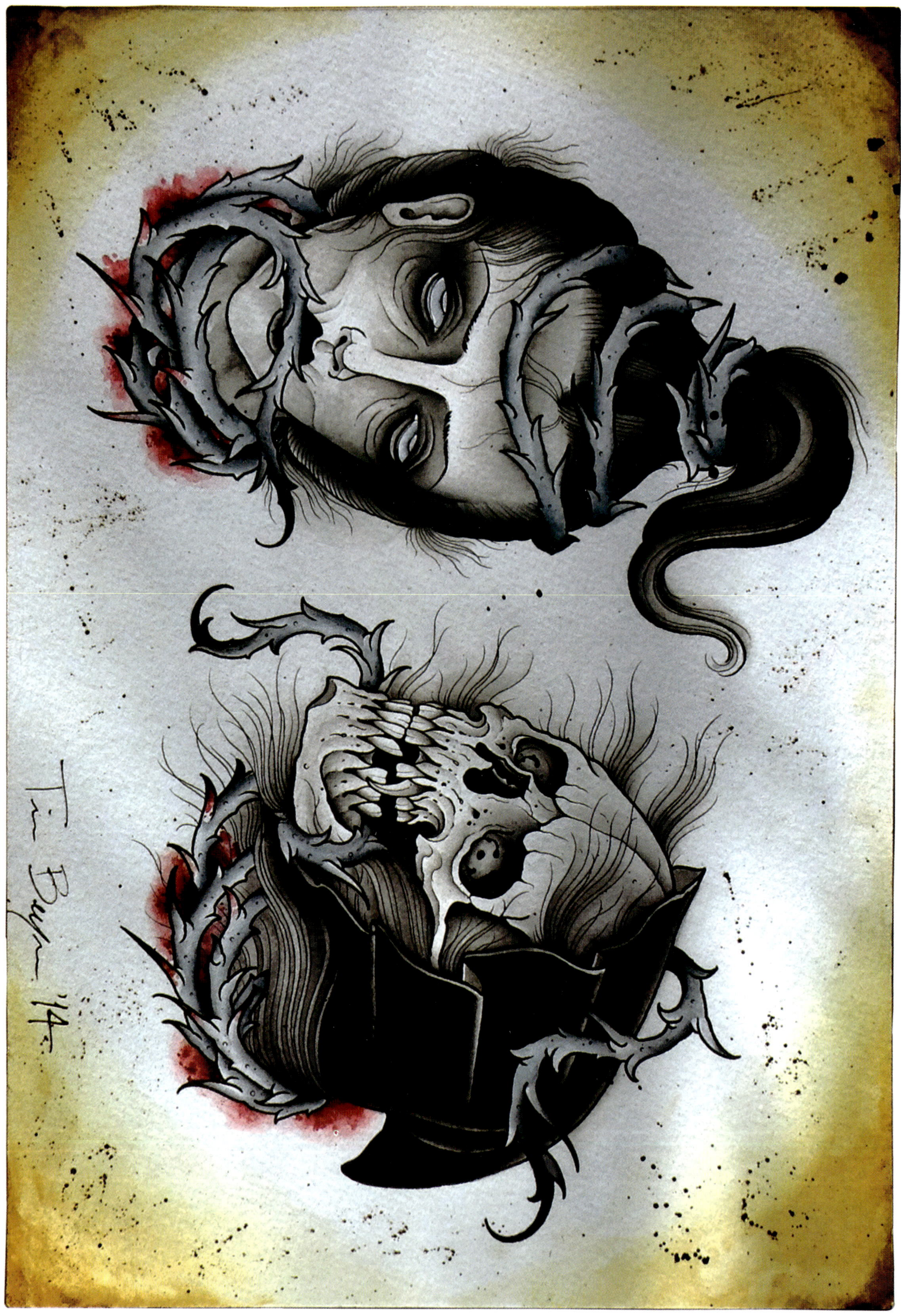



Tim Beijsens

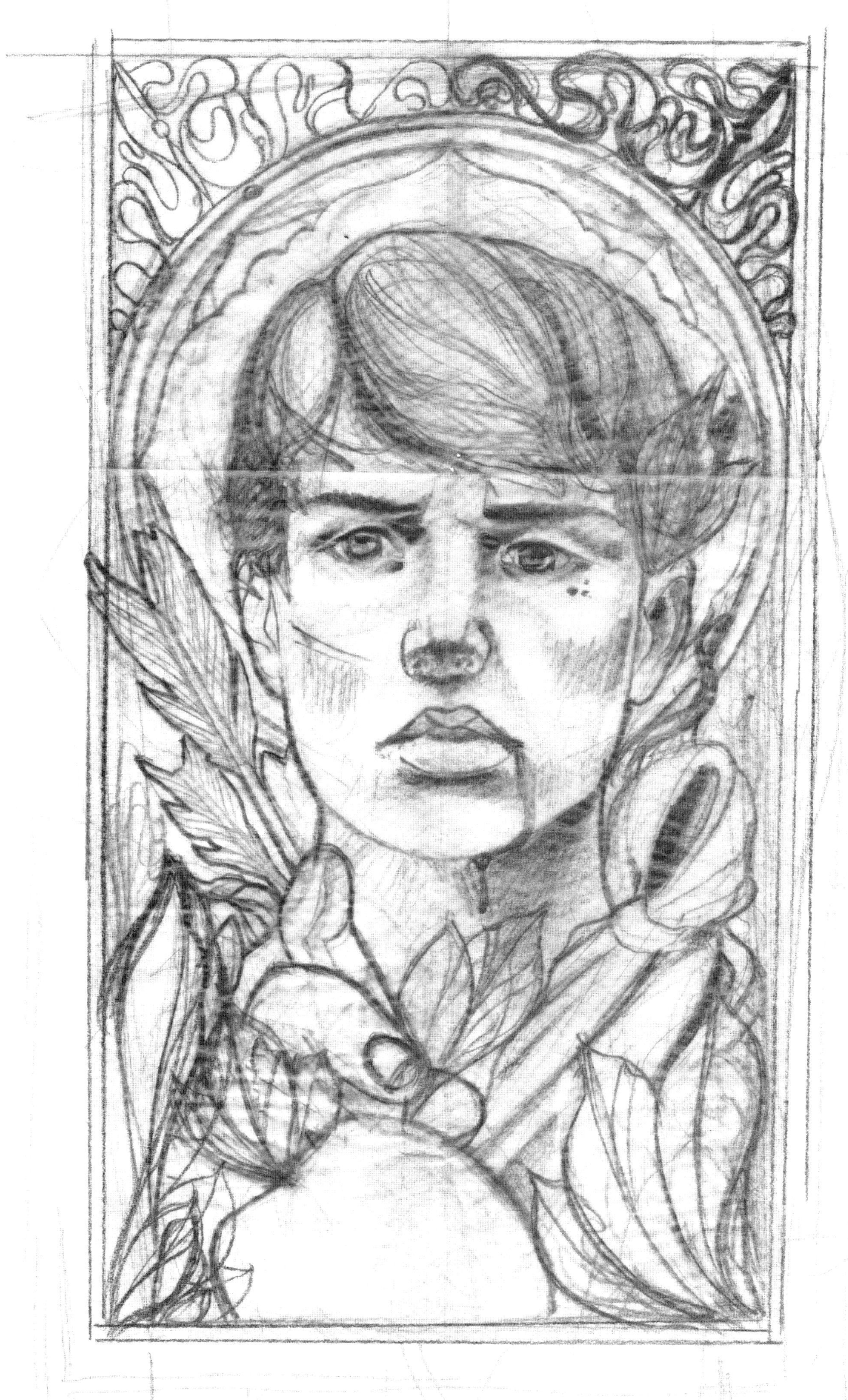

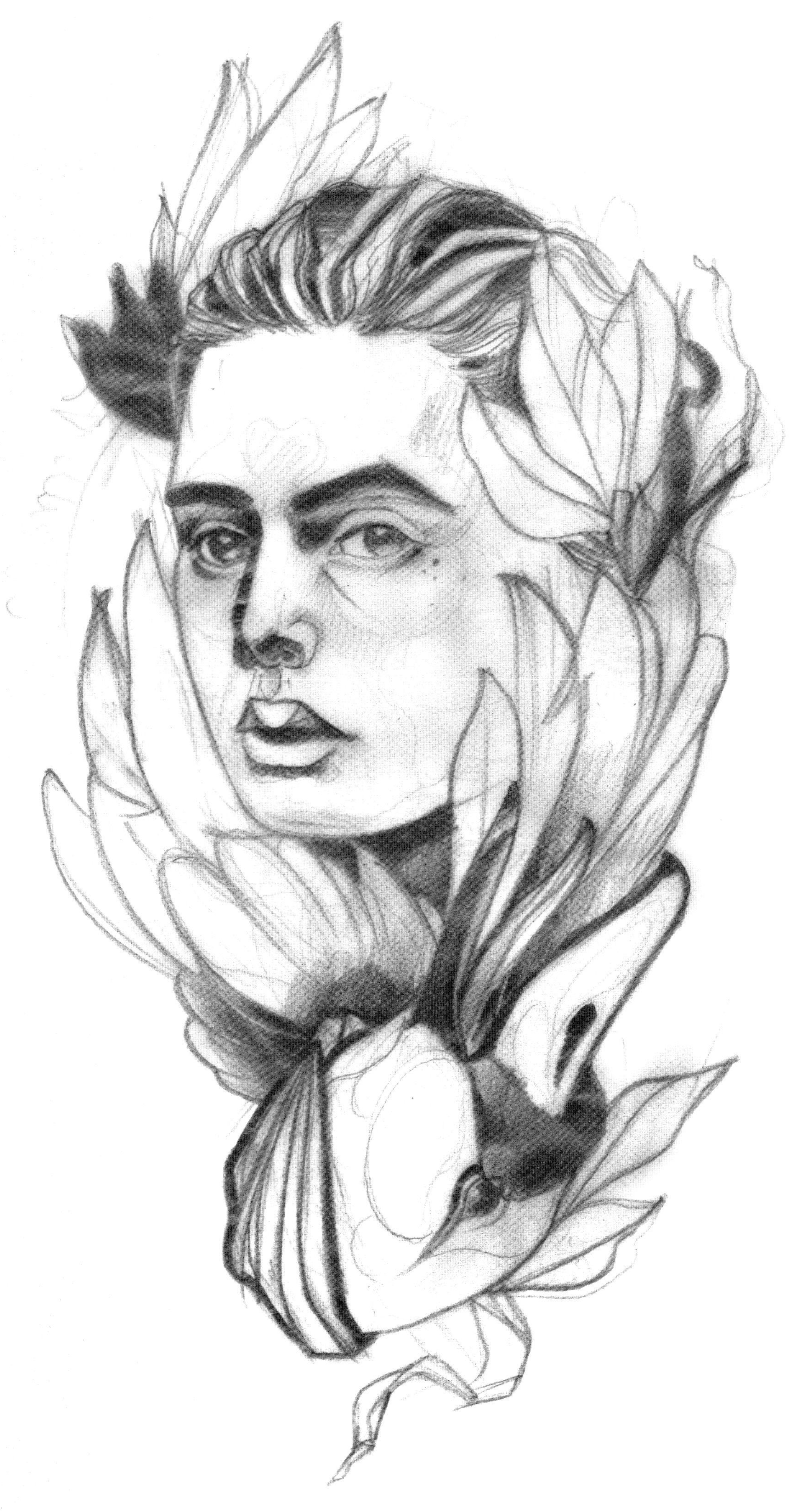



Dennis Bernhardt

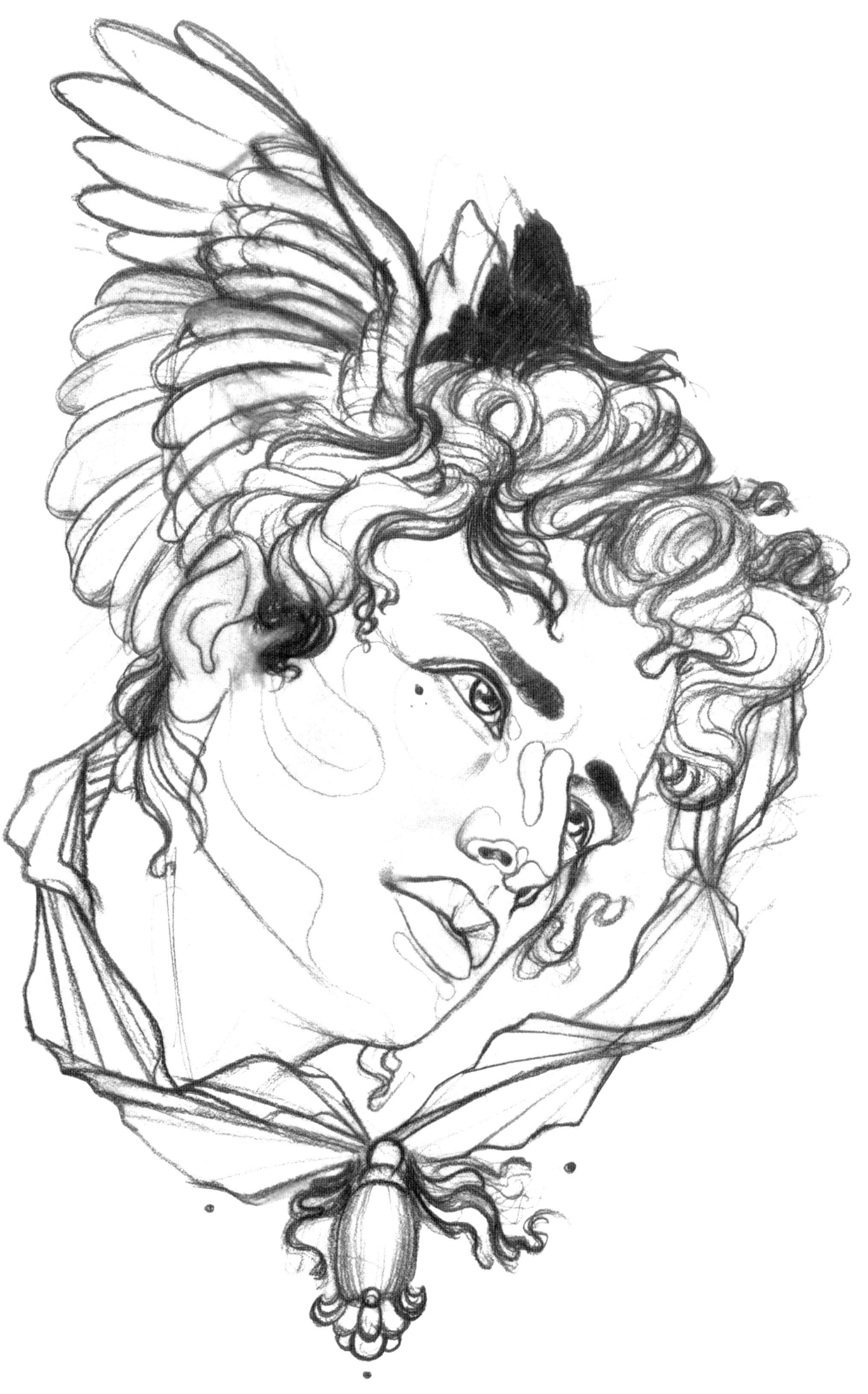

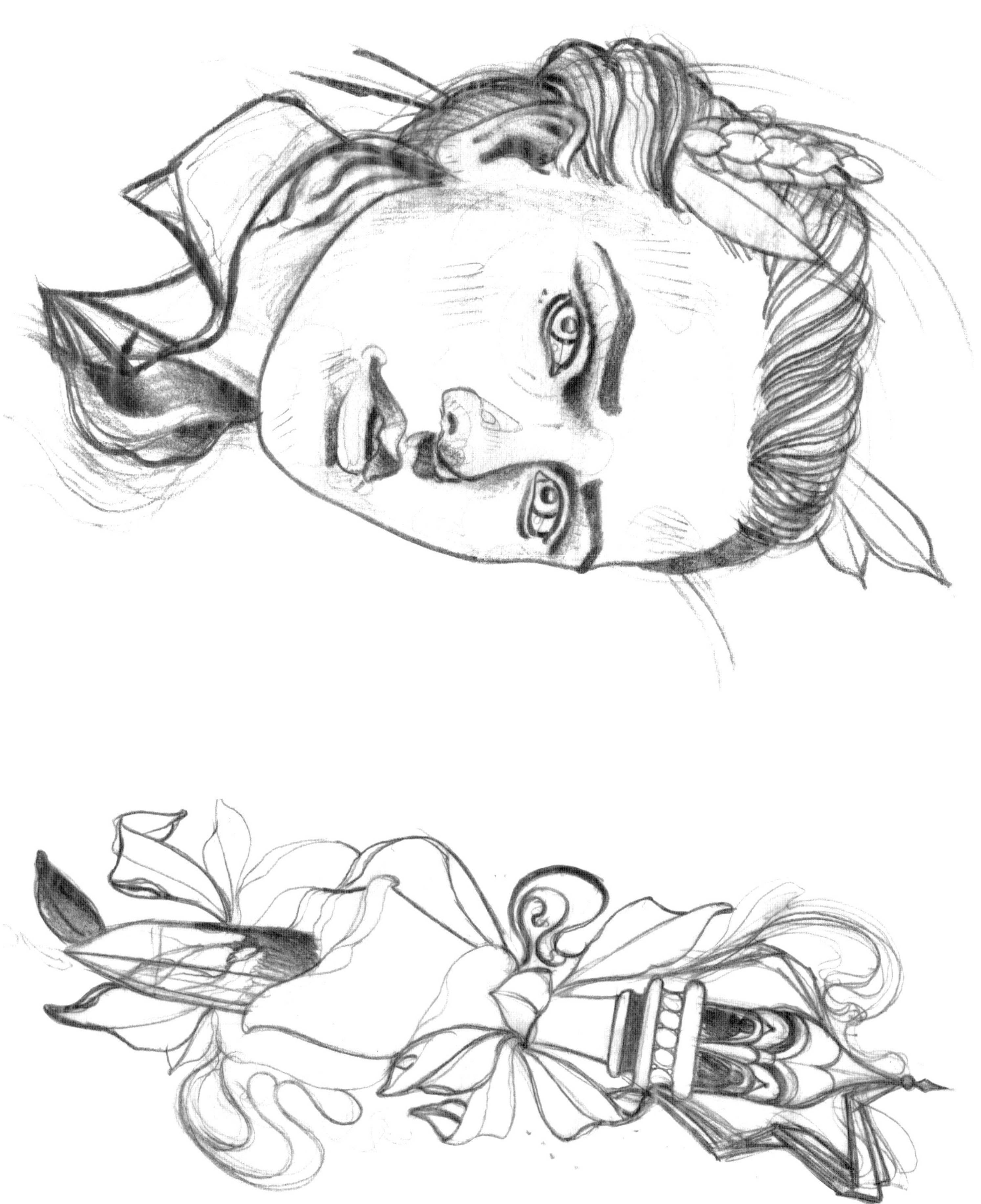



Dennis Bernhardt

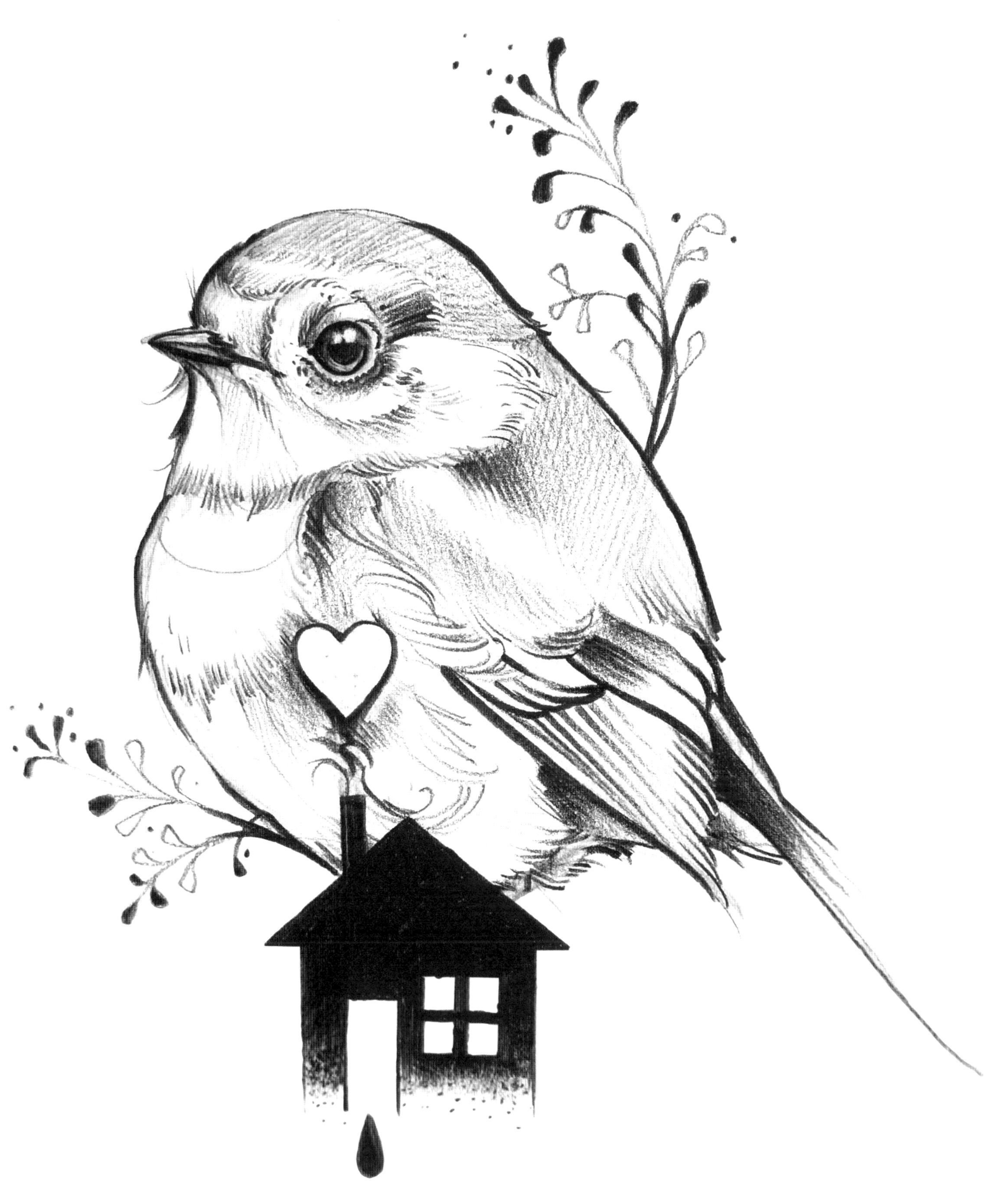

Freulein Fux

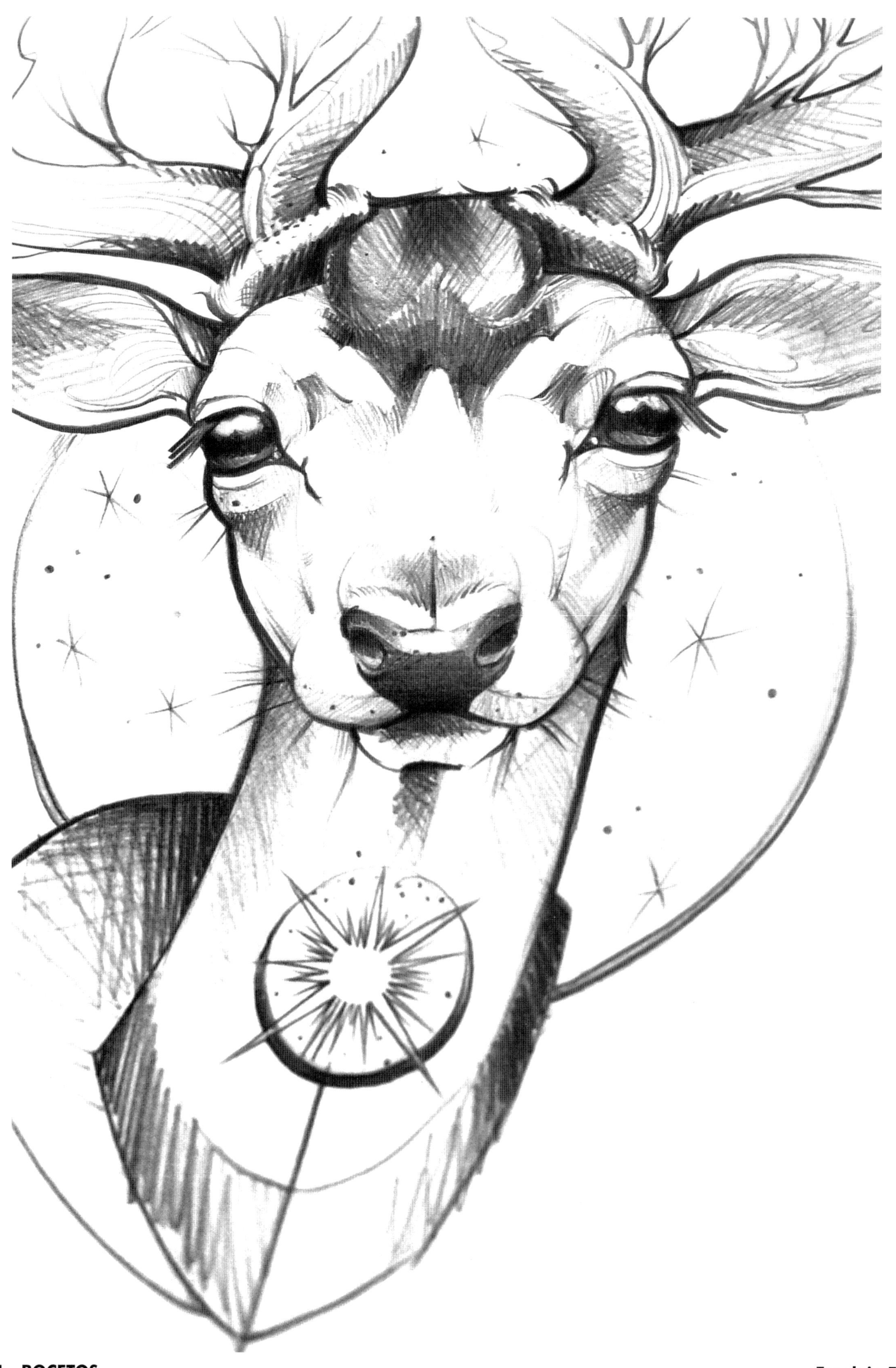



Freulein Fux

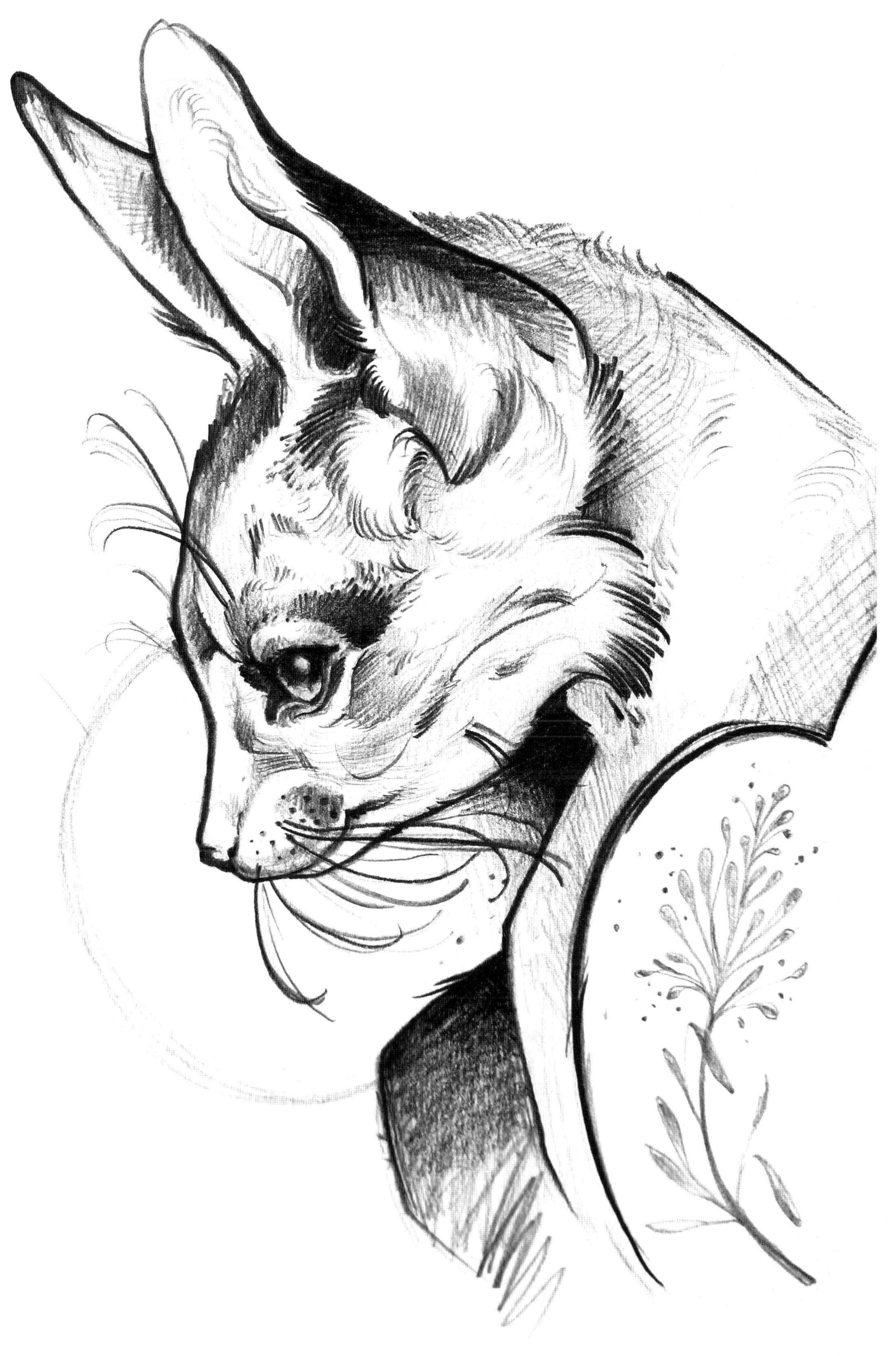

Freulein Fux

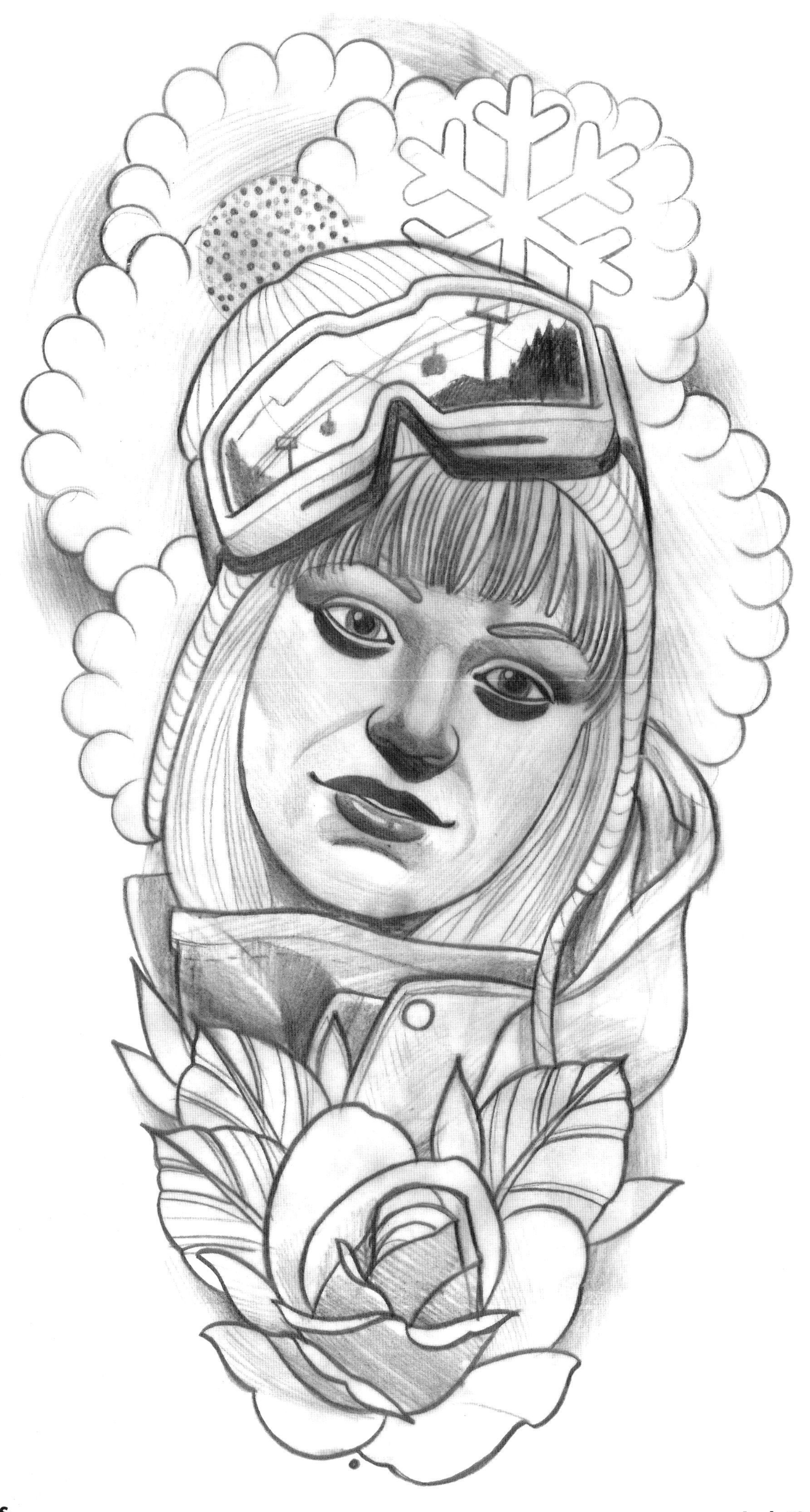



Jack 'GOKS' Pearce

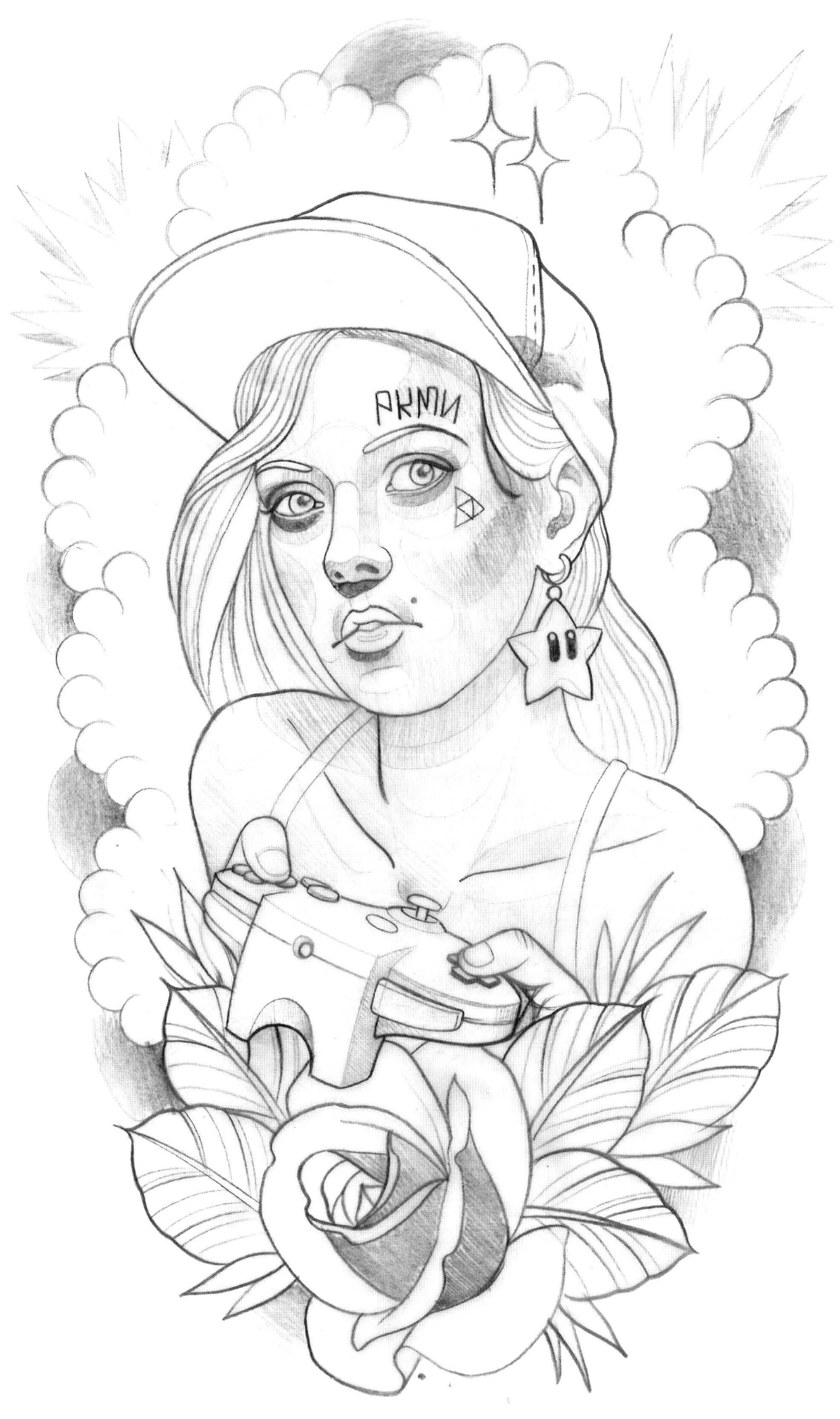


Jack 'GOKS' Pearce

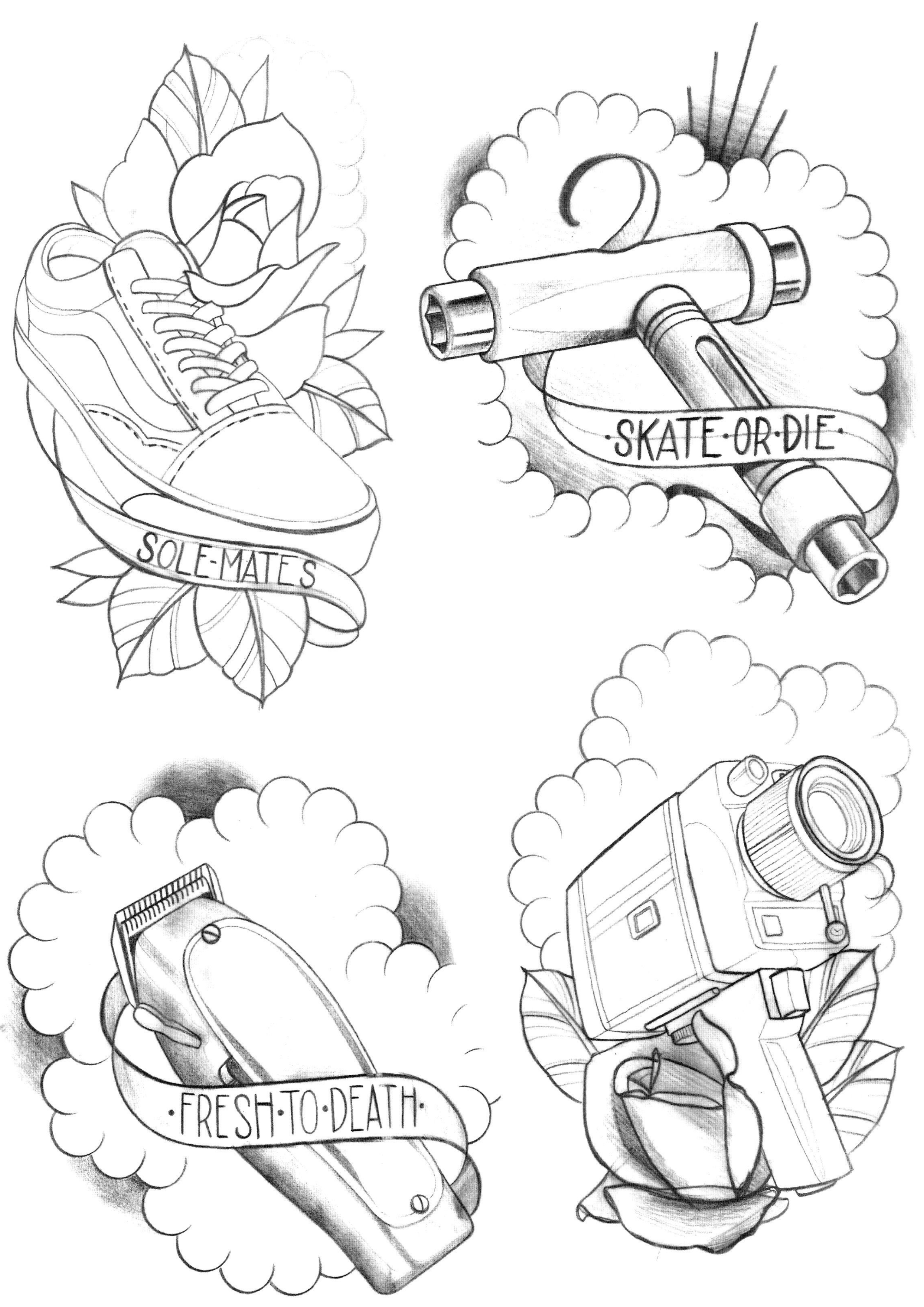




Jack 'GOKS' Pearce

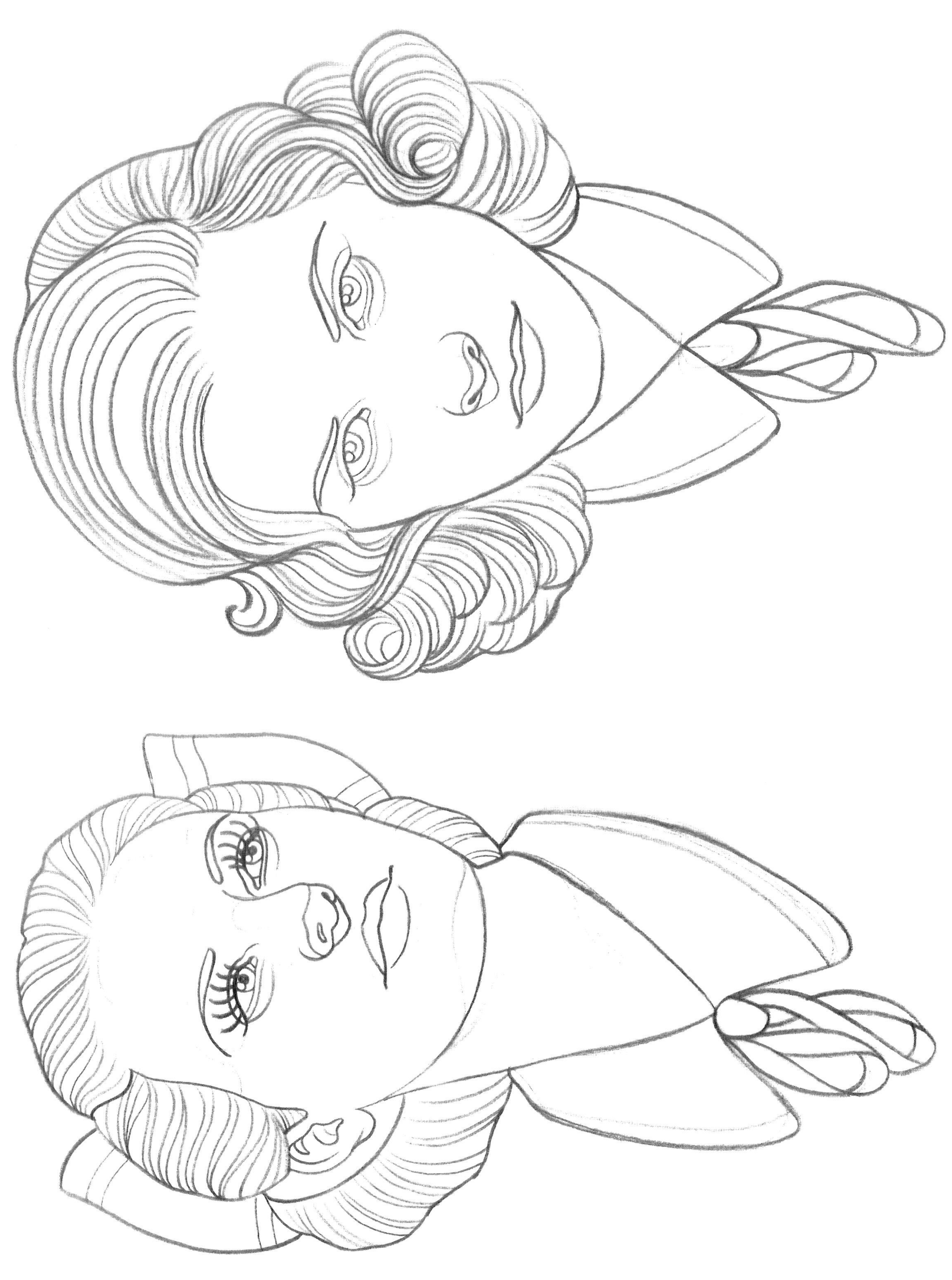

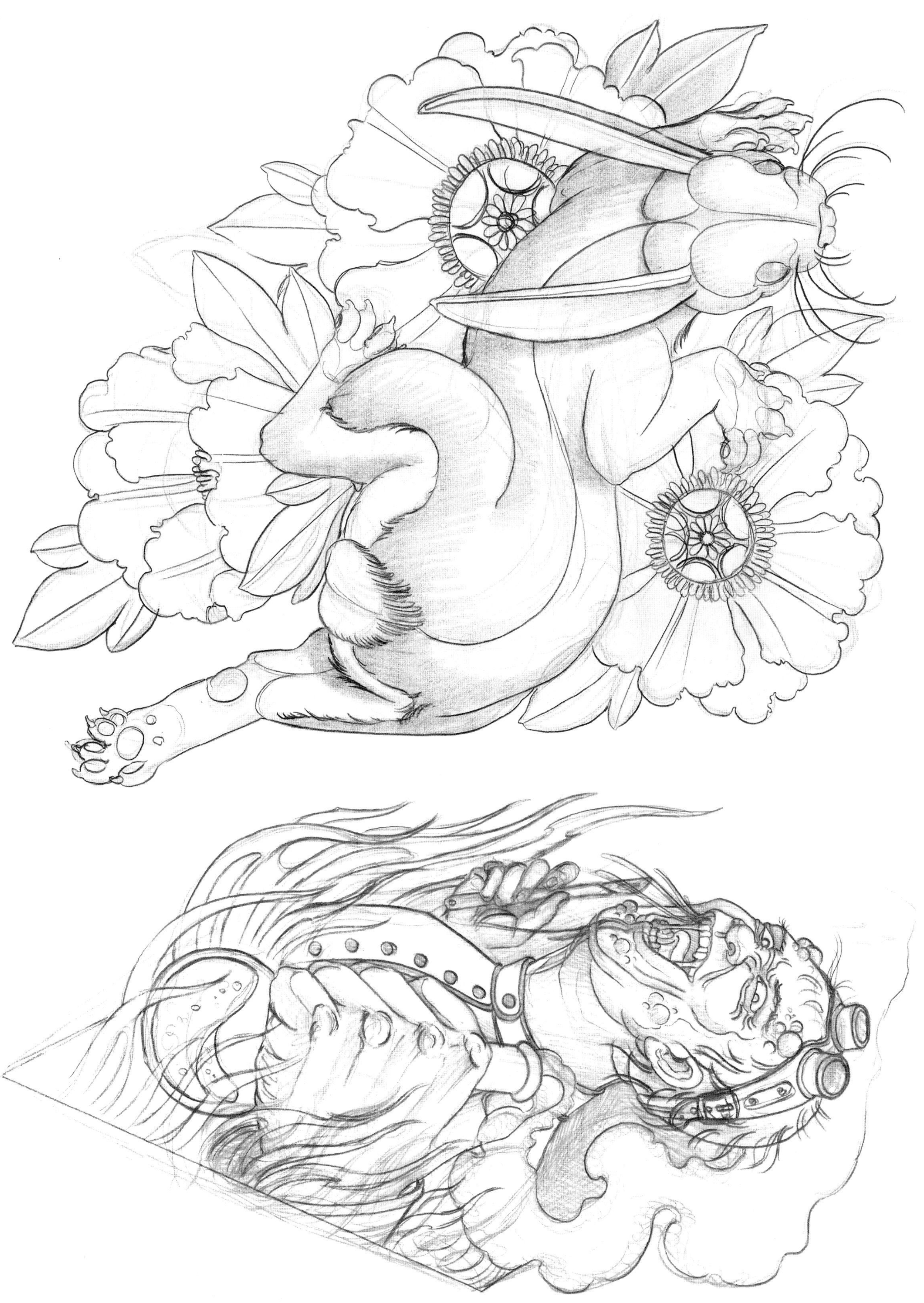



Jacob Wiman

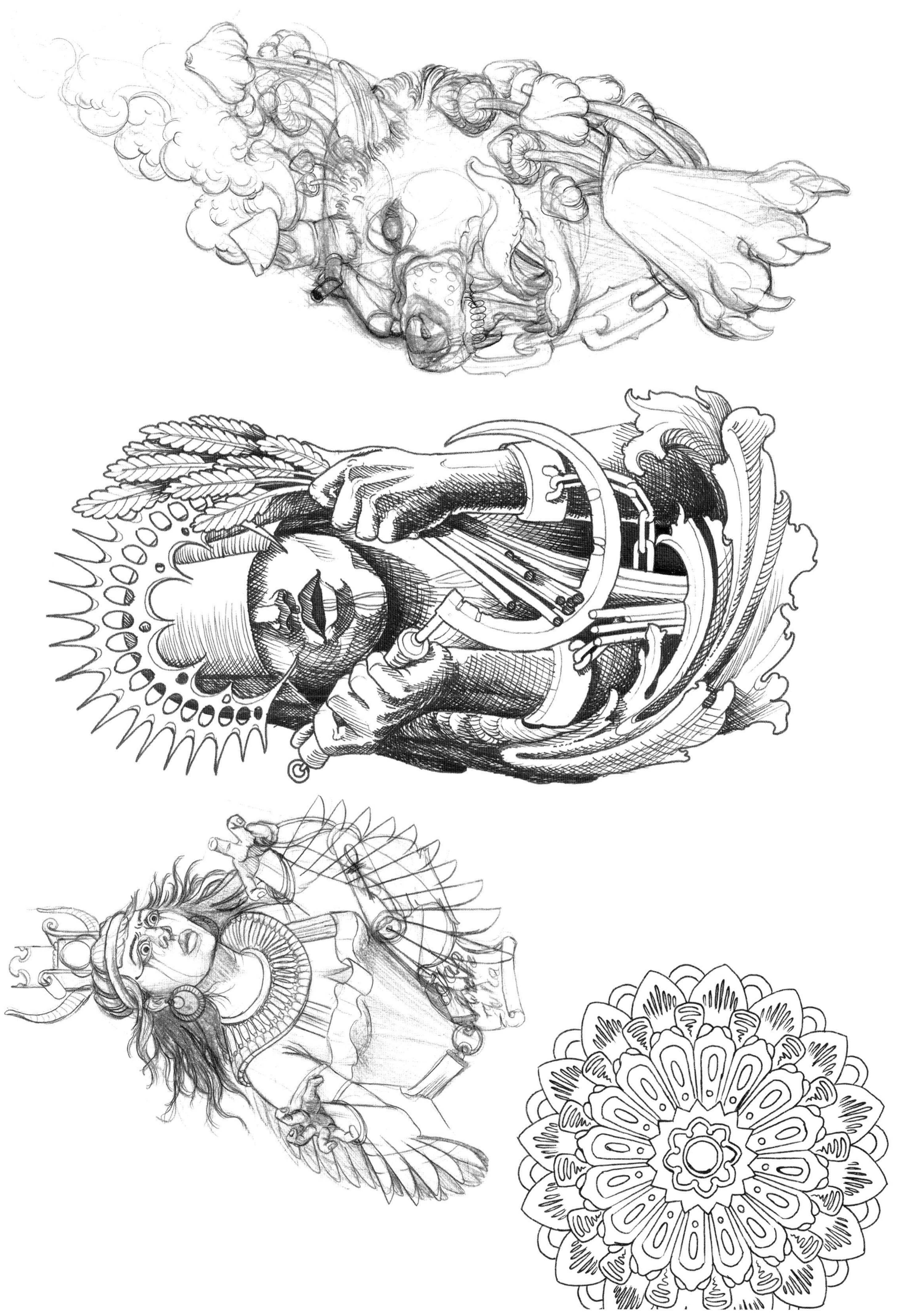

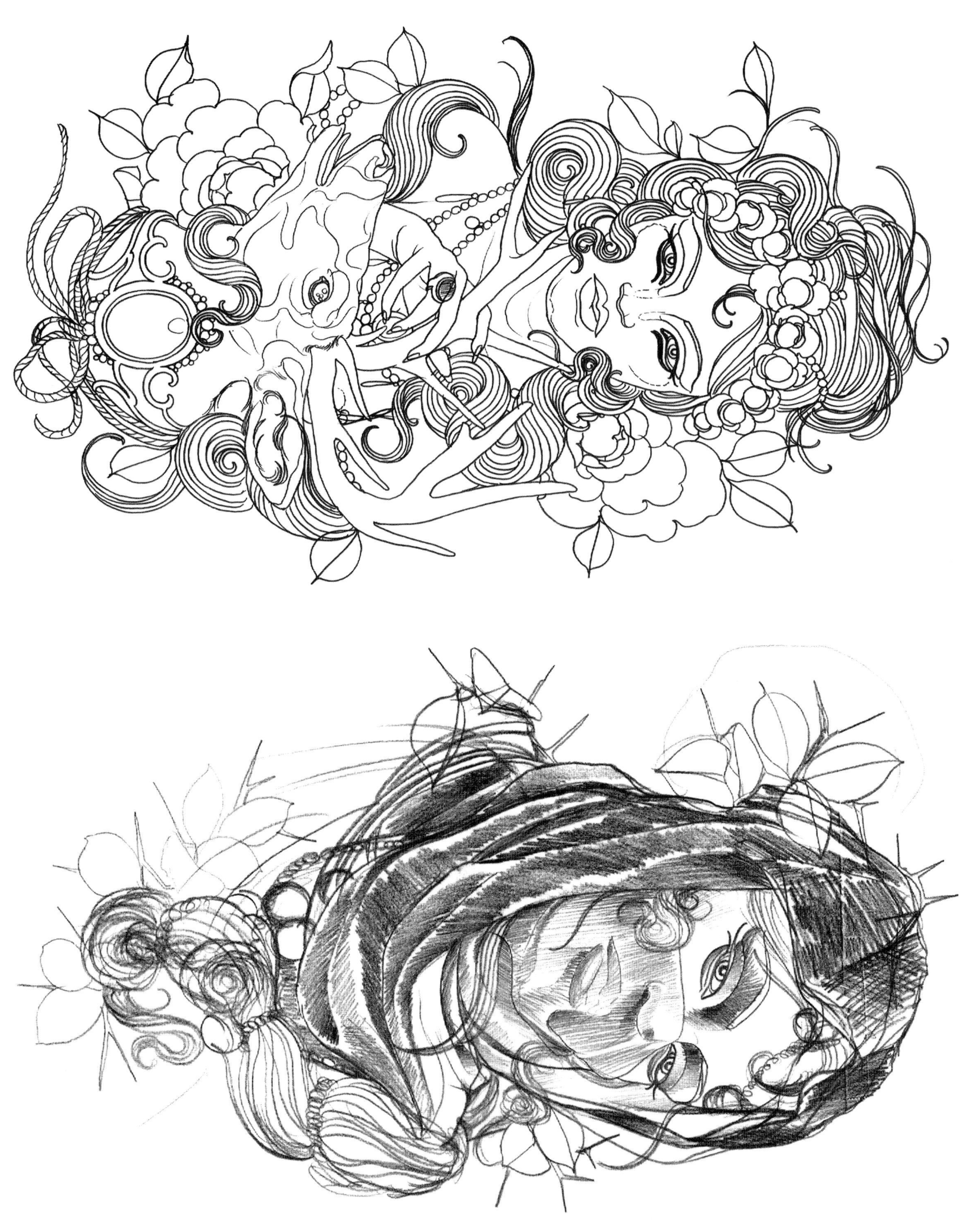



Jake Danielson

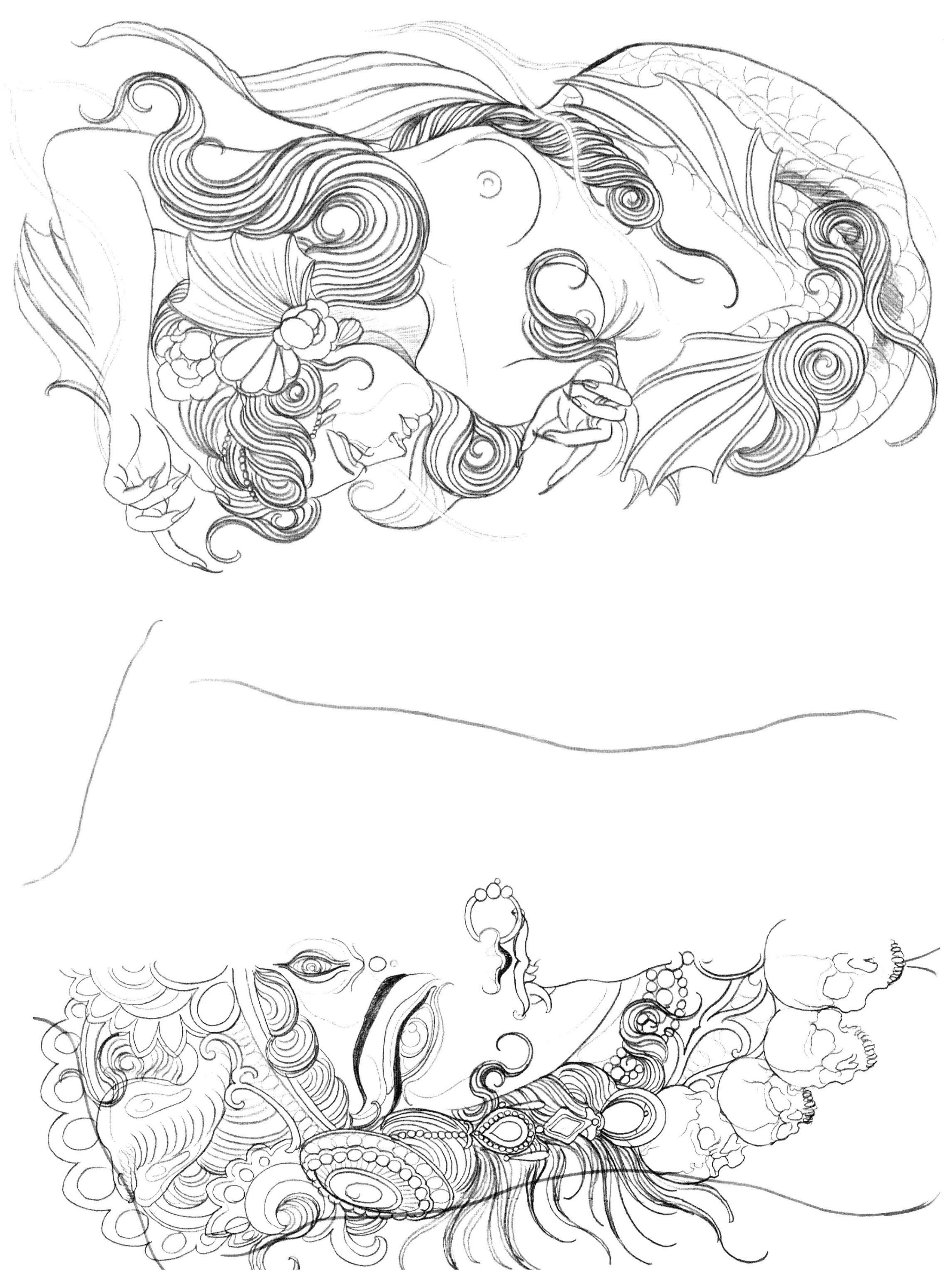

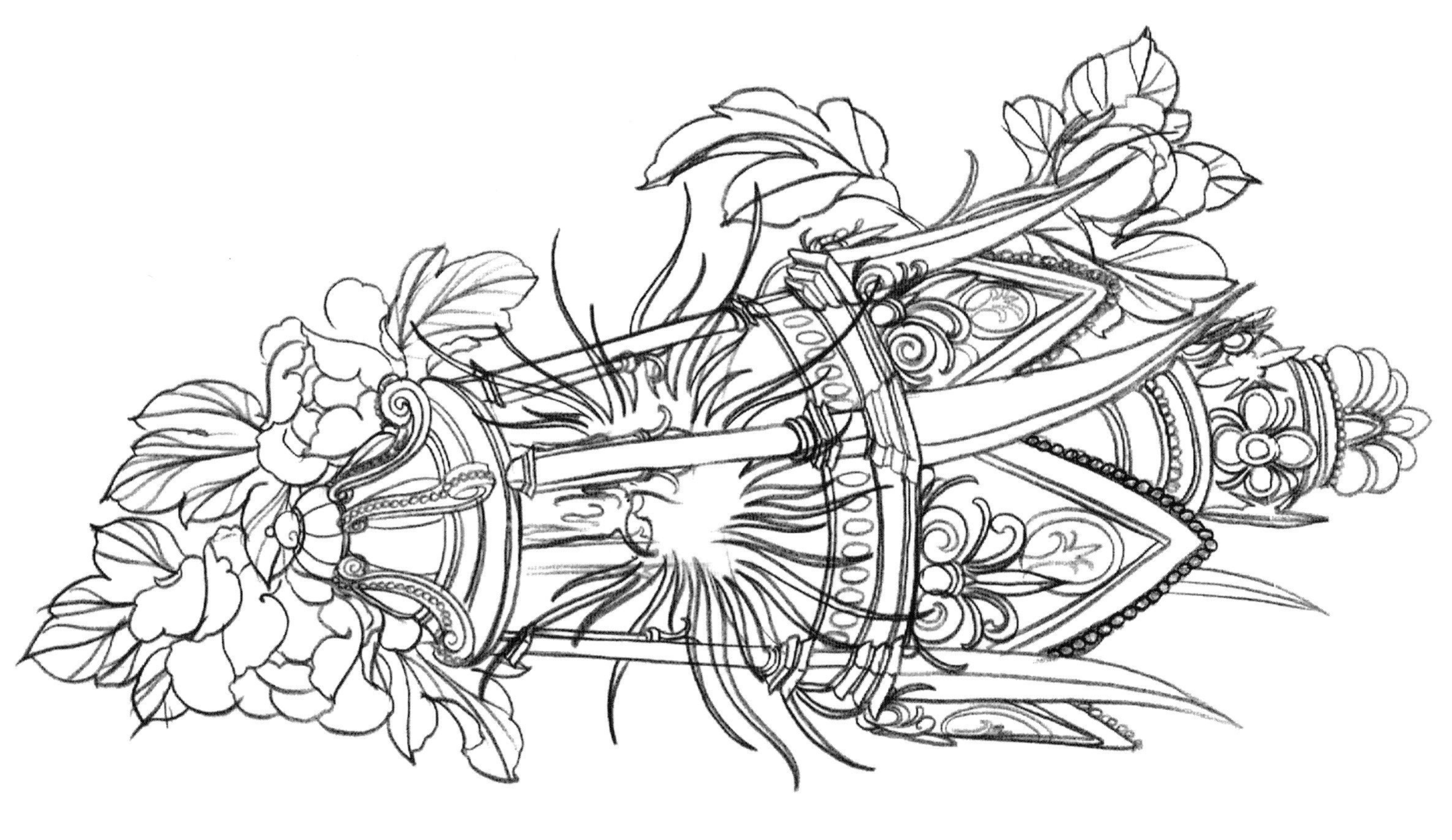

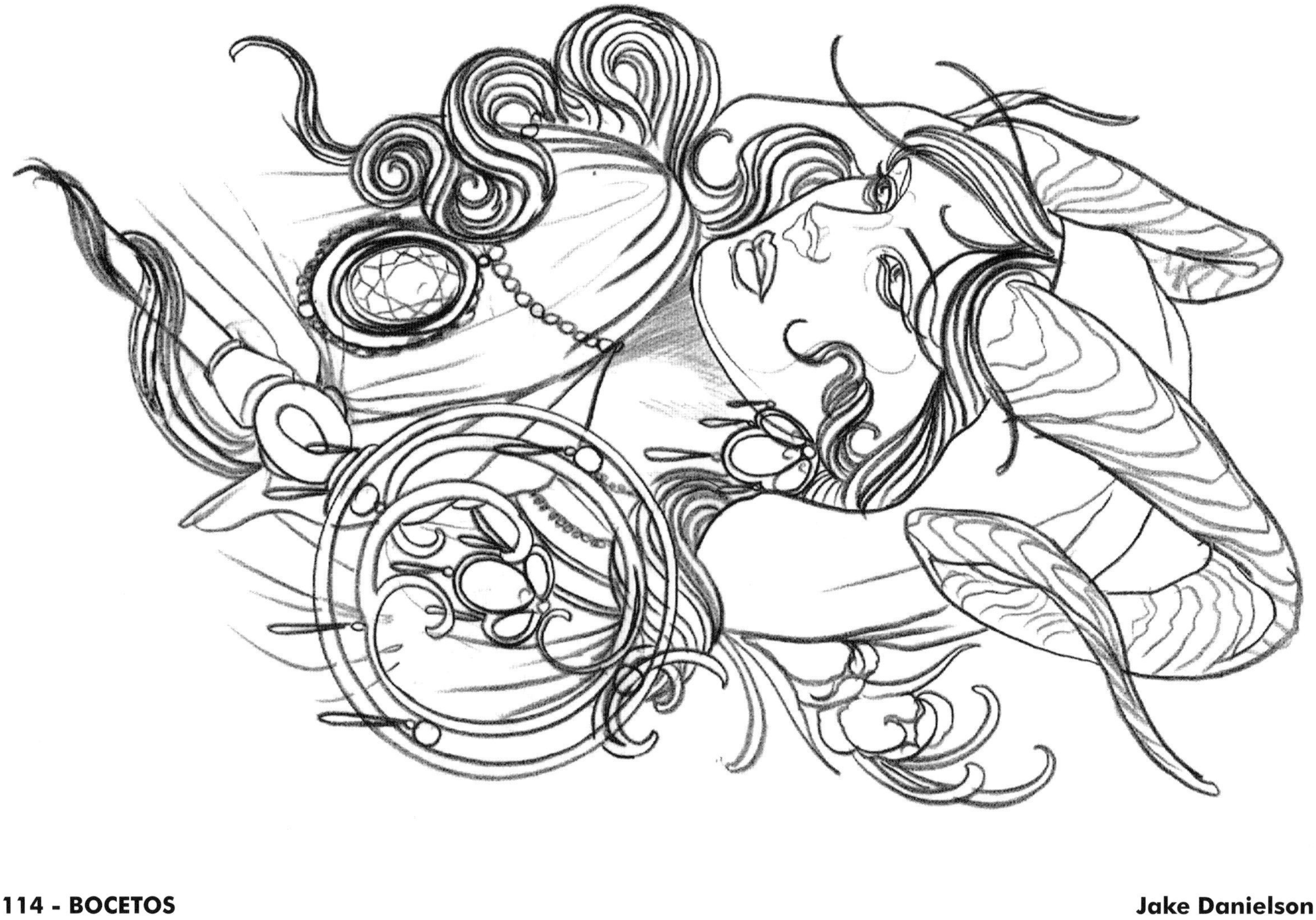

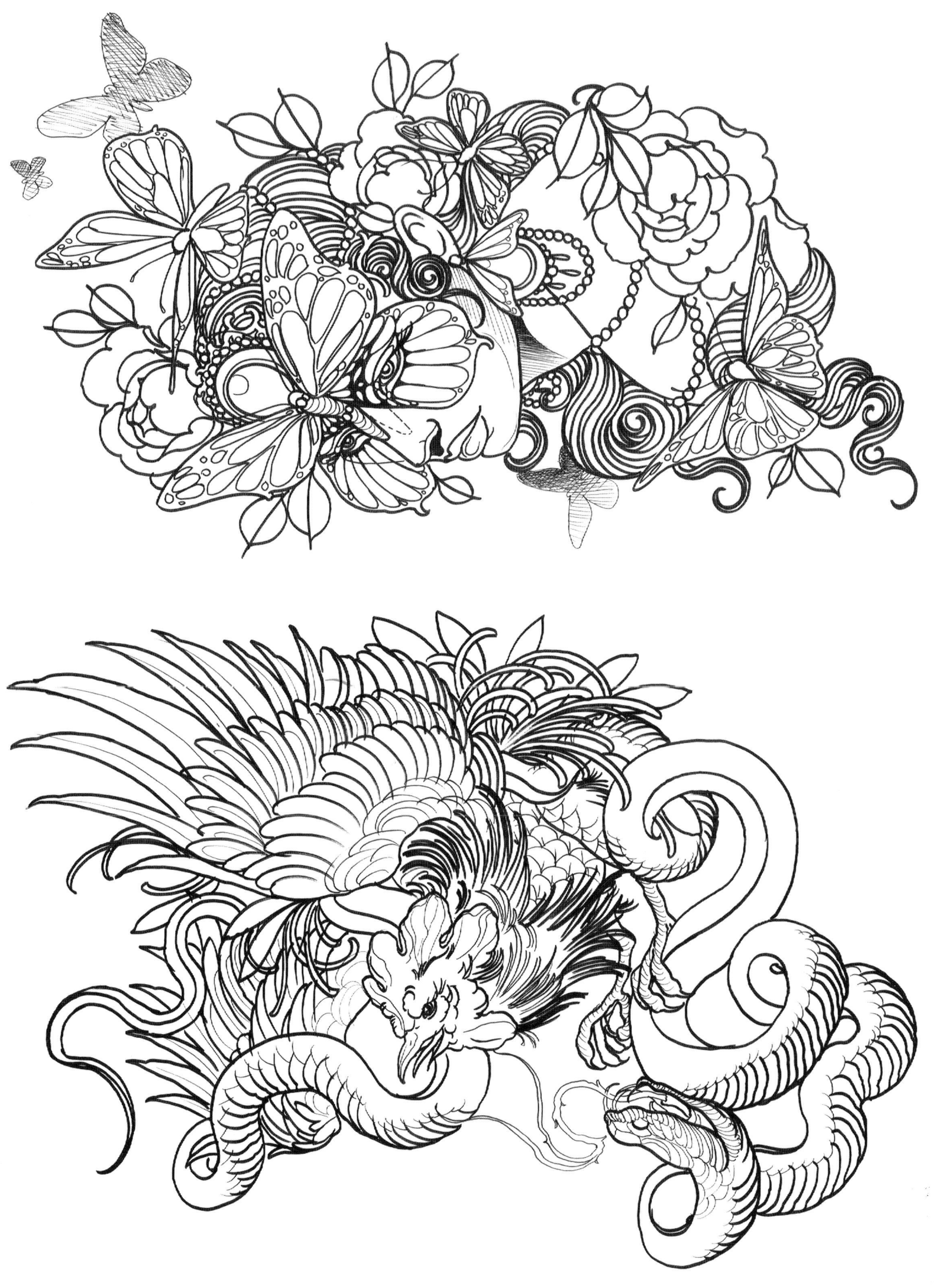

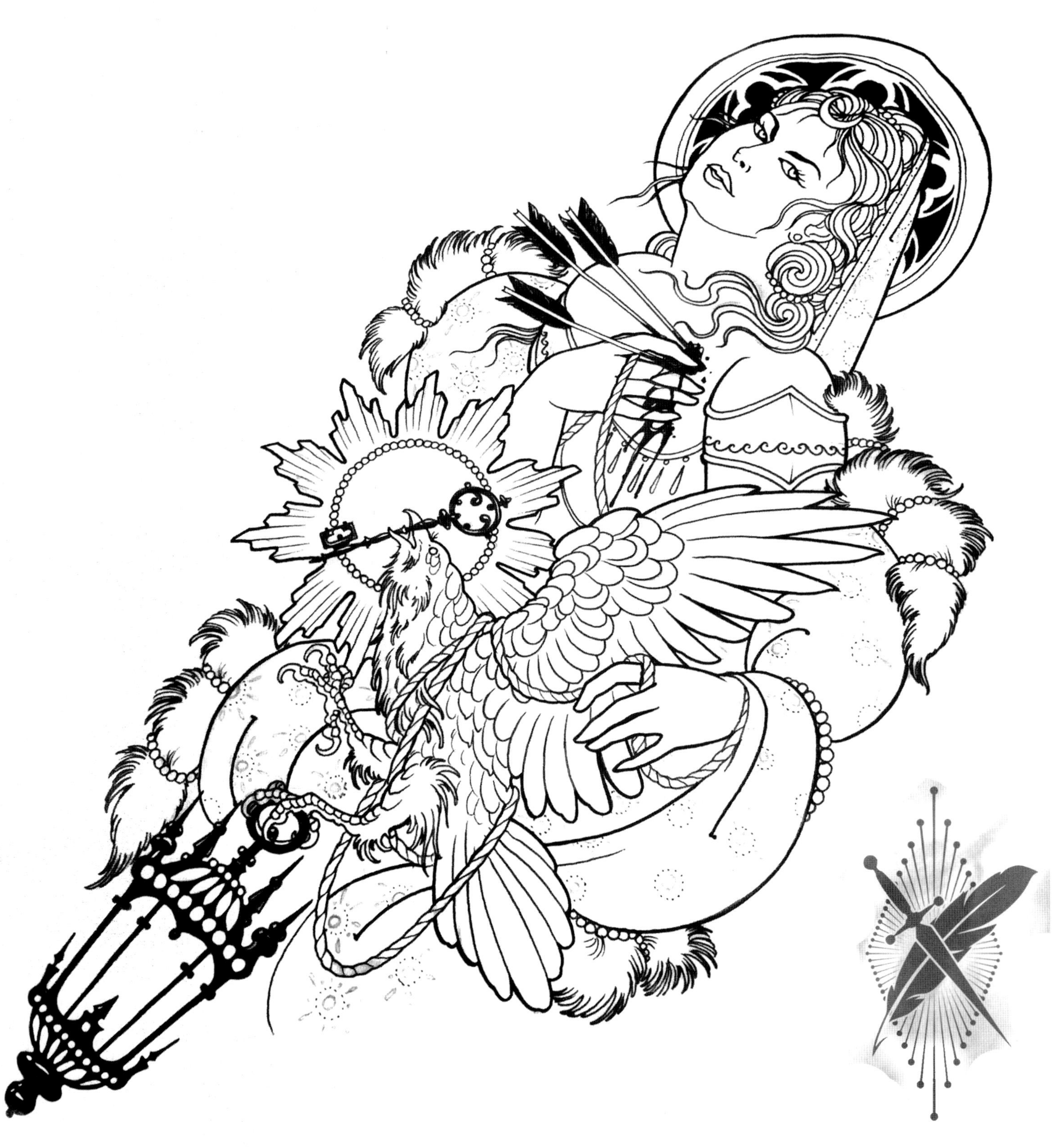



Kid Kros

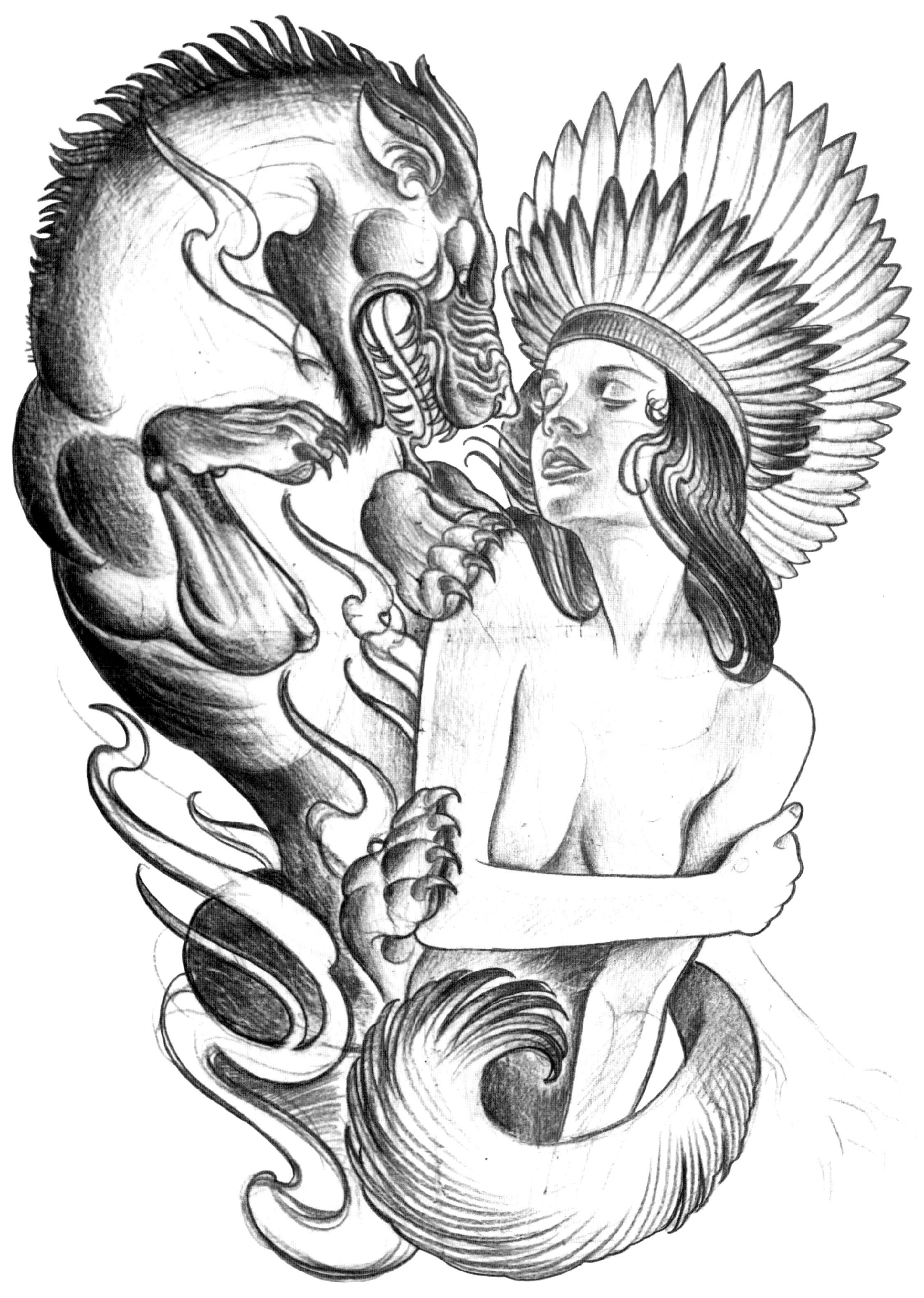

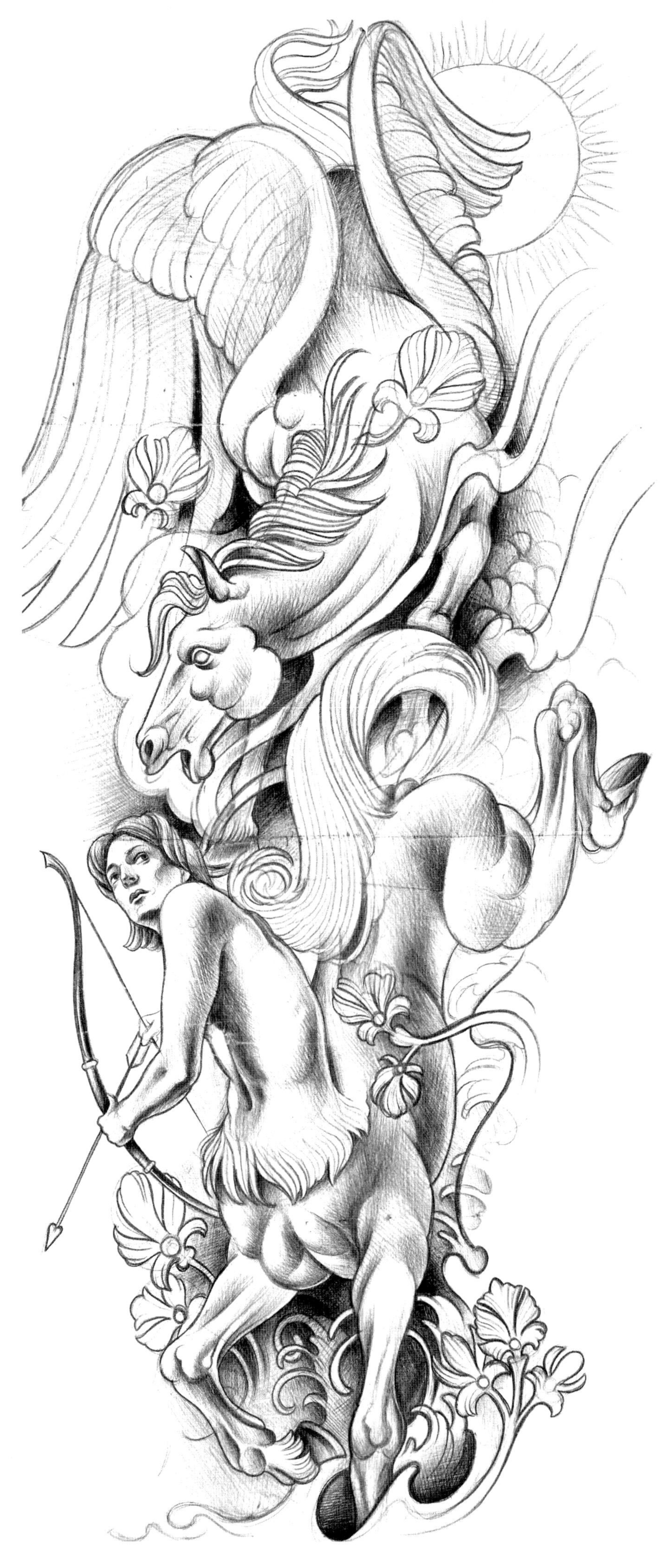



Kuba Kujawa

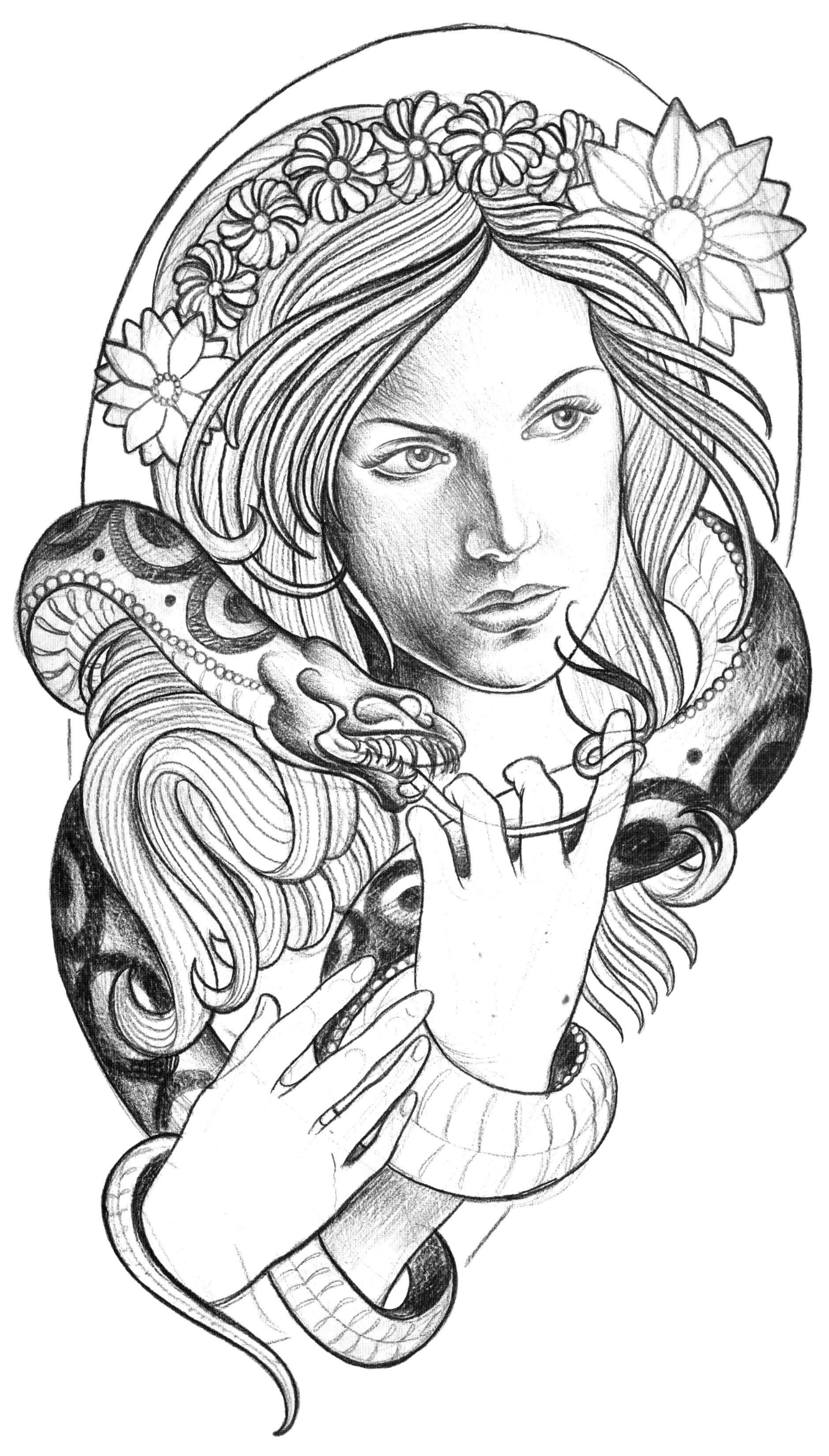

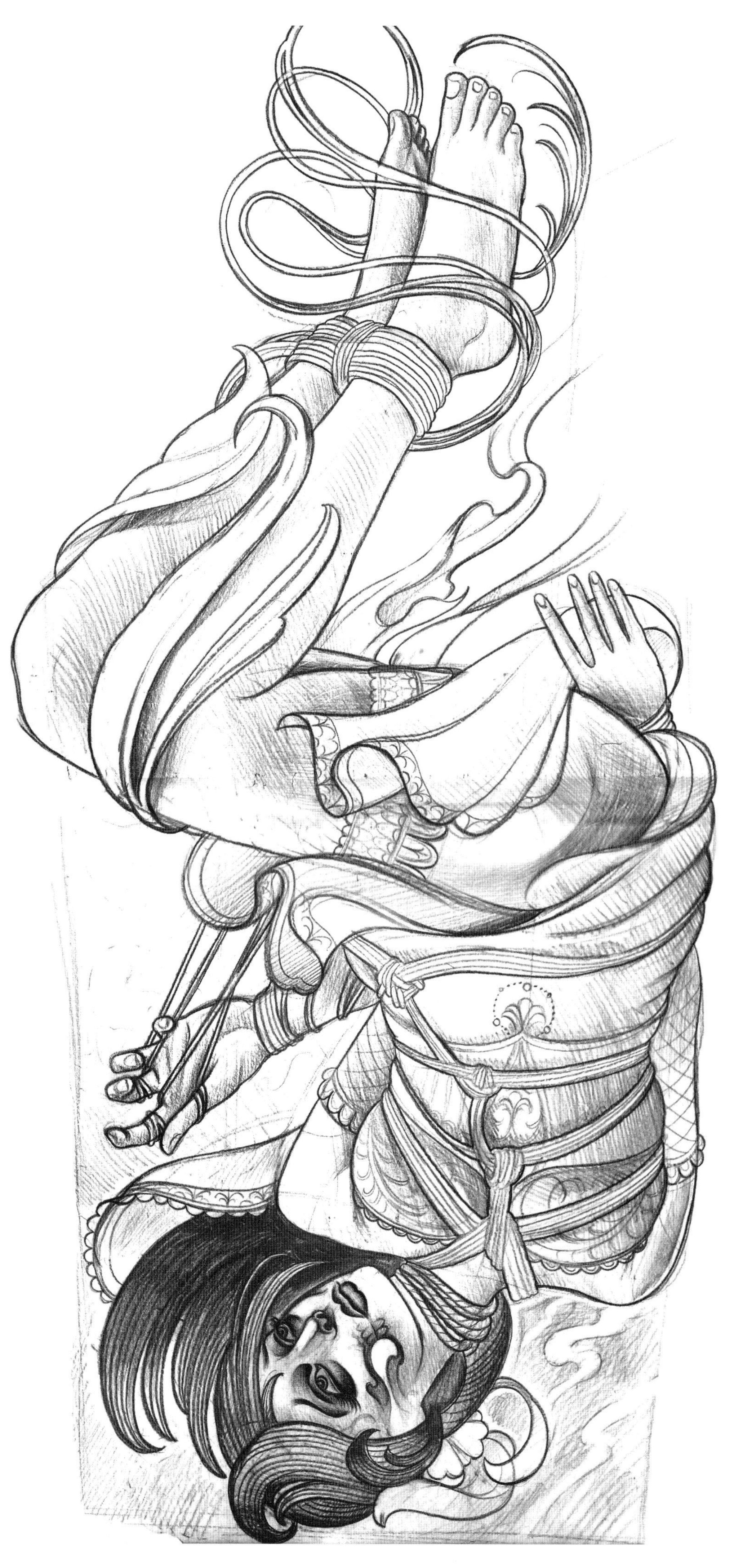



Kuba Kujawa

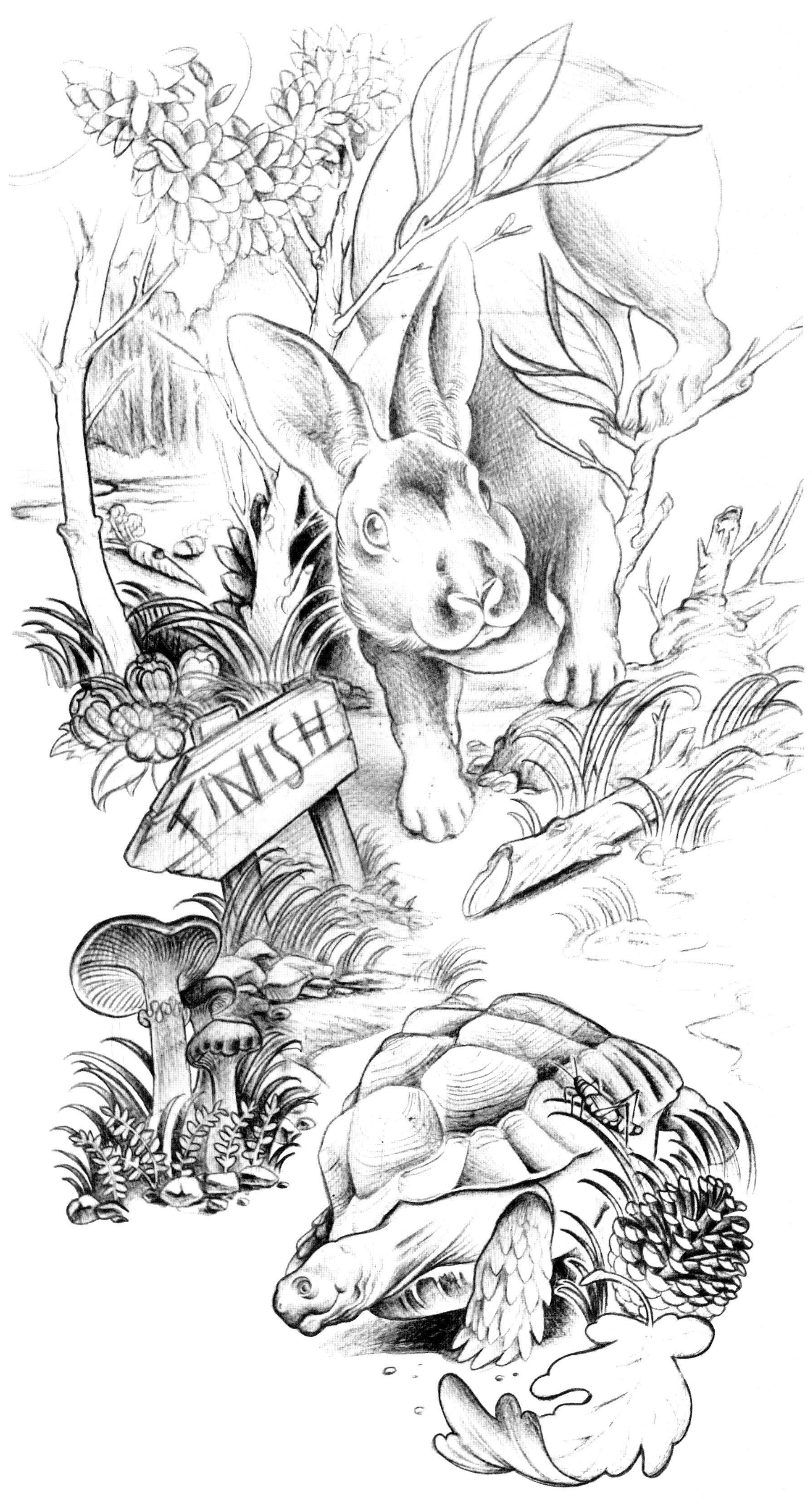


Kuba Kujawa

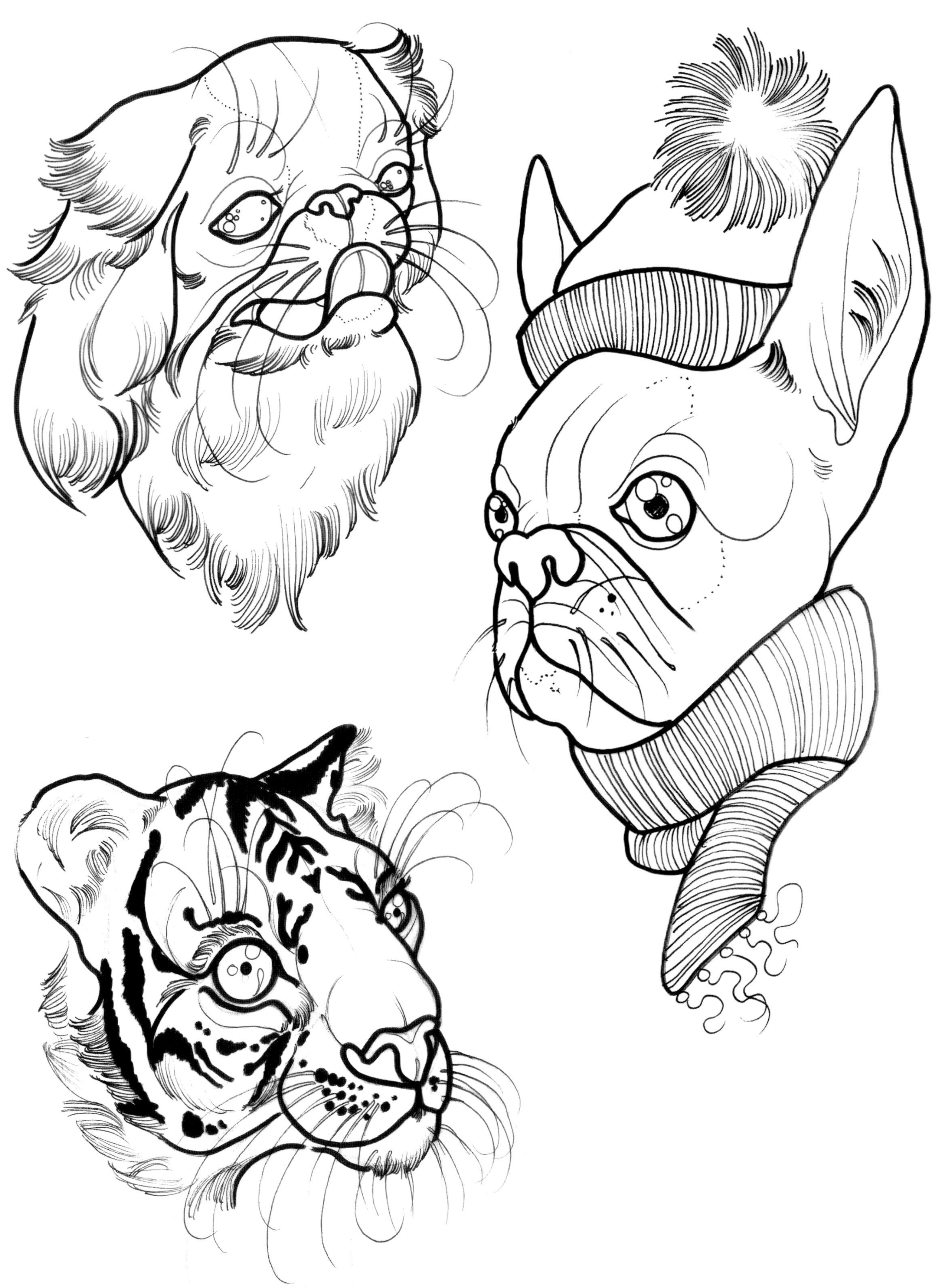

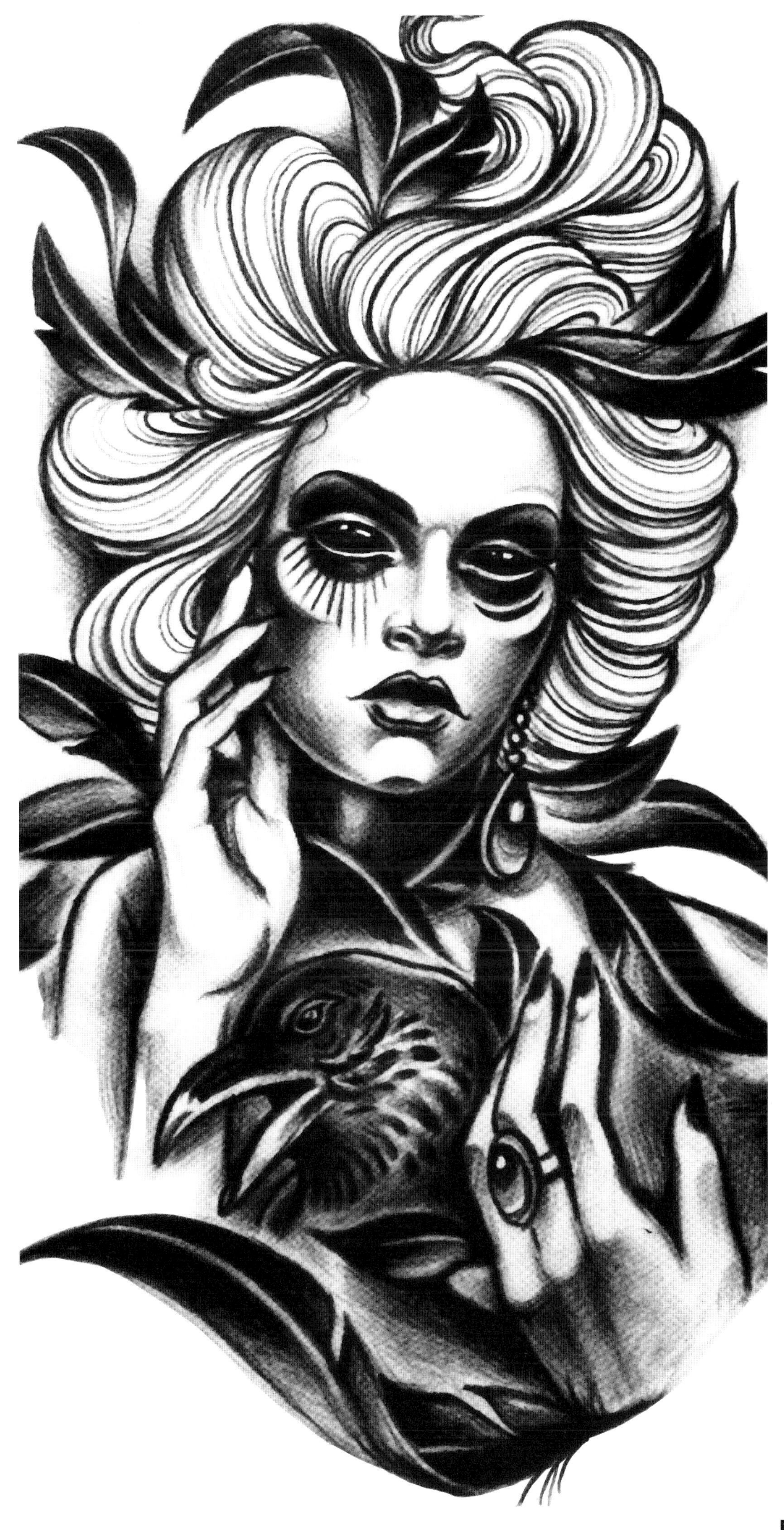

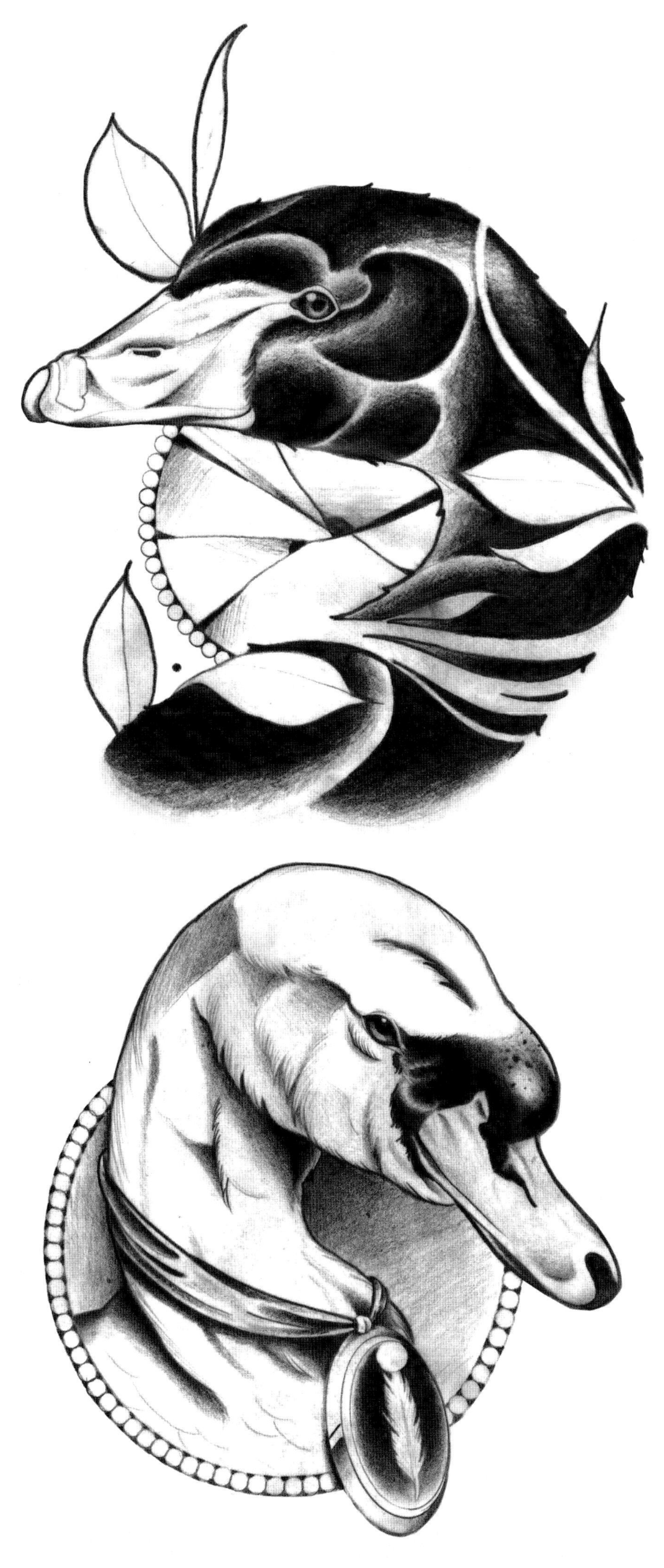



Nick Reed

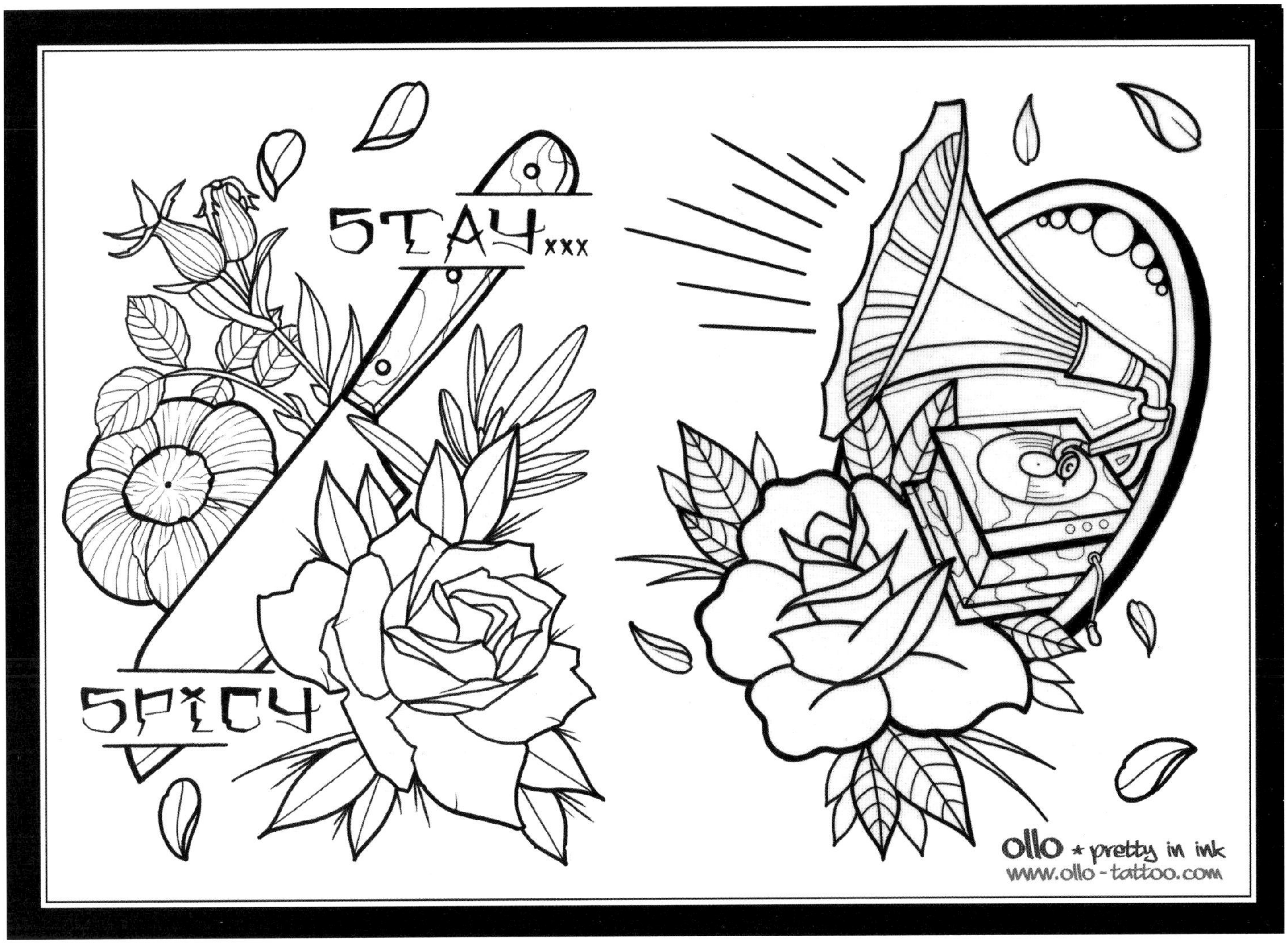

STAY xxx

SPICY

ollo * pretty in ink
www.ollo-tattoo.com

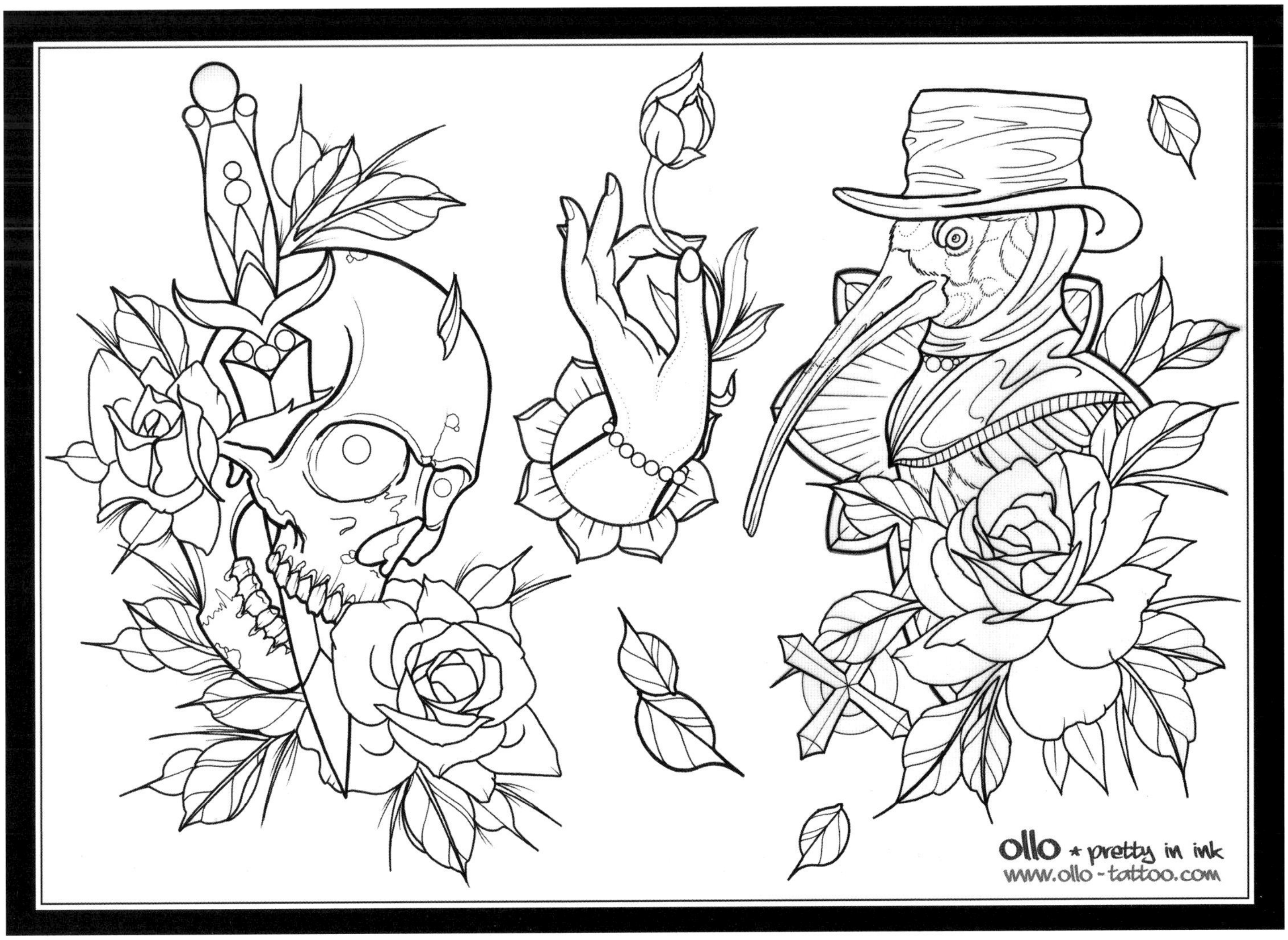

ollo * pretty in ink
www.ollo-tattoo.com

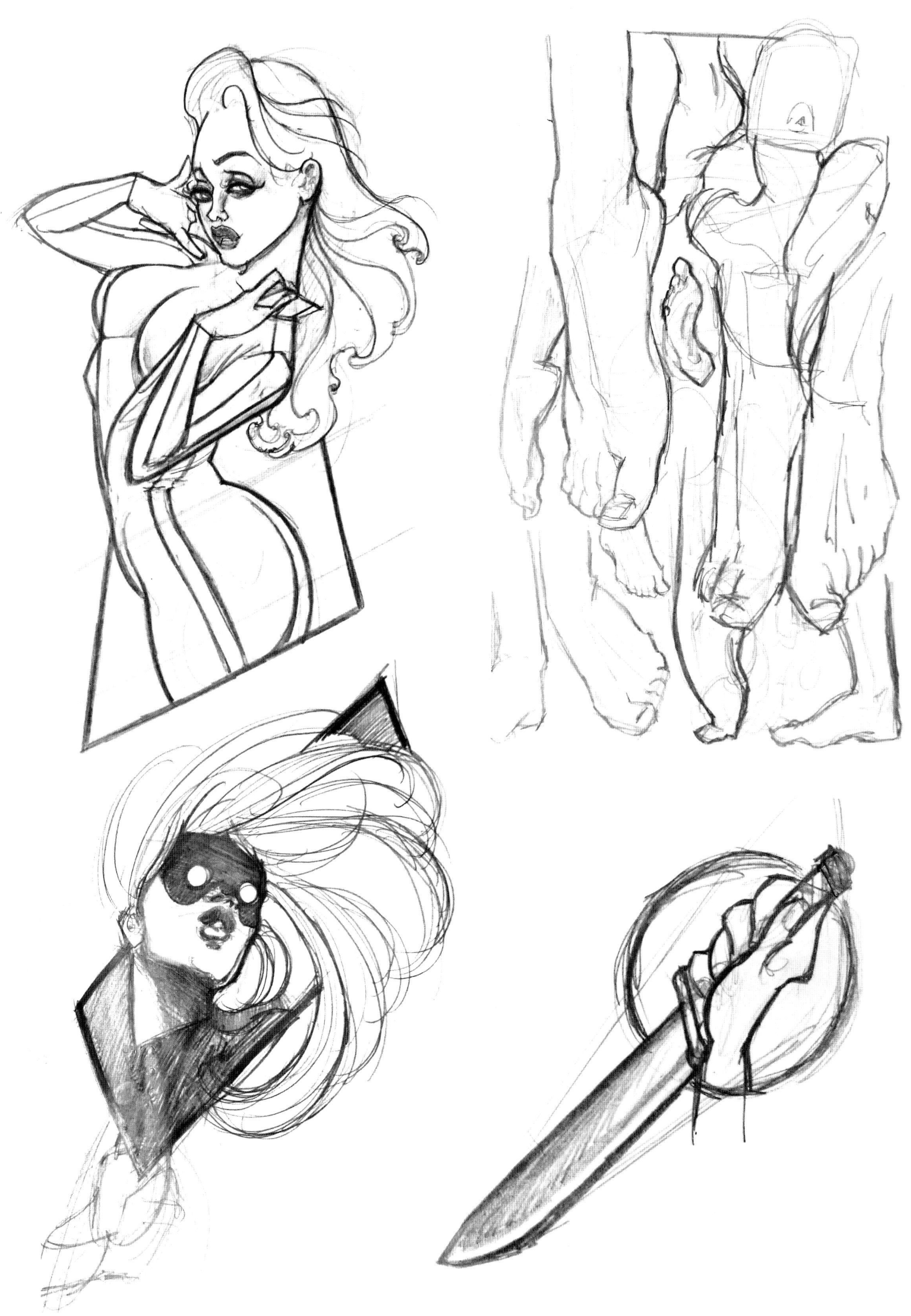

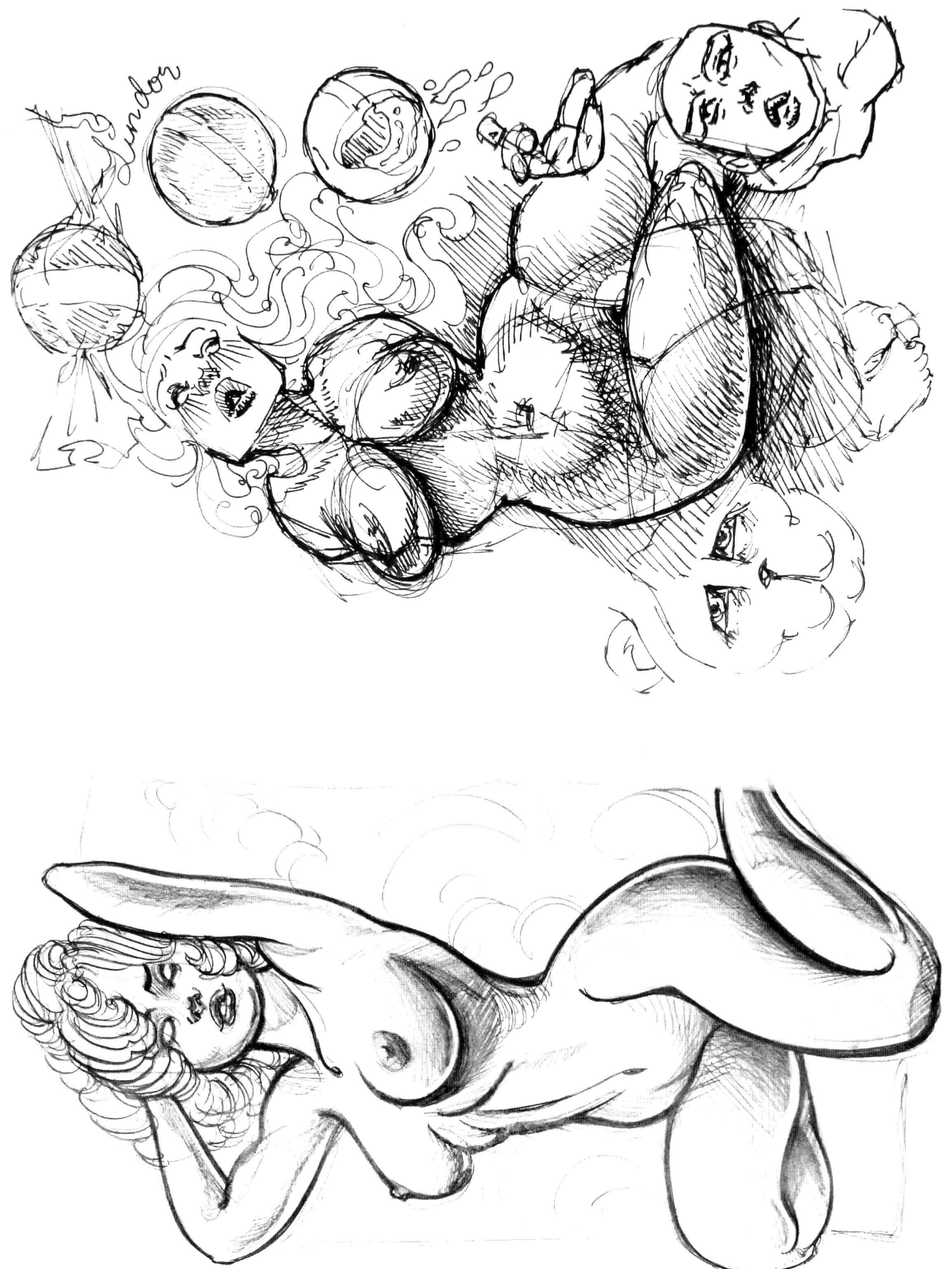

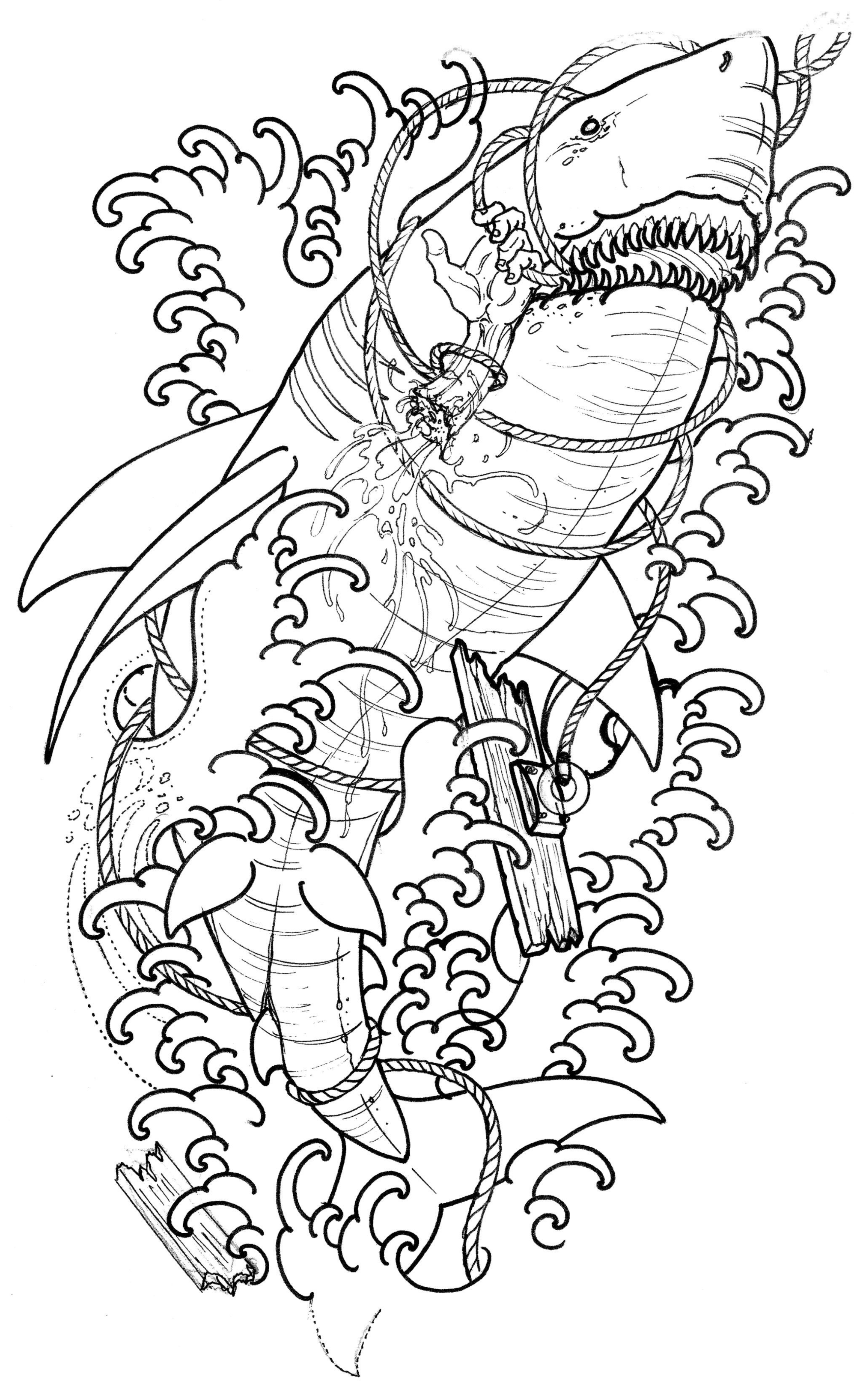

 Roger Axelsson

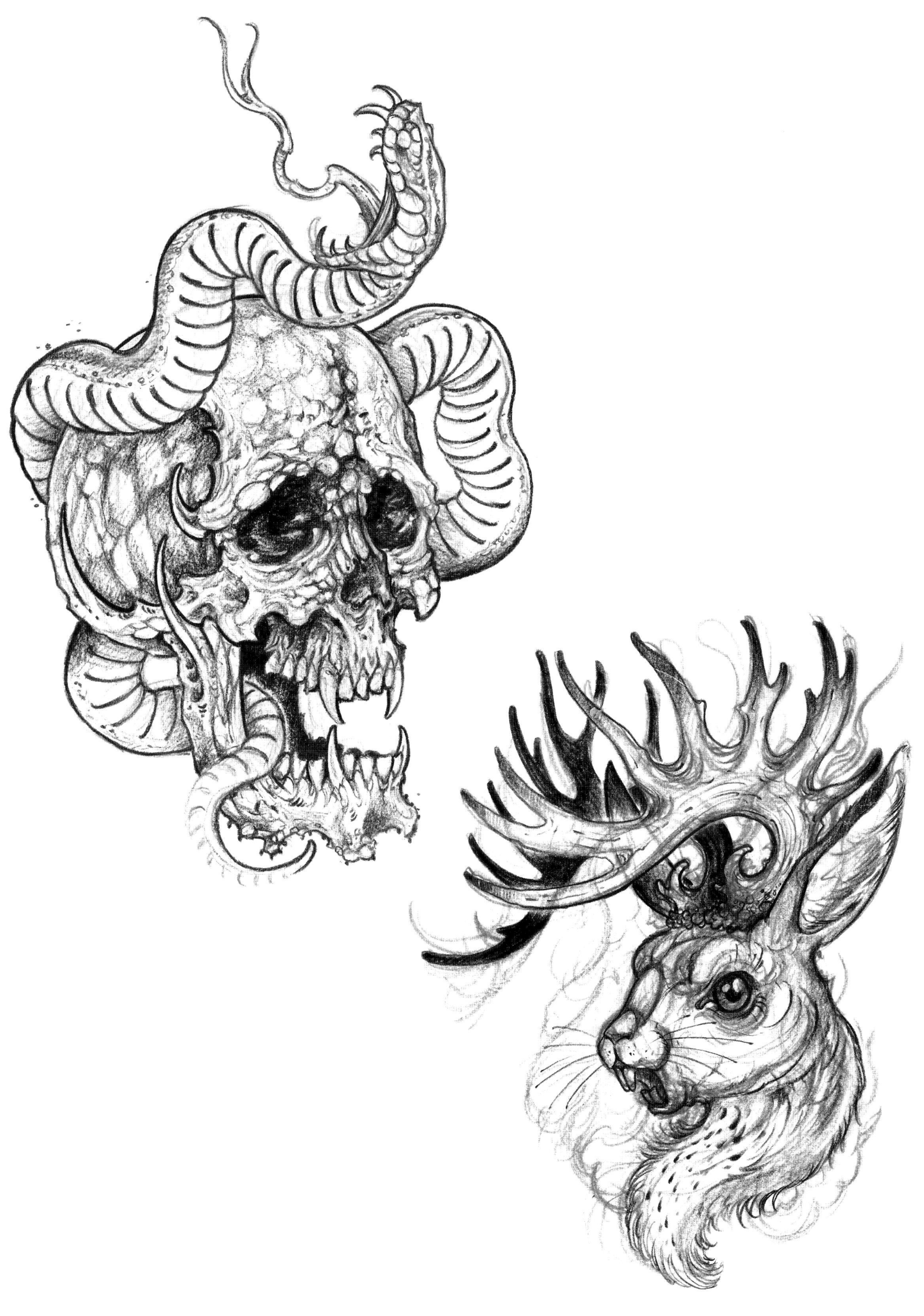

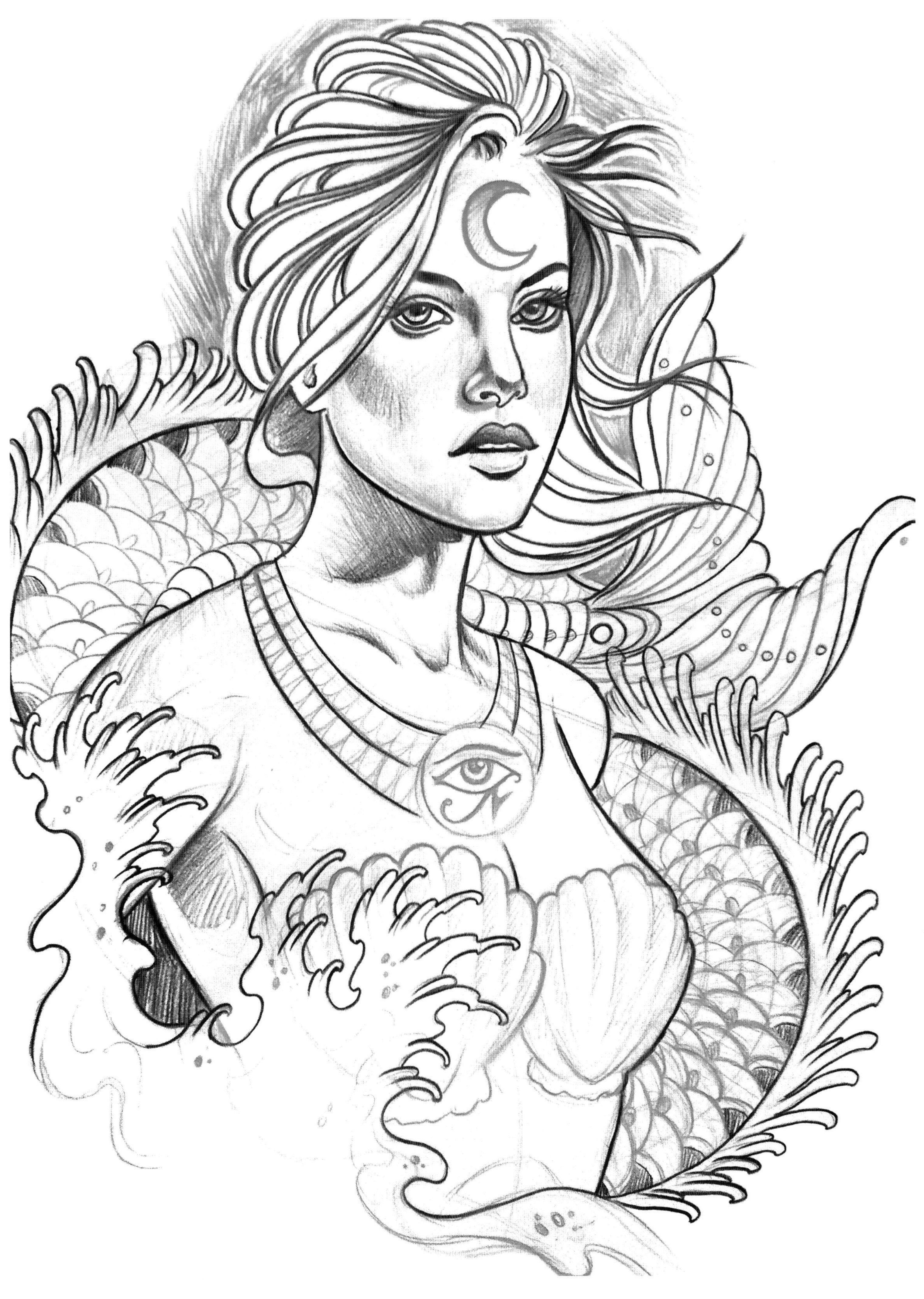



Sam Clark

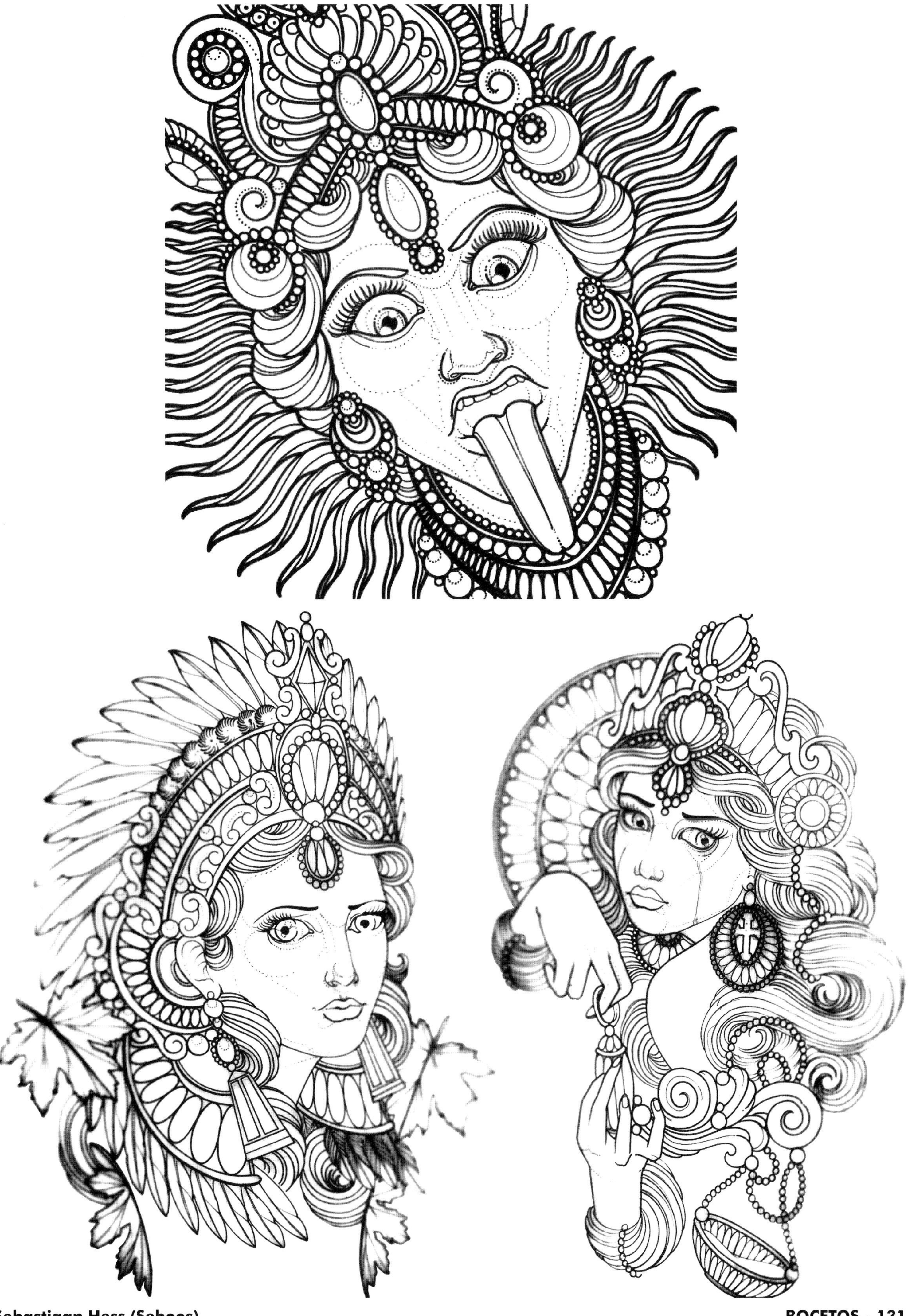

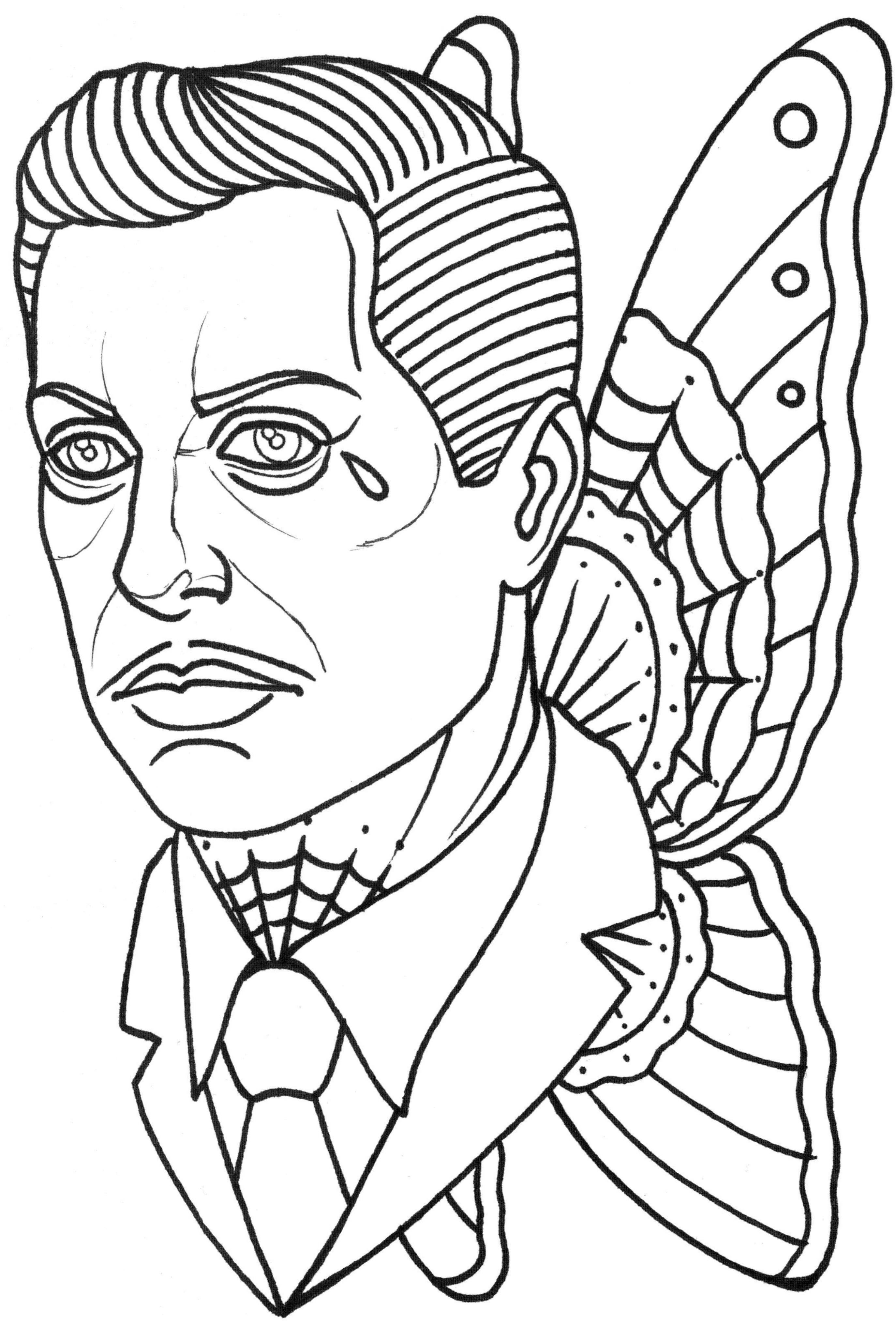

 Stanley Storm

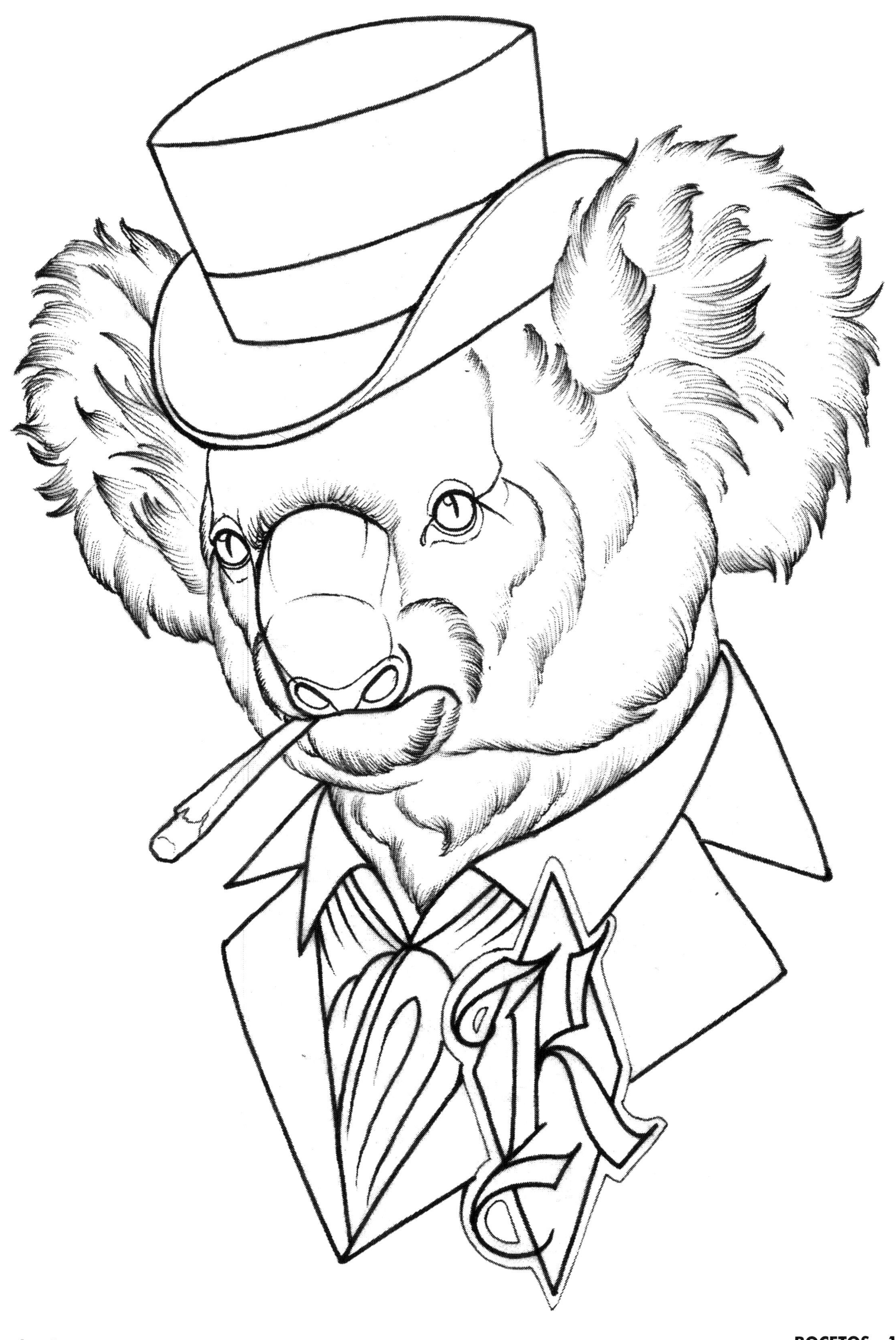

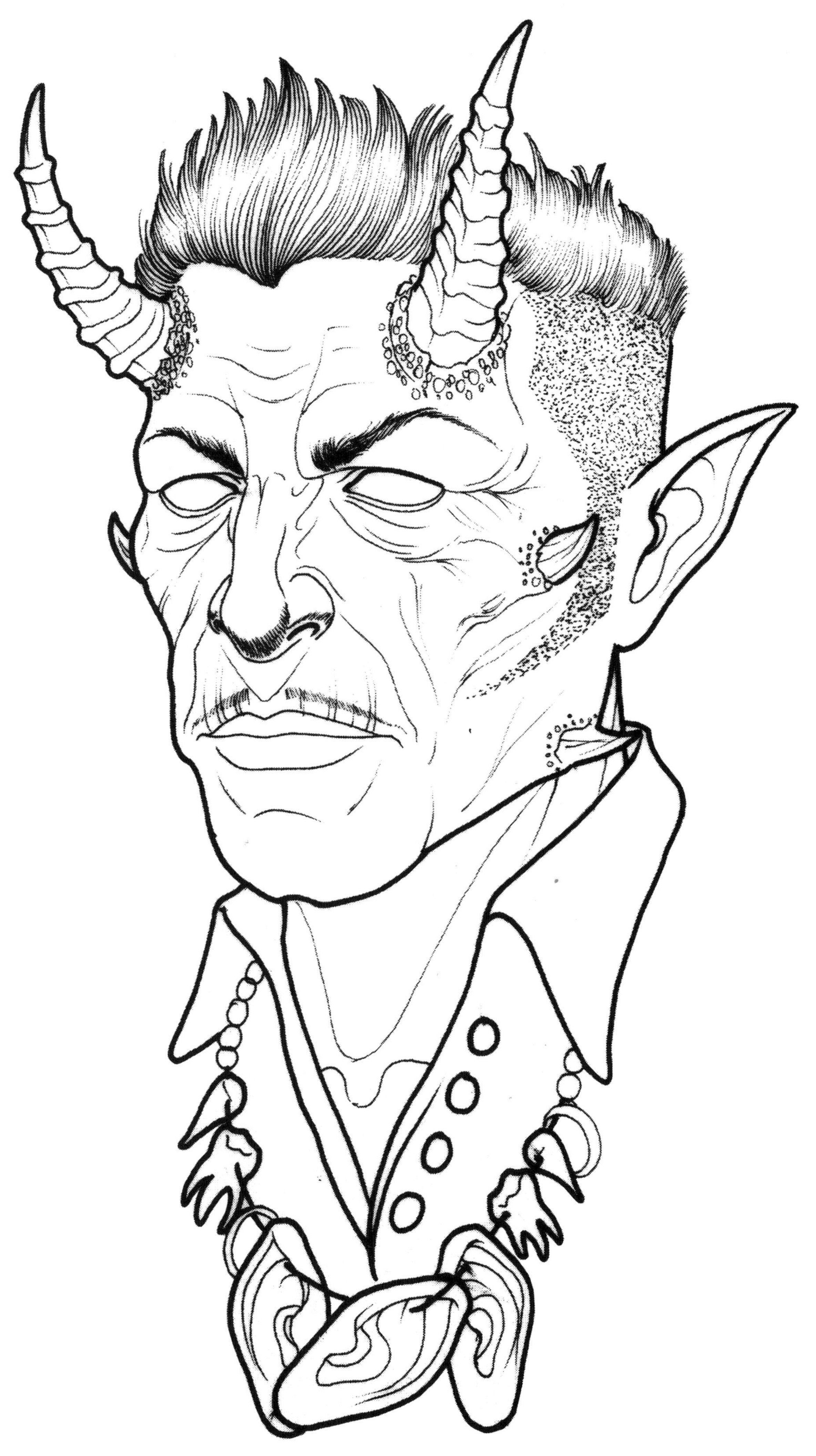



Stanley Storm

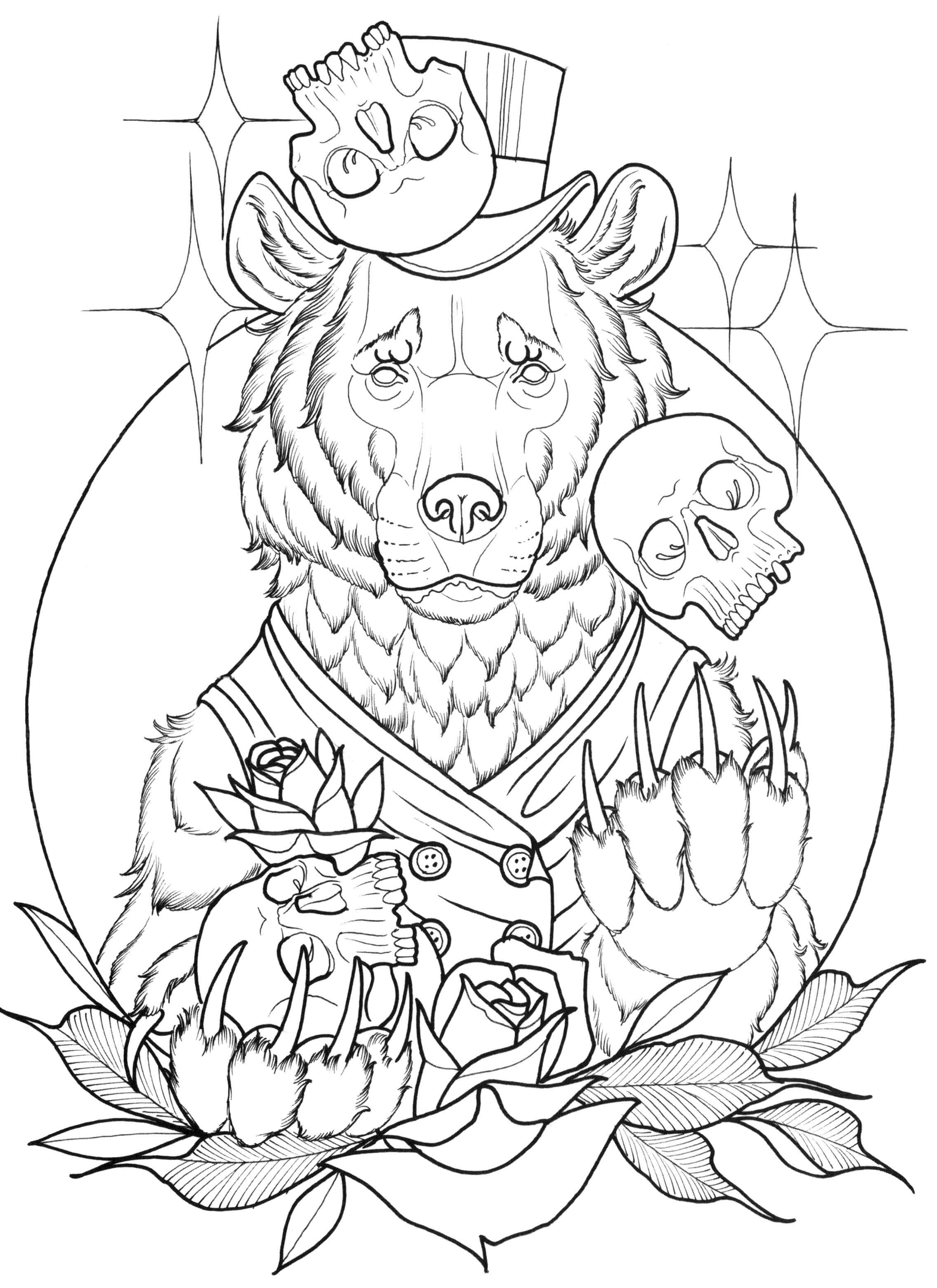

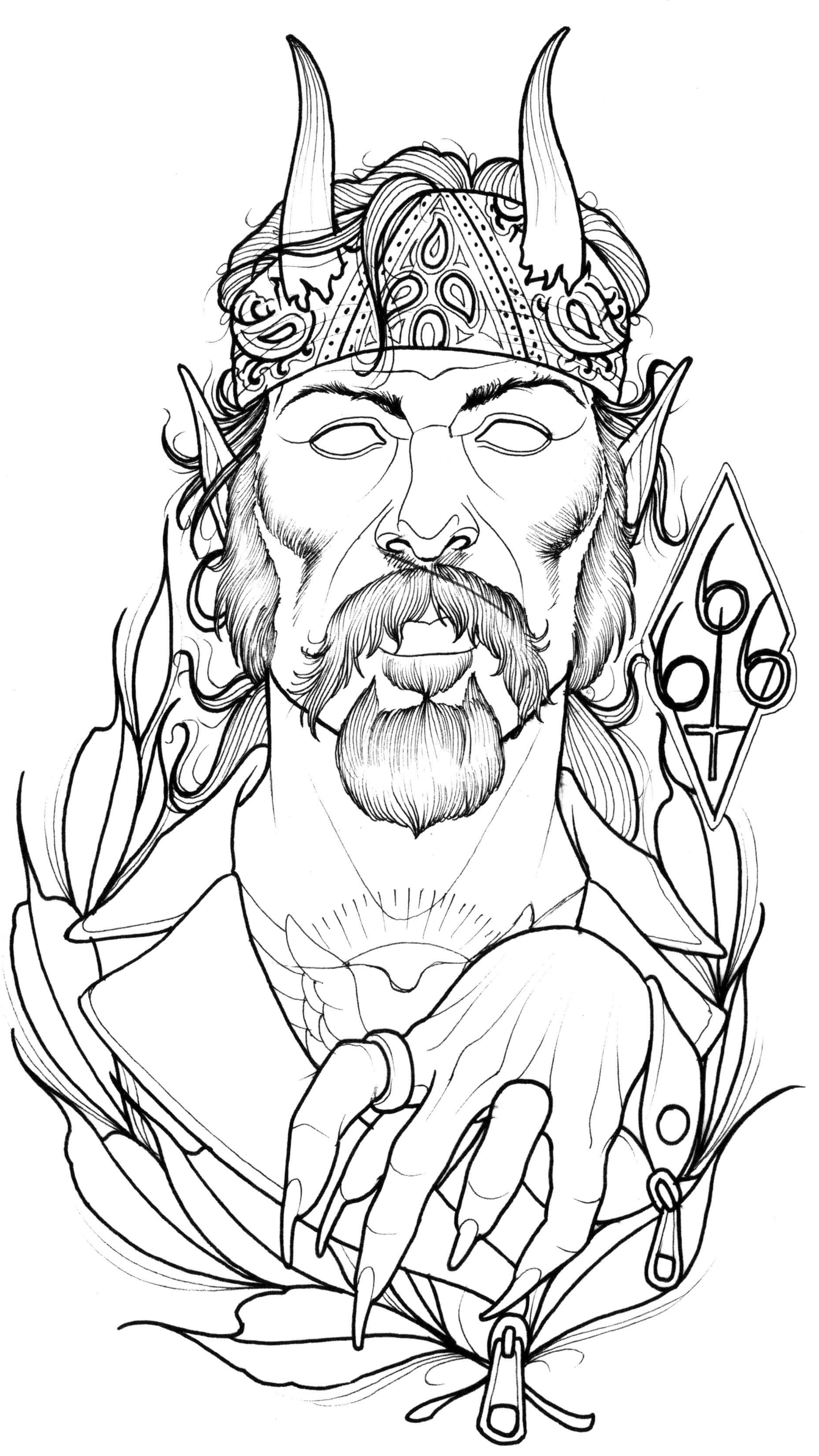
666

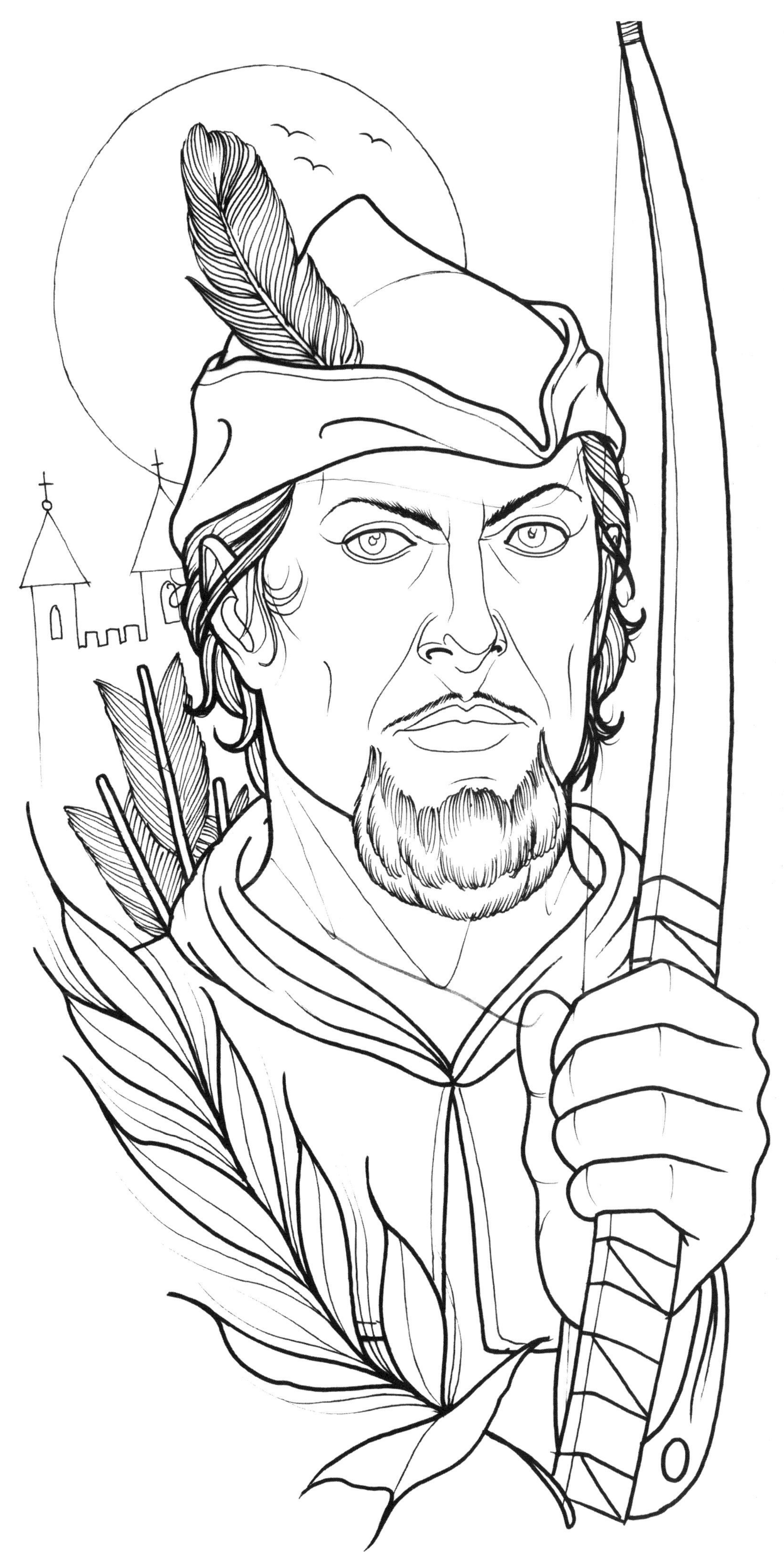

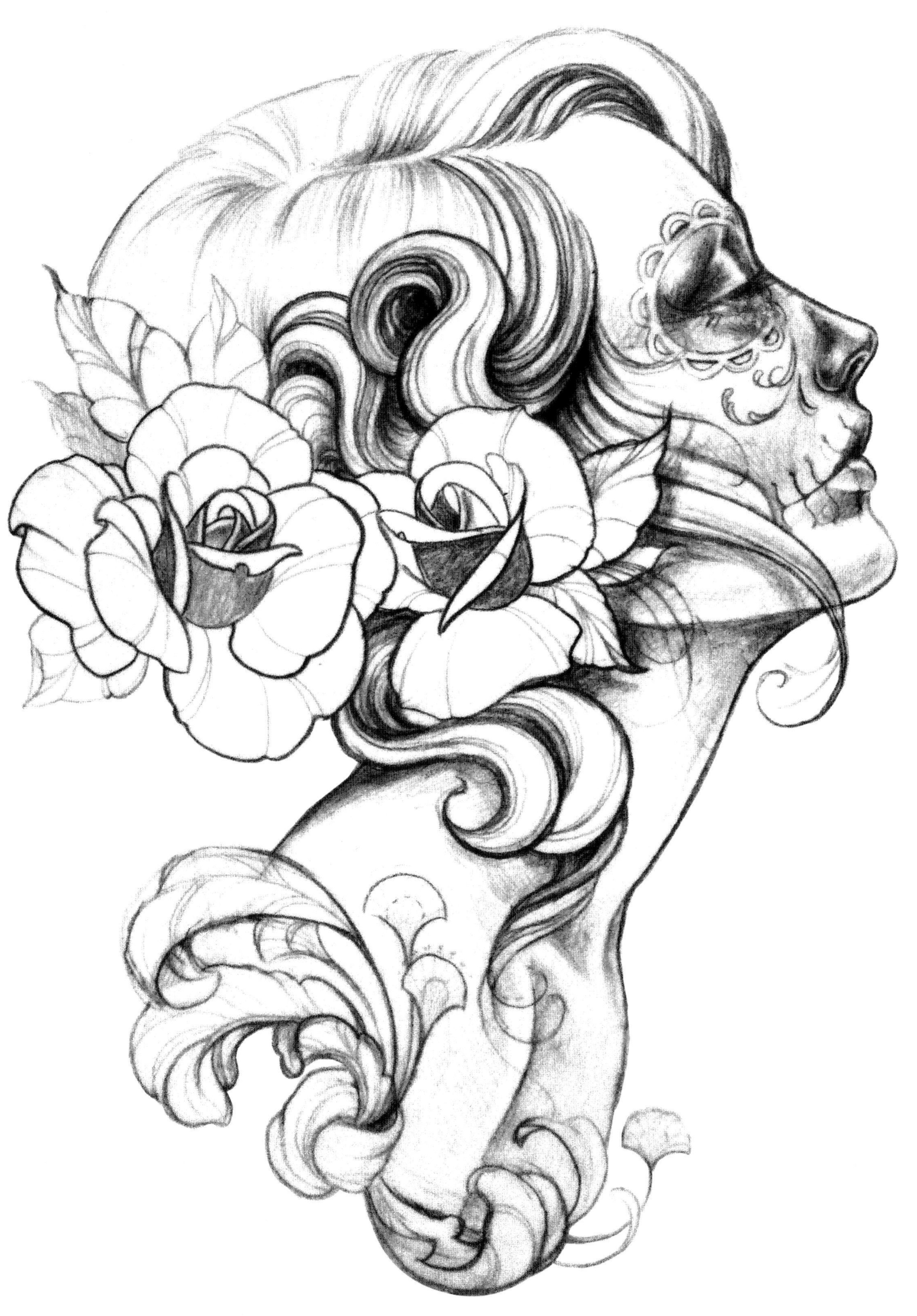



Teniele Sadd

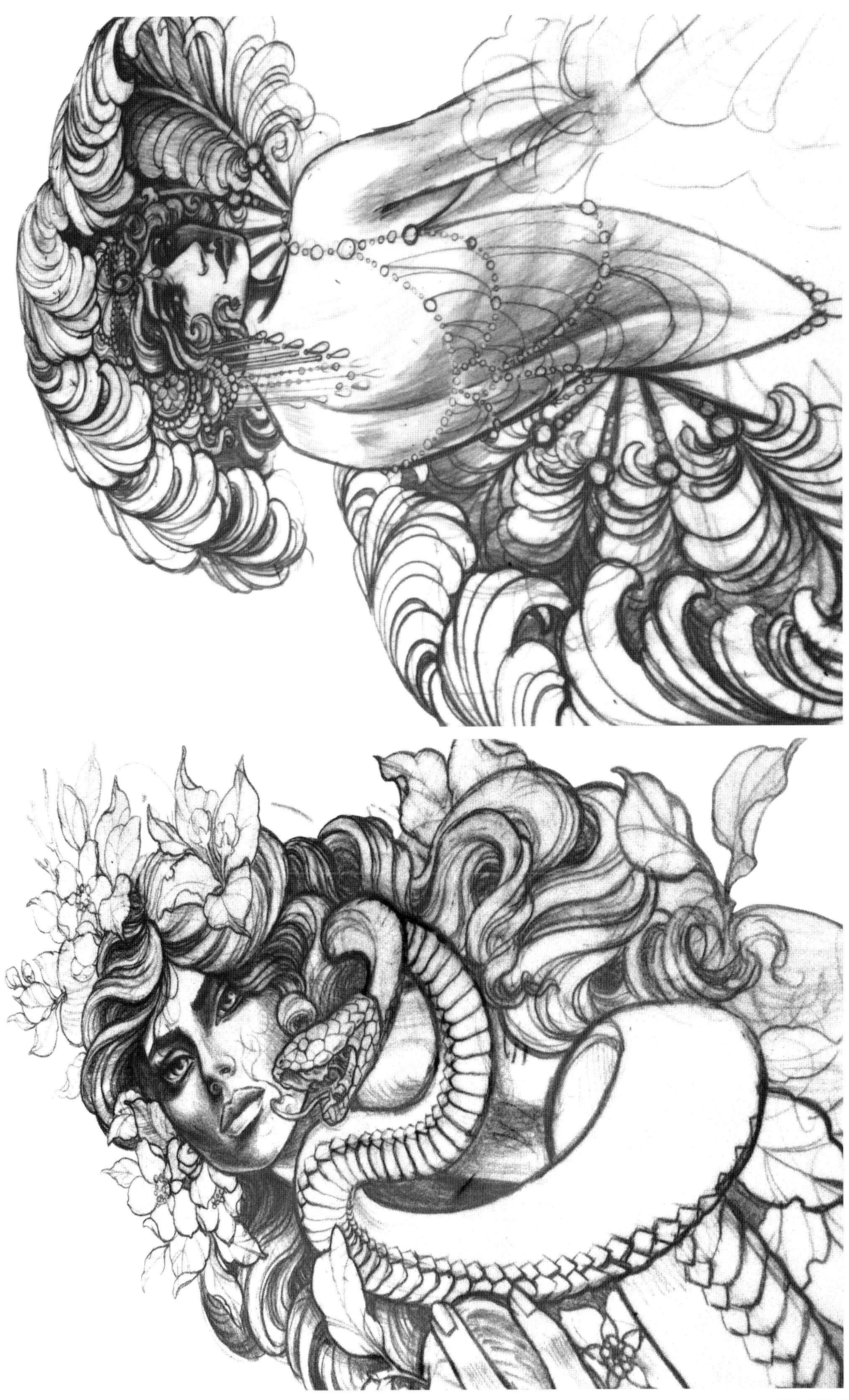

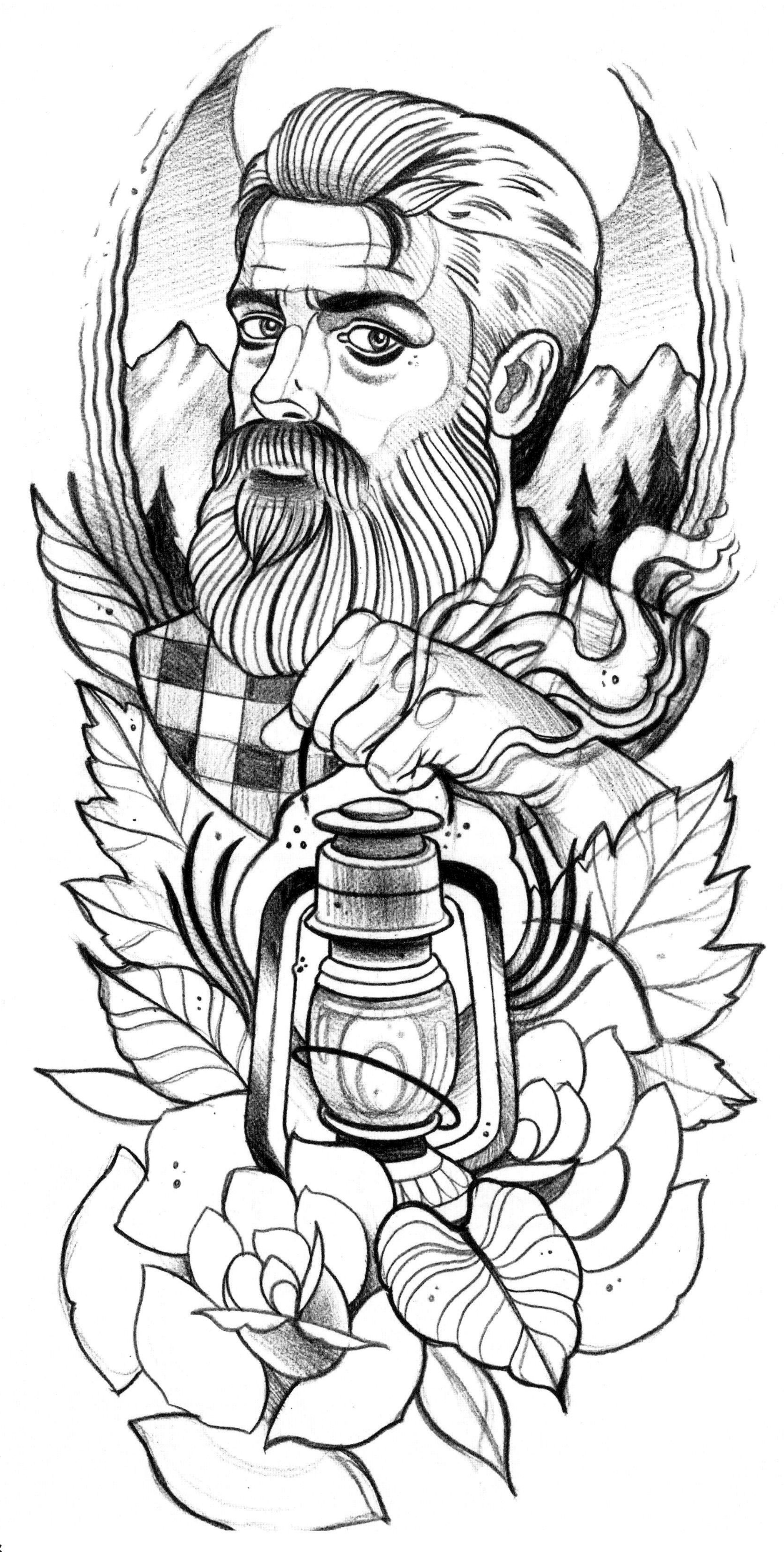



Toni Donaire

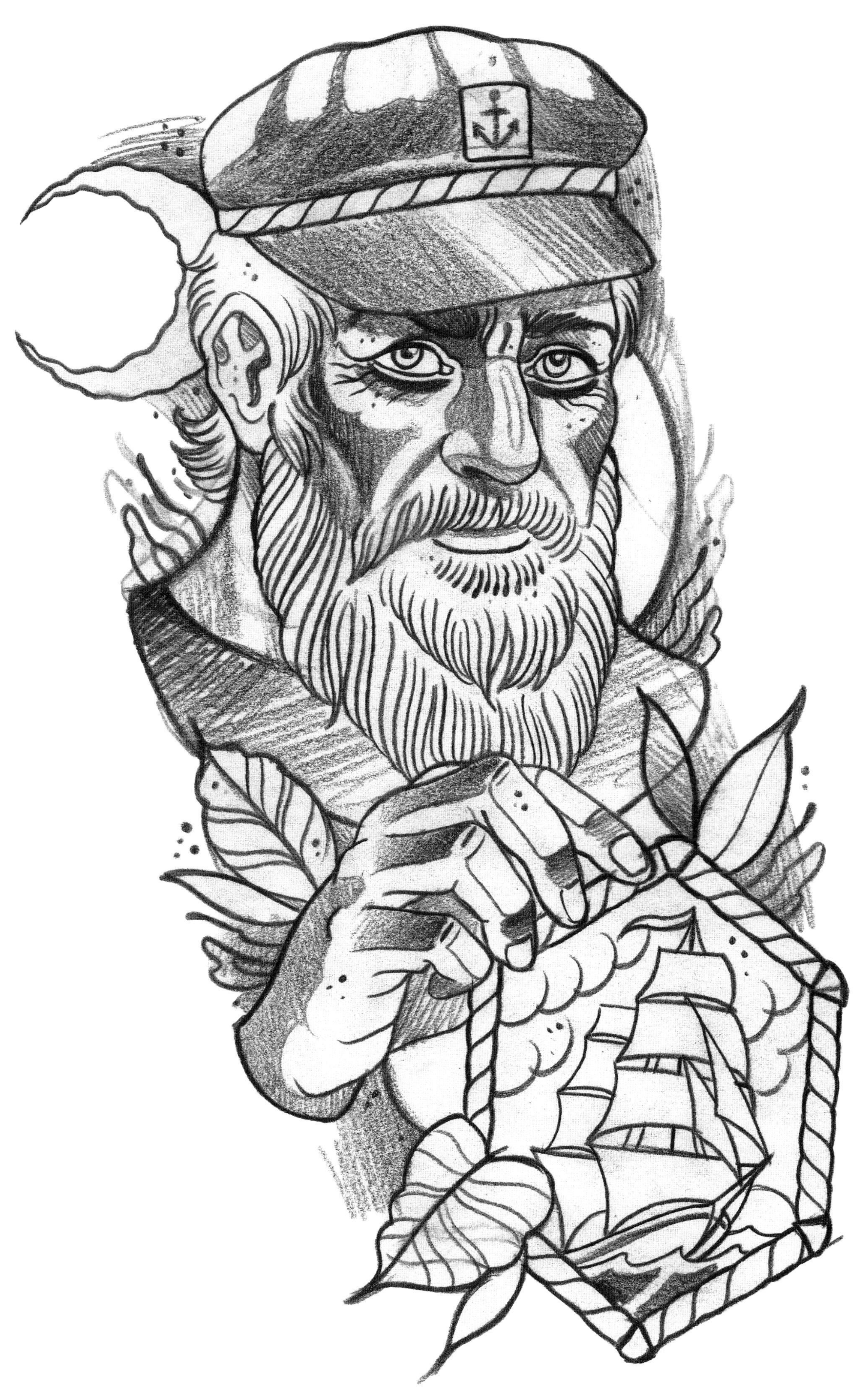

Toni Donaire

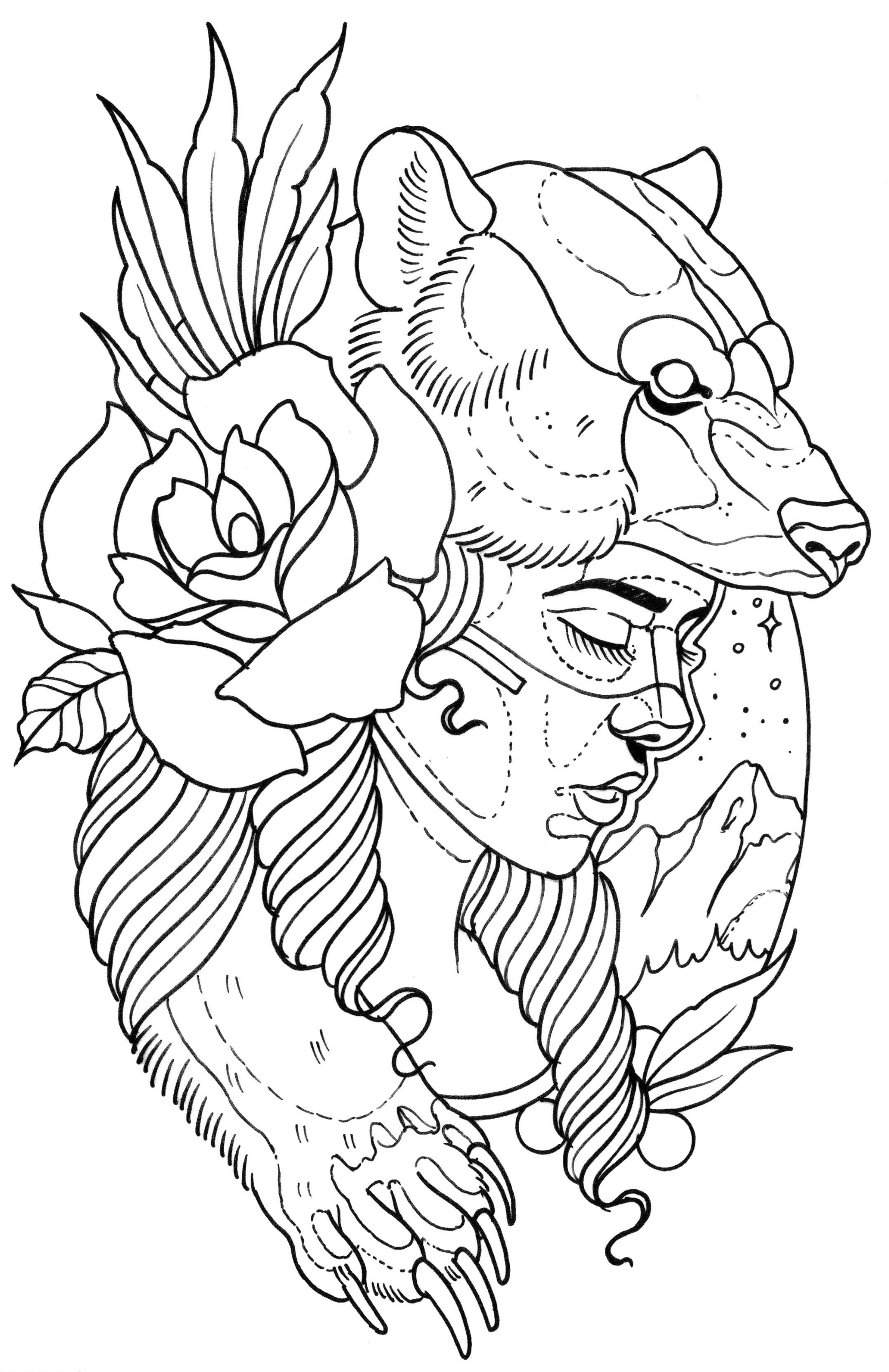



Toni Donaire

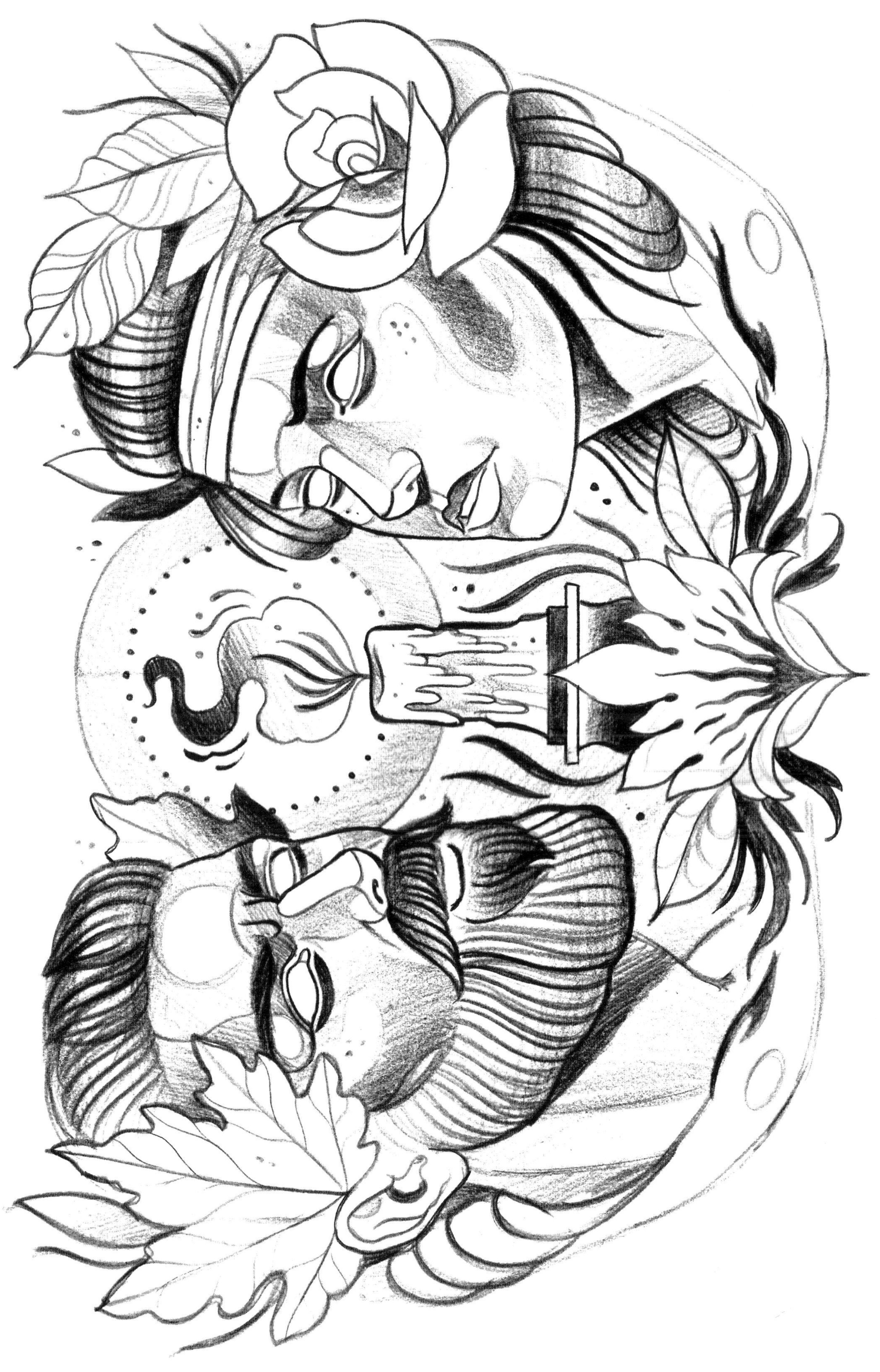

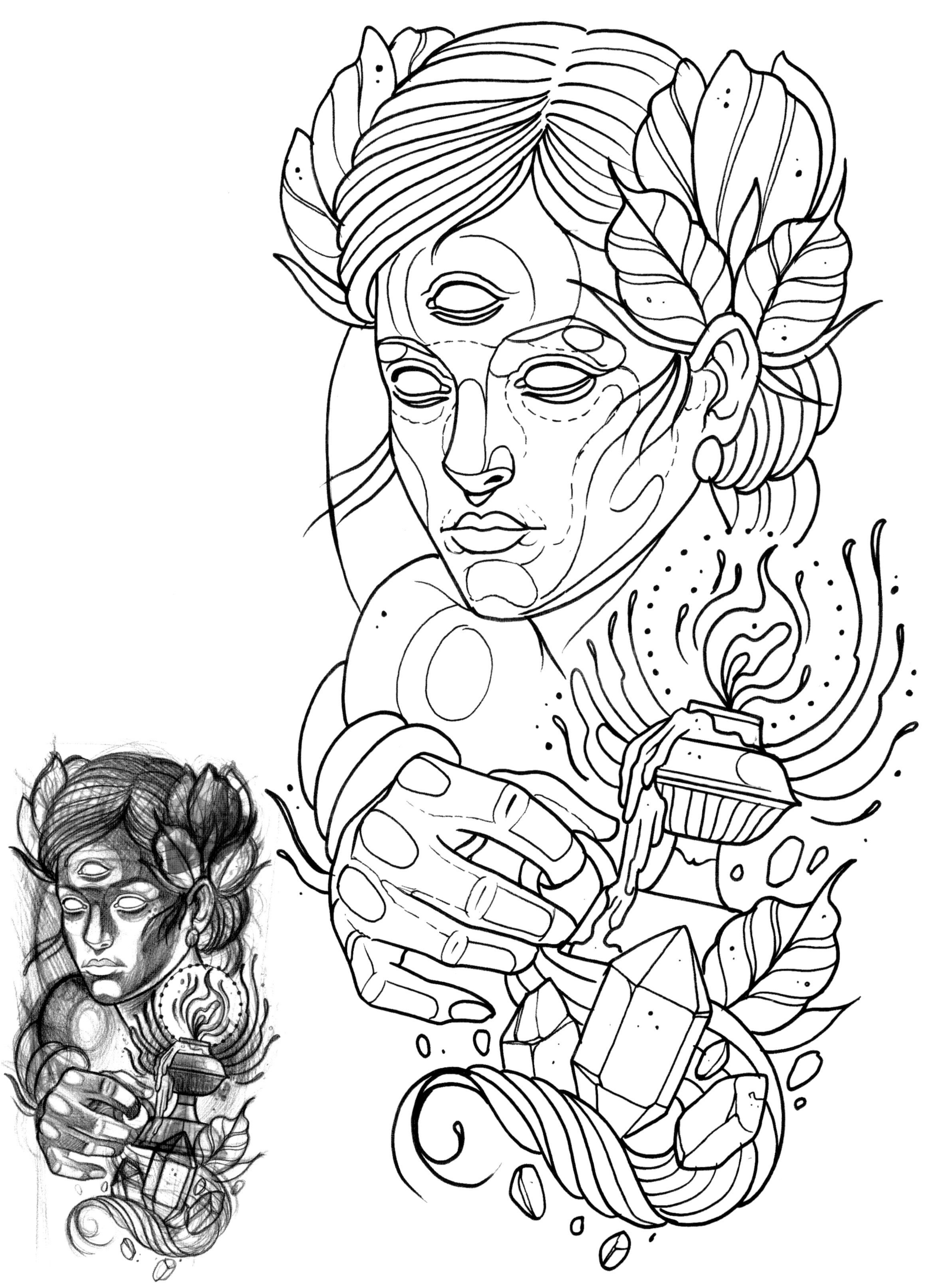



Toni Donaire

**Editor:**
Daniel Martino

**Diseño y diagramación:**
Pablo Fernández

www.revistaartetattoo.com
Facebook: Revista Arte Tattoo
Instagram: revista_arte_tattoo

**Contacto:**
15-6689-2111
artetattoorevista@gmail.com

**Distribución en Brasil:**
A D Desenvolvimento Internacional Ltda.
Rua Almirante Lobo, 289
Ipiranga - Sao Paulo
Tel.: (11) 3596-6880
Web: www.tcmsupply.com.br

**Distribución en Europa:**
Magic Moon Tattooing GmbH
Gewerbestraße Süd 69a
D-41812 Erkelenz
G E R M A N Y
Tel.: +49 2431 / 947 190
Fax.: +49 2431 / 947 1919
e-mail :info@magic-moon-shop.com
Shop : www.magic-moon-shop.com
Internet: www.magic-moon.de

Impreso en GALT PRINTING
ENERO 2019

**Imagen de tapa:** Jacob Wiman.
**Imagenes de contratapa:** Chelsea Shoneck, Eilo Martin, El Nigro y Justin Hartman.



Martino, Daniel
Libro tattoo neotradicional Vol 2. - 1a ed. Villa Domínico : Dama Editora, 2019.
144 p. ; 31x23 cm. ISBN

978-987-24063-6-3

1. Tatuajes. I. Título.
CDD 391.65